Elias Chacour –
Israeli, Palästinenser, Christ

Elias Chacour –
Israeli, Palästinenser, Christ

Sein Leben erzählt von Pia de Simony
und Marie Czernin

FREIBURG · BASEL · WIEN

*Sacha mit dem Wunsch gewidmet,
dass er eines Tages den Frieden im Heiligen Land erlebt.*

Alle Rechte vorbehalten – Printed in Germany
© Verlag Herder Freiburg im Breisgau 2007
www.herder.de
Satz: Barbara Herrmann, Freiburg
Druck und Bindung: fgb · freiburger graphische betriebe 2007
www.fgb.de
ISBN 978-3-451-29195-1

Inhalt

Ein dramatischer Anruf 7 – Der Feigenbaum 9 – Eine melkitische Familie 11 – Die Zionisten kommen 12 – Vertreibung aus Biram 16 – Terror der 20er Jahre 18 – Heiliges Land – Land des Krieges 19 – Flüchtlinge im eigenen Land 20 – Arbeit im Feigengarten 24 – Abschied und Aufbruch 25 – Weihnachtsschrecken 28 – Nachhall der Kanonenschüsse auf Biram 30 – Seminar in Nazareth 31 – Botschaft vom himmlischen Frieden 34 – Saint-Sulpice in Paris 37 – Verzerrte Wahrnehmung 41 – Seltsamer Zwischenfall in Deutschland 45 – Warum Palästina? 47 – „Arabische Rebellion" 51 – Ahnung vom eigenen Weg 53 – Zollkontrolle in Haifa 56 – Wo soll man parken? 58 – Priesterweihe in Nazareth 60 – Biram – eine Sehenswürdigkeit für Touristen? 61 – „… denn das Land gehört mir …" 63 – Die Seligpreisungen 67 – Seelsorger im „Wespennest" 69 – Ibillins Geschichte 72 – Nonnen kommen zu Hilfe 76 – Familienfehden 79 – Exerzitien beim Bischof 80 – Tanz auf dem Vulkan 81 – Versöhnung am Palmsonntag 83 – Blitzeinschlag in der Moschee 87 – An der Hebräischen Universität in Jerusalem 89 – Der Sechstagekrieg 90 – Ein Symposium über die Liebe 93 – Yassir und Suha Arafat 95 – Die Hoffnung des Bischofs 96 – „Wir sind *eine* christliche Familie …" 98 – Flucht nach Genf 103 – Friedensversammlung in Biram 105 – Der Jerusalem-Marsch 106 – Schwere Rückschläge 110 – Eine schwierige Versetzung 111 – Der Traum von der Schule 112 – Hoffnung und Widerstand 116 – Das Leiden Farajs 118 – Ein schwerer Abschied 119 – Ein Ding der Unmöglichkeit 120 – Eine Art Auferstehung 123 – Keine Waffenfabrik, kein Gefängnis 125 – Entführung nach Sabra 126 – Der Traum wird Wirklichkeit 129 – Die Massakernachricht 134 – Eine Schule vor Gericht 136 – Eine Selige aus Ibillin 137 – „Der heilige Vater mit dem Papst" 139 – Nächtlicher Angriff 140 – Eine Anzeige 141 –

Dunkle Wege 142 – Die erste Intifada 143 – Wiederbegegnung mit Gideon 146 – „Erscheinung" in Washington 147 – Abkürzung nach Jerusalem 149 – Der Friedensnobelpreisträger kommt nach Ibillin 151 – Der Papst im Heiligen Land 152 – Auf dem Berg der Seligpreisungen 155 – Märtyrer aus der Mar-Elias-Schule 155 – Auftrag für den Frieden 160 – Eine Vision gewinnt Gestalt 161 – Der Himmel ist in Japan 163 – Das amerikanische Ehrendoktorat 165 – „... euer vergessener Bruder..." 168 – Terror auf beiden Seiten 169 – Im Schatten des 11. September 171 – Transport nach Betlehem 173 – Auf dem Weg nach Jericho 175 – Chancen für die Frauen 177 – Stärker als der Sturm 179 – Father Roberts Haus 181 – Trennmauern 183 – Den Messias erkennen 184 – Ein Traum wird wahr 185 – Vom Geist der Schule 188 – „Die Schöpfung" in Ibillin 190 – Anschlag in Mughar 193 – Einweihung der „Bergpredigt"-Kirche 196 – Weihnachtswünsche von Sharon 198 – Der neue Erzbischof 200 – Ein verhinderter Anschlag 203 – Karfreitag 2006 205 – Raketenangriffe auf Haifa 207 – Gedenkfeier für einen Ibilliner 210

Nachwort 213

Zeittafel 216

Ein dramatischer Anruf

Das Haus von Abuna Elias Chacour füllte sich mit Hochzeitsgästen. Es war am 4. August 2005 in Ibillin. Ein unvergesslicher Tag für das christlich-palästinensische Brautpaar sollte es werden, ein Tag, der ein Leben lang in Erinnerung bleiben sollte. Beim Abuna („Väterchen" auf Arabisch) fühlten sich die Frischvermählten fast wie zu Hause. Fröhlich und unbeschwert war die Stimmung im Pfarrhof an diesem lauen Sommernachmittag. Bis das Telefon klingelte. Abuna Elias blieb wie angewurzelt stehen, als er hörte, wie ihn am anderen Ende der Leitung ein Kommissar der israelischen Polizei um Hilfe bat. Ein jüdischer Fahrgast hatte soeben im Nachbardorf Shefaram in einem Bus wild um sich in die Menge geschossen und neben dem Busfahrer ein Mitglied der melkitisch-katholischen Gemeinde sowie zwei muslimische Schwestern getötet, die gerade von der Uni in Haifa nach Hause unterwegs waren. Zwölf weitere Businsassen wurden zum Teil schwer verletzt. Schließlich hatten die Fahrgäste den Attentäter überwältigt und ihn auf der Stelle umgebracht. Die Toten und Verletzten konnten gerade noch rechtzeitig geborgen werden. In der Zwischenzeit hatten sich aber Tausende von Menschen am Tatort versammelt. Der leblose Terrorist lag noch im hinteren Teil des Busses. Die aufgebrachte Menge war jetzt nicht mehr zu bremsen. Benzin wurde in und um den Bus herumgeschüttet. Polizei und Grenzschutz – mehr als zweitausend Schwerbewaffnete – wurden in einem Soforteinsatz über eine Luftbrücke in das Städtchen eingeflogen. Doch Terror mit Gewalt zu bekämpfen war nicht die Lösung.

Abuna Elias – schon bekannt als Vermittler zwischen zerstrittenen Gruppierungen – war ein Lichtblick in der hoffnungslosen Situation. Das wusste auch der Kommissar: „Wir brauchen Sie, Pater Elias! Bitte kommen Sie – ganz schnell!" Ohne zu zögern brach Elias Chacour auf. Endlos kam ihm der Weg an diesem Tag vor. Noch fünfhundert Meter zu Fuß bis zum Bus. Die Menschen klebten förmlich aneinander. Man kam nirgendwo mehr durch. Es war unerträglich heiß. Der israelische Polizeiminister winkte ihm vom Dach eines Hauses zu: „Kommen Sie herauf und sprechen Sie zu den Menschen! Sie sollen Platz machen, sonst wird es ein großes Massaker auf beiden Seiten geben ..." Abuna Elias blieb besonnen: „Ich muss aber zuerst den Toten sehen." Der Kommissar erwiderte leicht nervös: „Wie können Sie den Bus inmitten der vor Wut kochenden Menschenmasse erreichen?" „Folgen Sie mir – es wird schon gehen." Mit freundlichen Worten und mit der Überzeugung, dass kein weiteres Blut vergossen werden durfte, bahnte er sich den Weg durch die Menge. Es vergingen fünfzehn Minuten, bis beide, der Kommissar und der Priester, schließlich den Bus erreichten. Ein Dutzend Polizisten standen im Bus herum, eingekesselt von wild aufgebrachten Menschen. Niemand wagte es, sich zu bewegen. Viel Lärm und Geschrei lag in der Luft. Wie konnte man den Leichnam des jüdischen Amokläufers bergen? Für Elias Chacour stand fest: Dies war unabdingbar, um die Situation zu entspannen. Doch eine einzige falsche Geste hätte genügt, um eine Lawine loszutreten. Er schaffte es, nicht ganz ohne Herzklopfen, in den Bus zu steigen. Spontan kam ihm seine verstorbene Mutter in den Sinn, wie sie für ihn betete: „Sei vorsichtig, mein Sohn ..."

Inzwischen wurde es dunkel. Die Straßenlaternen warfen ihr fahles Licht auf die mit Blut getränkten Sitze. Ein Anblick des Grauens: Das Gehirn des Busfahrers hing in einer Plastiktüte an der linken Seite des Eingangs ... Dann erreichte der Pfarrer den toten Juden. Er dachte: „Mein Gott, hab' Erbarmen mit ihm! Nutzlos vergossenes Blut meiner Brüder und Schwestern: Christen, Muslime und ein Jude ..."

Mit ruhigen, aber bestimmten Worten redete Chacour auf die Menschen ein, über eine Stunde lang. Rache, Hass und Vergeltung schwebten in der Luft. Es schien eine kleine Ewigkeit zu sein, bis die Polizisten die Leiche ins Polizeiauto tragen konnten. Die aufgebrachte Menge beruhigte sich allmählich, bis schließlich die Menschen erschüttert nach Hause gingen.

Dennoch schienen alle Bemühungen um Versöhnung oder einen Dialog an jenem Nachmittag endgültig vergeblich. Tiefliegende Wunden waren jäh wieder aufgerissen. Doch dann geschah ein kleines Wunder: Zehntausende Menschen folgten am nächsten Tag dem Aufruf Chacours zu einem Schweigemarsch gegen Hass und Gewalt. Sie zogen durch das Städtchen: junge und ältere Männer, dann auch Frauen und Kinder. Palästinensische Araber – Christen, Muslime und Drusen. Sie kamen alle, um ein Zeichen für Frieden und Versöhnung zu setzen. Es war ein starkes Zeichen. Auch Tausende von Juden strömten nach Shefaram, um den verzweifelten Familien der Opfer ihr Mitgefühl zu zeigen. Für dieses eine Mal wurde ein Terrorakt nicht von Hassrufen begleitet, die nach Vergeltung schreien. Alle waren sich einig: Wir wollen kein weiteres Blutvergießen! Stoppt die Gewalt!

Abuna Elias blickte auf die Menschenmenge und dachte sich: „Armes Israel – dieses zerrissene Land sehnt sich immer nur nach Frieden, nach nichts anderem als Frieden. Man spricht zwar ständig von ihm, hat aber stattdessen Krieg, nichts anderes als Krieg. Die Palästinenser wollen Gerechtigkeit, bekommen sie aber nicht. Wie soll es dann jemals Versöhnung geben ...?"

Der Feigenbaum

In Chacours Erinnerung tauchte wieder der Lieblingsfeigenbaum seiner Kindheit im 1500-Seelendorf Biram auf. Sein Vater hatte in einen Stamm die Triebe sechs verschiedener Feigenbäume eingepflanzt, als symbolisches Zeichen der Zugehörigkeit aller Nichtjuden zu Gottes auserwähltem Volk. An diesem Baum rankte sich ein Rebstock mit üppigen Weintrauben hoch. Ganz oben saß damals der achtjährige Bub Elias unzählige Male, einen Arm um den höchsten Ast geschlungen und nach den saftigen Früchten greifend. In der Abendsonne schaute er hinunter auf den gepflegten Obstgarten seiner Eltern, der den ganzen Hügel bedeckte. Dahinter erhob sich das üppige, majestätische Hochland des oberen Galiläa. Seit Jahrhunderten lebte der Familienclan der Chacour auf diesen Anhöhen und weidete seine Schafe. Dem jungen Elias gehörte 1947 noch eine friedliche Welt, mit Feigenbäumen und Olivenhainen, unzähligen Cousins, Tanten und Onkeln. Die Steinhäuser des Dorfes reihten sich aneinander, jeder kannte jeden. Die Haushalte bildeten in den Augen des kleinen Elias eine große Familie. Biram schien in dieser Atmosphäre in aller Stille seine Kinder aufzuziehen, seine Ernten einzuholen und unbekümmert unter den Sternen zu schlummern. Hier fühlte er sich geborgen und beschützt, „als ob die Arme Gottes selbst unsere Hügel umfangen hielten", erinnert sich Chacour viele Jahre später an die Nestwärme in seiner Familie.

Er selber, das Nesthäkchen, hatte vier ältere Brüder und eine Schwester. Von seinem Vater, Michael Moussa, der stets die traditionelle Keffiyeh trug, lernte er die Sprache der Geduld, Vergebung und Liebe. Er war ein Mann des Friedens. Wenn er abends nach Hause zurückkehrte, brachte er eine fast mystische Ruhe mit. Seine Augen leuchteten und ein gütiges Lächeln lag auf seinem Gesicht. Katoub, seine Mutter, konnte zwar weder lesen noch schreiben, doch war sie unschlagbar im Geschichtenerzählen oder im auswendigen Vortragen langer Textpassagen der Bibel. Elias saß dann auf ihrem Schoß, spielte mit den beweglichen Tauben und Fischen an ihrer Halskette, während sie ihm Szenen aus der Bibel und dem Evangelium schilderte: „Weißt du, Elias, dass Jesus aus Nazareth kam, nicht weit entfernt von uns?" Für den Kleinen war Jesus wie ein Freund von nebenan. Ein Nachbar aus Fleisch und Blut. Er konnte sich lebhaft vorstellen, wie er mit seinen Jüngern am Haus seiner Eltern vorbeikam und durch den kühlen Schatten im Feigengarten spazierte. Für seine Mutter waren die Seligpreisungen das Wesentliche an der ganzen Lehre Jesu. Auch wenn der Knabe diese Strophen noch nicht ganz begreifen konnte, hörte er doch aufmerksam zu:

„Selig, die arm sind im Geist; denn ihnen gehört das Himmelreich.
Selig die Trauernden; denn sie werden getröstet werden.
Selig die Sanftmütigen; denn sie werden das Land erben.
Selig, die hungern und dürsten nach der Gerechtigkeit; denn sie werden satt werden.
Selig die Barmherzigen; denn sie werden Erbarmen finden.
Selig, die reinen Herzens sind; denn sie werden Gott schauen.
Selig die Friedensstifter; denn sie werden Söhne Gottes genannt werden.
Selig, die um der Gerechtigkeit willen verfolgt werden; denn ihnen gehört das Himmelreich.
Selig seid ihr, wenn ihr um meinetwillen beschimpft, verfolgt und auf alle mögliche Weise verleumdet werdet. Freut euch und jubelt: Euer Lohn im Himmel wird groß sein. Denn so wurden schon vor euch die Propheten verfolgt." (Matthäus 5, 3–12)

Was meinte denn wohl Jesus damit? Wie kann man selig sein, wenn man arm ist oder trauert? So sinnierte das Kind vor sich hin. Wohlbehütet war er ins achte Lebensjahr hineingewachsen und kannte noch keinen echten Seelenschmerz. Und was bedeutete überhaupt „Friedensstifter"? Erst viel später in seinem Leben sollte er den Sinn dieser Sprüche in ihrer vollen Tragweite erkennen ...

Eine melkitische Familie

Wie Noah oder Abraham im Alten Testament, wollten Chacours Eltern den Kindern ihr wertvolles geistiges Erbe weitergeben. Sie waren melkitische Christen und dieses Erbe war tief in der Geschichte verankert, die bis ins erste Jahrtausend zurückgeht. Die sogenannten Melkiten sind ursprünglich Christen der Patriarchate von Antiochien, Jerusalem und Alexandrien, die sich in der Zeit der christologischen Streitigkeiten im 5. Jahrhundert für die dogmatischen Festlegungen des Konzils von Chalkedon und damit für den Glauben des griechischen Kaisers entschieden haben. Diesem Glauben sind sie auch nach dem Zusammenbruch der Herrschaft von Byzanz treu geblieben. Ihre Gegner gaben ihnen abwertend den Namen „Melkiten" (die „Kaisertreuen" – abgeleitet von „melech", Arabisch für „König").

Die Vorfahren Chacours gehörten zu jenen Melkiten, die die zerstrittenen Kirchen wieder zusammenbrachten. Ihre Familie gehörte zu einer mutigen Gruppe, die weiter am alten Glauben Chalkedons festhielt und sich in der Zeit der Kreuzzüge ausländischen Übergriffen und damit auch all den kriegerischen Aktionen widersetzte, die den Einfluss Roms im Heiligen Land festigen sollten. Jahrhunderte später begann eine Bewegung unter den Melkiten, Brücken für eine Aussöhnung mit Rom zu bauen. Seit Ende des 17. Jahrhunderts sind diese mit Rom uniert, erkennen also den Papst als Kirchenoberhaupt an. Doch in der Liturgie halten sie bis zum heutigen Tag an den orthodoxen Traditionen fest. Deshalb wird die melkitische Kirche auch als griechisch-katholische Kirche bezeichnet.

Die Zionisten kommen

Die Fähigkeit, gegensätzliche Kräfte miteinander zu versöhnen, wurde also dem kleinen Elias schon in die Wiege gelegt. Sein Vater hatte ihm außerdem oft genug vorgelebt, wie man als tiefgläubiger Mensch in härtesten Zeiten mit Menschen wie auch mit Katastrophen umgehen kann.

So etwa an einem Frühlingsabend 1947, als er mit einem Lamm nach Hause kam und seine Kinder um sich versammelte. „Ich habe euch jetzt etwas Besonderes zu erzählen: In Europa gab es einen Mann namens Hitler. Wie ein Satan war er. Jahrelang ließ er von seinen Mördertruppen jüdische Menschen töten. Millionen von Männern und Frauen, Großeltern und Enkeln – sogar im Kindesalter, Jungen und Mädchen wie ihr. Er ließ sie umbringen, nur weil sie Juden waren! Hitler ist jetzt tot. Aber unsere jüdischen Brüder haben viel gelitten und sie sind daher sehr verängstigt". Traurigkeit lag in seinen Augen: „Sie können nicht in ihre Häuser in Europa zurückkehren, und in der restlichen Welt sind sie nicht erwünscht. Deshalb kommen sie nun hierher, um sich in ihrer uralten Heimat nach einem neuen Zuhause umzusehen. In wenigen Tagen, Kinder, werden jüdische Soldaten durch Biram fahren. Man nennt sie ‚Haganah'. Ein paar werden in jedem Haus einquartiert und bleiben. Einige werden sogar hier bei uns wohnen – vielleicht eine Woche lang. Dann werden sie weiterziehen. Ihr habt keinen Grund, Angst zu haben. Wir müssen besonders freundlich sein und ihnen das Gefühl eines Zuhauses geben."

Vaters besonnene Worte hatten den kleinen Elias nicht sonderlich beunruhigt. Verwirrt hatten ihn eher die düsteren Mienen seiner Geschwister. Fühlten sie sich etwa bedroht? Als hätte ihr Vater die Gedanken seiner Kinder erraten, teilte er feierlich mit: „Deshalb habe ich dieses Lamm gekauft, seht ihr? Wir werden ein Fest für unsere jüdischen Brüder vorbereiten und so die Auferstehung heute früher als vorgesehen feiern. Denn sie wurden vom Tod bedroht und sind nun am Leben!" Die frostige Stimmung war wie weggeblasen, als er ankündigte: „Die beste Neuigkeit ist übrigens, dass ihr auf unserem Flachdach schlafen dürft – unter dem Sternenhimmel!" Die Begeisterung aller Kinder war spürbar. „Vater im Himmel" – so begann der Vater an jenem Abend sein Gebet – „hilf uns, damit wir unseren jüdischen Brüdern Liebe entgegenbringen, ihnen Frieden vermitteln, so dass ihre kummervollen Herzen Ruhe finden …"

In ganz Biram hatte man damals noch keine Ahnung, dass inzwischen schon ein „master plan" ausgearbeitet war und machtvolle Kräfte in Jerusalem, Europa und Amerika dabei waren, nicht nur das Schicksal dieses kleinen galiläischen Dorfes, sondern das des ganzen palästinensischen Volkes zu besiegeln.

Für den kleinen Elias tat sich später ein Weg auf – ein Weg in Richtung Frieden. Doch er sollte ihn durch lange, bittere Konflikte führen. Zu jenem Zeitpunkt konnte er das weder ahnen noch begreifen.

Die Schreckensnachricht, dass die jüdischen Soldaten mit Maschinengewehren bewaffnet nach Biram kommen sollten, sprach sich bald wie ein Lauffeuer im ganzen Dorf herum. Chacours Vater konnte diese Neuigkeit nicht erschüttern, denn die Zionisten hatten den Dorfvorstehern doch ihr Wort gegeben, nur einige Tage zu bleiben. Entsprechend der Idee von Theodor Herzl war ihr Ziel jedoch die Rückführung des jüdischen Volkes in sein altes Heimatland. Der Vater hatte nichts dagegen, wenn sich einige Juden aus Europa in seiner Nachbarschaft niederlassen wollten. Sein ältester Sohn Rudah war aber wegen der Waffen höchst beunruhigt. Wozu Maschinengewehre tragen, wenn die Soldaten nur friedliche Absichten hatten?, dachte er. So besorgte er sich ein halb verrostetes Gewehr, um seine Familie im Notfall zu beschützen. Als sein Vater die Waffe in Rudahs Händen entdeckte, nahm er sie ihm sofort weg: „Wir wenden niemals Gewalt an! Auch dann nicht, wenn uns jemand verletzt." Rudah starrte ihn fassungslos an: „Warum tragen dann die Soldaten Gewehre?" „Mein lieber Sohn", antwortete ihm sein Vater und legte den Arm um Rudahs Schultern: „Jahrhundertelang lebten unsere jüdischen Brüder im Exil in fremden Ländern. Sie wurden gejagt und gequält. Viele von ihnen lebten in Armut, Angst und Trauer. Wenn Menschen große Angst haben, meinen sie, sie müssten zum Schutz Gewehre tragen. Ihre Seelen sind schwach, weil sie den inneren Frieden verloren haben." Rudah bohrte nach: „Und wenn die Soldaten uns doch etwas antun werden?" Sein Vater lächelte: „Juden und Palästinenser sind doch Brüder – echte Blutsbrüder. Wir haben denselben Vater, Abraham, und denselben Gott. Wir dürfen das nie vergessen, verstehst du? Bringen wir jetzt das Gewehr fort!" Elias, der mit seinen Geschwistern stumm dem Gespräch folgte, starrte staunend seinen

Bruder mit der feinen Adlernase an. An jenem Abend ahnte er noch nicht, dass er mit seiner Familie eine der letzten Nächte im eigenen Haus verbringen würde.

Noch im Licht der Morgendämmerung wurde Biram wenige Tage später durch ein ungewohntes Rattern geweckt: Es waren viele Lastwagen und Jeeps, die den Hügel hinunterrollten. Die angekündigten Zionisten waren da. Sie trugen graugelbe Uniformen. Vier von ihnen luden bei Chacours ihr schweres Gepäck ab, um sich bei ihnen einzuquartieren. Das Lamm wurde geschlachtet, doch aus dem Abendmahl wurde kein Fest, wie die Gastgeber es sich vorgestellt hatten. Katoub, die schweigsame Mutter, servierte allen reichlich gefüllte Teller mit Lammfleisch, Gemüse und Brot. Die Soldaten aßen alles mit großem Appetit, doch die Atmosphäre blieb dabei äußerst kühl. Den Kindern war mulmig zumute. Am meisten störten Rudah und Elias die Gewehre, die immer in Sichtweite waren. Sie fühlten sich wie ohnmächtig angesichts der Waffenstärke der Uniformierten. Zum ersten Mal wurden sie mit fremder Macht konfrontiert und spürten, dass sie – wie auch die anderen Bewohner von Biram – selbst keine Macht besaßen. Ein unbehaglicher Gedanke. Sogar beim täglichen Gang zur Dorfschule sahen sie plötzlich an jeder Ecke Gewehrläufe glänzen.

Eine Woche später rief der militärische Befehlshaber alle Männer der Ortschaft zu sich: „Euer Dorf befindet sich in ernster Gefahr", teilte er ihnen lapidar mit. „Eure Sicherheit ist gefährdet, wenn ihr in euren Häusern bleibt. Zieht für ein paar Tage hinaus in die Hügel! Schließt einstweilen alles ab und übergebt uns die Schlüssel. Ich gebe mein Ehrenwort, dass nichts zerstört wird." Die meisten Männer waren natürlich nervös. Sie erinnerten sich noch gut an den Aufstand und an die Besetzung durch britisches Militär in den 1930er Jahren. Außerdem wurde von neuen Bombenanschlägen in Jerusalem, von Spannungen zwischen Briten und Zionisten gesprochen. Vielleicht war es wirklich besser, ihre

Familien in Sicherheit zu bringen – dachten die Männer beim Nachhausegehen. „Geht am besten heute noch", rief ihnen der Kommandeur nach, „und ohne Gepäck!"

Vertreibung aus Biram

Das Ehepaar Chacour ließ noch am selben Tag alles zurück, bis auf die schweren Kleider, die die Kinder in mehreren Schichten am Leib trugen. Das Schloss wurde verriegelt, der Schlüssel einem der Soldaten ausgehändigt. Dutzende von Familien strömten gleichzeitig aus Biram hinunter in Richtung Olivenhain. Er schien ihnen ein geeigneter Zufluchtsort für die darauffolgenden Nächte zu sein. Doch nach zwei Wochen wurden die Kampierenden mit jeder Nacht steifer durch das unbequeme Schlafen auf dem feuchten Boden. Gereizt durch das lange vergebliche Warten auf eine Nachricht stiegen einige Männer den Hügel zu ihrem Dorf hinauf. Ihnen stockte der Atem beim Anblick ihrer Häuser: Türen waren eingebrochen, Möbel verschwunden, Vorhänge zerrissen, überall lagen Scherben von Fenstern und Geschirr am Boden. „Was macht ihr hier?", fauchte ein bewaffneter Soldat sie an. „Wir wollen nur unsere Frauen und Kinder heimbringen!" Der Ranghöchste näherte sich ihnen: „Der Kommandeur ist weg", sagte er kaltblütig. „Er hat uns zurückgelassen, um das Dorf zu beschützen. Dieses Land gehört jetzt uns. Ihr habt hier nichts mehr zu suchen – weg mit euch!", schrie er sie an und verjagte sie mit dem Gewehr. Die fassungslosen Familienväter rannten, so schnell sie nur konnten, wieder den Hang hinunter. Ihr entsetzlicher Bericht machte in Windeseile die Runde. Dann standen alle steif da, wie vom Schlag getroffen. Der Betrug traf sie wie ein Schnitt mit dem Messer. Eine tief klaffende Wunde, die höllisch weh tut. Den jungen Elias befiel eine seltsame Schwermut. Zum ersten Mal bemerkte er den Schock in den weit aufgerissenen Augen seines Vaters. So bestürzt hatte er ihn noch nie erlebt. Was war zu tun?

Wenn man am Leben bleiben wollte, musste man jetzt zuerst die eigene Haut retten – vor Gefahren, aber auch vor dem Unwetter. Die Mukhtars – die älteren Dorfvorsteher – beschlossen, alle gemeinsam nach Gish, ins Nachbardorf, hinaufzusteigen. Dort fanden sie gespenstisch leere Gassen. Die unbewaffneten Dorfbewohner hätten ein ähnliches Schicksal erlitten wie sie, erzählten zehn ältere Leute, die man zurückgelassen hatte. Man nahm an, sie wären alle in den Libanon geflohen, da die Grenze nur wenige Kilometer entfernt war. „Ob sie jemals zurückkehren können?", fragte sich ein alter Mann, den Tränen nahe. Trotz ihrer Trauer boten die Übriggebliebenen den Dorfnachbarn ihre Gastfreundschaft an. Die meisten Häuser waren zwar verwüstet, doch jetzt ging es ums nackte Überleben. Ein Dach über dem Kopf zu haben war die Rettung. Die Chacours hatten das Glück, ein kleines, baufälliges Einzimmerhaus für ihre achtköpfige Familie zu finden, kaum größer als die Höhle auf ihrem verlorenen Grundstück. Elias entdeckte eine Puppe, die man zurückgelassen hatte und die nun mit zerquetschtem Kopf in einer Ecke lag. Sonst war nichts im Raum geblieben, außer ein paar zerbrochenen Stühlen. Von umherstreifenden Menschen, die aus anderen Dörfern vertrieben worden waren, erfuhr Elias' Vater, dass die Soldaten systematisch das ganze umliegende Hügelland nach schutzlosen Dorfbewohnern durchkämmten. Viele von ihnen waren tatsächlich zu Fuß in den Libanon oder nach Syrien geflohen. „Was würden die Soldaten tun, wenn sie die Biram-Bewohner in Gish entdeckten?", fragten sich viele in ihrem neuen Zufluchtsort. Und was war mit den Familien von Gish passiert? Elias erfuhr es als Erster. Beim Fußballspielen mit Freunden. Der Ball seines Gegners flog knapp an seinem Kopf vorbei und fiel weit über das Spielfeld hinaus in den Sand. Nein, es war kein Sand, dachte sich Elias, als er sich bückte, um den Ball zu holen. Es war aufgewühlte Erde, aus der eine dicke Rute ragte. Ein beißender Geruch schnürte ihm plötzlich die Kehle zu ... Es war keine Rute, es war der steife Arm eines toten Jungen, an dem er zog ... Elias glaubte schreien zu müssen, stand aber wie versteinert da. Dann rannte er, so schnell er nur konnte, nach Hause. Unter der dünnen Sandschicht fand man zwei Dutzend Leichen.

Terror der 20er Jahre

Elias konnte zu jener Zeit nichts von den Gräueltaten wissen, die im August 1929 in Hebron gegen Juden begangen worden waren. Schon am Jom-Kippur-Tag im September des Jahres 1928 hatten die Unruhen an der Klagemauer in Jerusalem begonnen. Die darauffolgenden zehn Jahre galten dann als eine Periode des arabischen Terrors, der eigentlich schon 1921 in Jaffa begonnen hatte. Den mörderischen arabischen Aufstand schlugen die Briten unter ihrem Befehlshaber General Montgomery, dem späteren Held des Zweiten Weltkrieges, nieder. In Hebron lebten die Juden seit Generationen, kannten ihre arabischen Nachbarn gut und betrachteten viele von ihnen als Freunde. Die sephardische Gemeinschaft konnte auf eine Vergangenheit von acht Jahrhunderten, die aschkenasische immerhin auf eine von hundert Jahren zurückblicken. Dennoch starben sie einen furchtbar gewaltsamen Tod. Nicht wenige wurden sogar enthauptet, wie das auch heute noch im Kampf der sunnitischen und schiitischen Feinde der unterschiedlichen muslimischen Religionsgemeinschaften im Irak „üblich" ist.

Elias war sich damals der Ereignisse außerhalb des abgeschiedenen Hügelgebiets in Nordgaliläa kaum bewusst. 1947 bis 48 waren aber Entscheidungen auf politischer Ebene getroffen worden, über die Köpfe der Palästinenser hinweg, die sie bald ohne Heimat und ohne eine nationale Identität zurücklassen sollten.

Heiliges Land – Land des Krieges

Die ungelöste Palästinafrage war vor die UNO gebracht worden. Die Zionisten waren nicht mehr einverstanden mit der britischen Kontrolle. Sie wollten ihre eigene nationale Heimstätte errichten und kämpften gegen die inzwischen durch den langen Krieg in Europa militärisch geschwächten Briten und gegen die schlecht ausgerüsteten Palästinenser. Es war ein Kräftemessen zwischen Ungleichen. Die UNO sollte eine friedliche Lösung herbeiführen, um dem Blutvergießen ein Ende zu bereiten. Palästina sollte in zwei Staaten aufgeteilt oder föderalisiert werden. Nun machte das UNO-Sonderkomitee für Palästina (UNSCOP) zum Ende des britischen Mandats einen Vorschlag, den die Vollversammlung am 29. November 1948 mit 33 gegen 13 Stimmen bei 10 Enthaltungen beschloss. Die arabischen Staaten akzeptierten keinen der beiden Vorschläge. Die Teilung des Mandatgebiets sah vor, dem jüdischen Staat 55 %, dem arabischen Teil 45 % dieses Gebiets zuzueignen. Die Bevölkerung bestand damals zu 69,2 Prozent aus Arabern (1 319 500) und zu 30,2 Prozent aus Juden (589 340). Als die Dorfältesten in Gish davon erfuhren, waren sie über die Bedingungen schockiert: Wie konnte eine in ihren Augen so einseitige Entscheidung getroffen werden? Die arabischen Nachbarstaaten reagierten militärisch. Die Flüchtlingskinder aus Biram versuchten, die komplizierten Auseinandersetzungen der Erwachsenen zu verstehen. Sie fingen an zu ahnen, dass aus ihrer friedlichen Heimat Palästina – bekannt als das „Heilige Land" – nun ein Land des Krieges geworden war. Sie erfuhren auch von anderen Dörfern, die mit Granaten und Bomben dem Erdboden gleichgemacht worden waren, während in anderen die Menschen den brennenden Trümmern ihrer Häuser nur knapp entfliehen konnten.

Tausende von Palästinensern waren nun entwurzelt. Besondere Angst hatten sie vor der zionistischen Organisation Irgun. Einer ihrer Führer gehörte wegen seiner Beteiligung an dem Bombenanschlag auf das Luxushotel King David in Jerusalem zu den zehn von den Briten meistgesuchten Terroristen. Sein Name war Menachem Begin; er wurde Jahre später israelischer Regierungschef. Sein Ziel war es, das Land von der palästinensischen Bevölkerung zu „säubern". Öffentlich bekannt wurde eine besonders brutale „Säuberungsaktion" in Deir Yassin, einem Vorort von Jerusalem. Der Augenzeuge Jacques de Reynier vom Roten Kreuz berichtet von Horrorszenen: „Hier war die ‚Säuberung' mittels Maschinenpistolen, dann Handgranaten erledigt worden. Mit Messern war sie zu Ende geführt worden, jeder konnte das sehen ... Als ich gerade herausgehen wollte, hörte ich so etwas wie einen Seufzer ... Es war ein zehnjähriges Mädchen, verstümmelt von einer Handgranate, aber noch am Leben ... Vierhundert Menschen hatte es in diesem Dorf gegeben; ungefähr fünfzig von ihnen entkamen und waren noch am Leben ..."

Viele einheimische Juden waren ebenso über solche Ereignisse schockiert wie die Palästinenser. Der Oberrabbiner von Jerusalem tobte vor Entrüstung. Doch auch die religiösen Proteste der Juden waren nicht stark genug, um die mörderische Militärmaschinerie aufhalten zu können. Diese schaffte es hingegen, die vereinten arabischen Kräfte ringsumher zurückzudrängen. Noch mehr Lastwagen rollten in die Bauerndörfer ein. Weitere Flüchtlinge strömten täglich durch Galiläa und erzählten von ausgeplünderten Kleinstädten.

Flüchtlinge im eigenen Land

Am 14. Mai 1948, als die letzten britischen Truppen Palästina verließen, proklamierte der Politiker David Ben Gurion feierlich vor zweihundert Journalisten aus aller Welt die Errichtung des unabhängigen Staates Israel. Innerhalb einer Stunde erkannten die Vereinigten Staaten offiziell den neuen Staat unter zionistischer Herrschaft an. Auch die Sowjetunion gehörte zu den ersten Staaten, die Israel völkerrechtlich anerkannten. In den drei darauffolgenden Monaten flüchteten – oder wurden vertrieben – etwa 750 000 Palästinenser. Von 550 verlassenen palästinensischen Ortschaften wurden, bis auf 121, praktisch alle zerstört. In den Wirren von Krieg und Terror wurden Eheleute voneinander getrennt, Eltern verloren kleine Kinder, die sie nie wieder sahen. Viele ältere Menschen haben die körperlichen und seelischen Entbehrungen nicht überlebt. Die jüdischen Freunde der Chacours, die in Biram Seite an Seite mit ihnen gelebt und vieles geteilt hatten, litten mit ihnen. Sie waren aber machtlos.

Obwohl die Familie Chacour schon seit zwei Jahren „Flüchtlinge im eigenen Land" war und um ihre Zukunft bangte, zeigte sich Vater Michael Moussa vor den Kindern nie verbittert. Seine Bereitschaft, denen zu vergeben, die sich selbst zu ihren Feinden gemacht hatten, erstaunte Elias, als er ihn beten hörte: „Vergib ihnen, oh Gott. Heile ihren Schmerz. Wandle ihre Bitterkeit und zeig' uns Deinen Frieden." An einem Frühlingsabend 1949 beruhigte er die verängstigten Kinder besonders liebevoll: „Wenn euch jemand je wehtun sollte, könnt ihr ihn zwar verfluchen, doch das wäre sinnlos. Bittet stattdessen den Herrn, den zu segnen, der sich selbst zu eurem Feind macht." Seine Augen strahlten Zuversicht aus, als er fortfuhr: „Wisst ihr, was dann geschehen wird? Der Herr wird euch mit Seinem inneren Frieden segnen – und vielleicht wird euer Feind von seiner Bosheit ablassen. Wenn nicht, dann wird der Herr selber über ihn verfügen." Die Kinder schliefen in jener Nacht friedlich ein.

Doch schon am frühen Morgen weckte sie eine dröhnende Stimme aus dem Lautsprecher eines Lastwagens: „Alle Männer sofort antreten – kein Widerstand!" Die sechs Chacour-Geschwister schauten erstarrt ihre Eltern an. „Kommt Jungs, es wird schon in Ordnung sein", sagte der Vater gefasst zu seinen drei ältesten Söhnen und ging mit ihnen zu einem größeren Platz, wo die Soldaten mit erhobenen Gewehren standen. Von der Türschwelle aus beobachtete Elias, wie sich alle erwachsenen Männer, die er von Kindesbeinen an kannte, dort versammelten. „Wir wissen, dass ihr palästinensische Terroristen seid!", brüllte ein Uniformierter. „Wo sind eure Gewehre versteckt?" Elias klammerte sich fest an seine Mutter. Er kämpfte mit den Tränen. Mein Vater, meine Brüder – „Terroristen"? Dieses Wort traf ihn wie ein Blitzschlag. Michael Moussa war bald erschöpft. Schweißperlen tropften von seinem besorgten Gesicht. „Jetzt werdet ihr sofort diesen Ort verlassen!", befahl der Soldat. Zu den hinterbliebenen Frauen schrie er: „Wir bringen eure Terroristen weg. Ihr werdet sie nie wiedersehen!", und mit vorgehaltenem Gewehr pferchte er die Männer in die Lastwagen hinein. Als die letzte Ladeklappe zuschlug, rollten sie schon im Konvoi davon. Weinende Frauen strömten in die Gassen und riefen verzweifelt die Namen ihrer Männer und Söhne. Katoub wischte sich still die Tränen mit dem Handrücken weg. Wie erstarrt ging sie ins Haus zurück. In den dunkelsten Stunden ihres Lebens drückte sie ihre drei zurückgebliebenen Kleinen fest an sich und betete leise, bis lange in die Nacht hinein.

Elias' Mutter fand den größten Trost im Gebet. Sie war überzeugt, dass Gott über ihre Männer wachen würde: „Lass unsere Hände Deine Hände sein, um die Leidenden zu trösten." Ihre ruhige, unerschütterliche Haltung, fest im Glauben verankert, beeinflusste allmählich auch ihren kleinsten Sohn. Elias begann, die Einsamkeit in der Natur zu suchen. Im Schatten eines Olivenbaumes malte er sich aus, wie Jesus den nahegelegenen Berg der Seligpreisungen hinaufgestiegen war und vor einer Menschenmenge verkündet hatte: „… Selig die Trauernden, denn sie werden getröstet werden …" Er versuchte zu verstehen und begann, mit Jesus zu reden: „Mutter hat Deinen Trost. Das sehe ich. Willst Du, dass wir Deine Hände und Lippen sind, um wieder Frieden zu bringen? Wenn das wahr ist, dann gebrauche bitte meine Hände, Lippen – und Zunge dazu!" Damals wusste er noch nicht, dass dieses Gebet nur ein erster Schritt auf einer langen Lebensreise war …

Der Sommer 1949 zog sich drei Monate hin, ohne Nachricht von den vertriebenen Männern. Eines Abends verriegelte Katoub wieder, wie gewöhnlich, die Haustür – dies war der einzige Schutz vor unwillkommenen Gästen in der Dunkelheit. Plötzlich durchbrach ein Geräusch die Stille der Nacht. Der Riegel rüttelte im Schloss. „Lasst uns herein – schnell!", zischte eine gedämpfte Männerstimme. „Wer ist da?", rief Katoub mit zittriger Stimme. „Ich bin's, Michael! Mach' auf!" Vier ausgemergelte Männer mit zerzausten Bärten und zerfetzten Schuhen stürmten herein. Es war nicht zu fassen: Die Familie war tatsächlich wieder vereint! Alle umarmten und küssten sich stürmisch. Den Eltern liefen Freudentränen über die Wangen. Die Männer waren erschöpft, doch sie hatten überlebt. Nur das zählte, dachte Katoub, als sie Essen und Wasser für sie holte.

Bei flackerndem Kerzenlicht erzählte Michael Moussa von ihrer Odyssee. Der Lastwagen hatte sie bis in die Nähe der Stadt Nablus gebracht. An der Grenze zu Jordanien ließ man sie dann frei. Anscheinend wollte man sie endgültig aus ihrer Heimat vertreiben. Er und seine Söhne wünschten sich aber nur eins: nach Hause zurückzukehren. Endlos lange Fußmärsche, bei sengender Hitze, führten sie von Dorf zu Dorf – zuerst in Jordanien, dann in Syrien. Überall wurden sie jedoch von ihren eigenen arabischen „Brüdern" wie Aussätzige behandelt und verjagt. Streckenweise waren sie so hungrig, dass sie im Staub nach Insekten suchten. Als Vater Chacour dann eines Tages die Silhouette des Bergs Meron – des höchsten Berges in ganz Galiläa – wiedersah, wusste er, dass er nunmehr zu Hause war.

Elias schwelgte an jenem Abend in einem solchen Glücksgefühl, dass er des Vaters abschließende Worte fast nicht mehr mitbekam: „Lieber Gott, die Israelis behandeln uns schlecht, weil wir die Kinder Ismaels sind. Aber wir sind wahre Söhne Abrahams, und wir sind Deine Kinder", betete er. „Du hast Ismael vom Tod in der Wüste errettet, und Du hast uns gerettet.

Du hast ihm Gerechtigkeit erwiesen und ihn mit einem großen Volk gesegnet. Wir danken Dir nun, denn wir wissen, dass Du auch uns Gerechtigkeit verschaffen wirst." Worte des Urvertrauens in den Schöpfer, obwohl die Chacours mütterlicher- und väterlicherseits in diesen Wirren mehrere Brüder verloren hatten. Viele Frauen in Gish sahen ihre Männer und Söhne nie wieder.

Ende 1949 hörte die Vertreibung der Palästinenser allmählich auf. Viele von ihnen wurden als nützliche, billige Arbeitskräfte für die neuen Kibbuzim gebraucht, da sie wertvolle Erfahrungen aus der Landwirtschaft mitbrachten.

Arbeit im Feigengarten

Die Kibbuzim waren sozialistische landwirtschaftliche Gemeinschaften, die für die Einwanderer aus Europa und Amerika ins Leben gerufen worden waren. Die Chacours erfuhren, dass einige dieser jüdischen Siedler teilweise das fruchtbare Land um Biram gekauft hatten. Michael Moussa erkundigte sich nach dem Schicksal seines geliebten Feigengartens. Die Antwort traf ihn wie ein Blitz: Auch dieser hatte bereits einen neuen Besitzer gefunden. Er blieb stumm, seine Lippen waren zusammengepresst. Elias konnte den Kummer seines gütigen Vaters kaum ertragen. Er wusste nur zu gut, was dieser Verlust für ihn bedeutete. Jeden Baum hatte er eigenhändig gepflanzt, um jeden Setzling hatte er sich persönlich gekümmert. Jetzt war ihm sein Lebenswerk entrissen worden. Für immer. Nach einigen Wochen kam dennoch eine tröstlichere Nachricht: Der neue Besitzer brauchte erfahrene Bauern für die Pflege des Feigengartens. Vater Chacour stellte sich mit seinen drei älteren Söhnen vor. Sofort wurden sie für drei Jahre engagiert und erhielten einen besonderen Arbeitsausweis. Der von Michael Moussa wurde von den Soldaten regelmäßig überprüft, bevor er seinen Fuß auf das Land setzen durfte, das einst ihm gehörte. Elias bewunderte die stoische Haltung, mit der sein Vater diese Demütigung Tag für Tag ertrug. Nichts wünschte er sich sehnlicher, als mit seinen neuen jüdischen Nachbarn in Frieden und Harmonie zu leben. Genauso, wie es ihm sein Vater vorgelebt hatte, bevor die Soldaten gekommen waren. Er zuckte innerlich zusammen bei der Vorstellung, dass seine Familie ihr restliches Leben in Angst verbringen müsste, umgeben von Feindseligkeit und Schikanen. Solche Gedanken beschäftigten ihn, als er eines Abends von einem Spaziergang nach Hause zurückkam. „Was tust du denn immer so allein in den Hügeln, Elias?", rief sein Vater ihm zu. „Ich unterhalte mich mit einem Freund, wenn du verstehst, wen ich meine ...", kam es aus ihm heraus. „Das habe ich mir schon gedacht", erwiderte sein Vater verständnisvoll. Er war zwar ein einfacher Bauer, zugleich aber auch ein Mann von tiefer Einsicht und Weisheit. Schon seit geraumer Zeit ging ihm ein Plan für die Zukunft seines Jüngsten im Kopf herum. Er spürte schon damals, wie sich die Berufung seines Sohnes immer deutlicher abzeichnete. Auch dem inzwischen Zwölfjährigen wurde immer stärker bewusst: Er würde sich bald zum selben Weg des Friedens entschließen, den schon sein Landsmann und Gefährte Jesus vor zweitausend Jahren in diesen Hügeln von Galiläa vorgezeigt hatte.

Abschied und Aufbruch

Anfang 1951 entschlossen sich die Dorfältesten ein zweites Mal, ein Gesuch an den Obersten Gerichtshof zu richten, um nach Biram zurückkehren zu dürfen. Sie hatten einige Monate zuvor bereits eine offizielle schriftliche Zustimmung aus Jerusalem erhalten. Damals zitterten sie vor Aufregung, nach einem dreijährigen Exil endlich wieder in ihr Heimatdorf zurückkehren zu dürfen. Doch dieser Behördenbrief wurde vom befehlshabenden Offizier in Biram nicht zur Kenntnis genommen. „Eure Rückkehr könnt ihr vergessen", sagte er wörtlich. „Das Dorf gehört jetzt uns. Ihr habt hier keine Rechte mehr." Niederschmetternder hätte die Mitteilung nicht sein können. Dem Ehepaar Chacour stand der Schmerz ins Gesicht geschrieben. Dennoch gaben sie Biram noch nicht ganz auf. In ihrem zweiten Bittschreiben beschrieben die Dorfältesten den Vorfall und die Missachtung des Gerichtsbeschlusses durch das zionistische Militär. Während die Antwort wieder einige Monate auf sich warten ließ, kam Galiläas Bischof von Haifa nach Gish. Er hatte bereits viele abgelegene Ortschaften besucht, Lebensmittel und Kleider verteilt, sich bei den Dorfbewohnern nach ihrer Not erkundigt. Neben der dürftigen medizinischen Versorgung klagten die meisten Leute über den Verlust ihres beschlagnahmten Landbesitzes. Jeder kam zu ihm mit einer Bitte.

Nun war der Familienvater Michael Moussa an der Reihe. „Elias, mein Jüngster, ist ein begabter Schüler. Könnten Sie mir helfen, für ihn eine gute Schule zu finden?" Die Menge um ihn herum war nicht auf eine solche Frage gefasst. Doch der Bischof verstand sofort. Vater Chacour wünschte für seinen Sohn bessere Zukunftsaussichten. „Lass mich kurz darüber nachdenken, Michael", sagte er mit einem Lächeln. „Komm zu mir, bevor ich das Dorf verlasse."

Noch am selben Tag teilte ihm der Bischof mit, er würde sich persönlich um die Ausbildung von Elias kümmern: in einem Waisenhaus in Haifa, von Französisch sprechenden Hausmüttern geführt, in unmittelbarer Nähe seiner eigenen Wohnung. Der sechsfache Familienvater bedankte sich mit strahlenden Augen und besprach gleich anschließend zu Hause die erfreuliche Nachricht. Mutter Katoub war zunächst kaum begeistert. Das Leben hatte sie schon hart genug getroffen. Jetzt sollte sie noch ihren Lieblingssohn von zu Hause weggeben. Schließlich siegte die Vernunft, und sie stimmte zu. Elias spürte schon beim Abendessen, dass ihm sein Vater etwas Wichtiges mitzuteilen hatte: „Du hast eine einmalige Gelegenheit bekommen, beim Bischof in Haifa zu lernen." Seine Stimme klang belegt. Leicht war der bevorstehende

Abschied auch für ihn nicht. „Du musst aber wissen, mein Sohn: Dort erwarten dich nicht nur Privilegien. Lerne alles vom Bischof, was du nur kannst. Wenn du ein echter Gottesmann werden willst, dann wirst du auch lernen, wie man Feinde miteinander versöhnt – wie man Hass in Frieden und Liebe umwandelt. Nur ein wahrer Diener Gottes kann so etwas vollbringen!" Elias begriff zwar nicht alles, doch der Ernst der Stunde war ihm gänzlich bewusst. Er war ziemlich aufgeregt. Die große Hafenstadt Haifa hatte er noch nie gesehen, obwohl sie nur sechzig Kilometer von Gish entfernt lag. Seine nächste Zukunft hörte sich spannend, wie ein neues Abenteuer an. Am Tag seiner Abreise verschwand jede Euphorie, als er in der Küche das vertraute Klirren von Mutters Halskette hörte. Er spürte ein flaues Gefühl in der Magengegend. Wer weiß, wann ich meine Eltern wiedersehen werde? Nichts wird mehr wie früher sein, dachte er wehmütig, als er im Bus seine Eltern stumm mit den Augen verschlang.

Der Bischof empfing die Chacours im Waisenhaus. Es herrschte gute Stimmung. Katoub fühlte spontan: Hier würde ihr Sohn gut aufgehoben sein. Der freundliche Umgangston der europäischen Erzieherinnen gefiel ihr. „Komm, Elias", sagte eine Französin sanft, „ich möchte, dass du die Waisenkinder gleich kennenlernst." Er drehte sich um zu den Eltern, umarmte sie rasch, doch innig. Dann verschwand er mit seiner neuen Hausmutter in Richtung Speisezimmer, während seine Eltern ihm noch zaghaft nachwinkten. Die europäischen Damen sind wirklich zuvorkommend, dachte sich Elias. Das Waisenhaus wurde bald sein zweites Zuhause. Doch es wunderte ihn, dass er sogar nach einigen Monaten des Aufenthaltes noch von einem tiefen Heimweh erfasst wurde.

Die Bibelstunden beim Bischof waren etwas unbefriedigend. Die Bibel selbst war für Elias kein trockenes Lehrbuch, sondern die erlebte Gegenwart Jesu. Er vermisste das verlorene Paradies mit seiner Familie in den Hügeln von Biram, die Bibelgeschichten seiner Mutter, die Mahnungen seines Vaters, die einsamen Spaziergänge mit seinem unsichtbaren Weggefährten in der Umgebung von Gish. Im wohlbehüteten Waisenhaus folgte der Tagesablauf genauen Spielregeln. Eines Tages erahnte aber eine Hausmutter die heimliche Sehnsucht des jungen Elias nach mehr Freiraum. Er durfte dann abends länger als die anderen Kinder aufbleiben. Eine kostbare Zeit zum Nachdenken. Nacht für Nacht konnte er sein Herz ausschütten: „Lieber Jesus", versuchte er seine Sorgen in einem Tagebuch festzuhalten, „Mutter sagt, Du hast hinter allem eine gute Absicht. Aber ich verstehe nicht, was Du von uns willst. Gehört es zu Deinen Plänen, dass meine Eltern so schwer leiden, wie Du gelitten hast? Vater wird nicht dafür kämpfen, sein Land zurückzubekommen, so wie es die anderen tun möchten. Ist es diese Art von ‚Frieden', die wir der Welt zeigen sollen? Wird überhaupt irgendjemand unseren Schrei wahrnehmen und uns helfen?" Diese schriftlichen Unterhaltungen mit seinem „Landsmann" Jesus stärkten seinen inneren Frieden. Er brauchte täglich diese Nähe zu Gott, wie die Pflanzen das Wasser, damit sich kein Körnchen Bitterkeit in seinem Herzen einnisten konnte.

Weihnachtsschrecken

Die Weihnachtstage mit den anderen Kindern im Waisenhaus waren fröhlich und unbeschwert. Am ergreifendsten empfand Elias Christi Geburtsfest mit dem Bischof in der altehrwürdigen Kathedrale. Das Glockengeläut, die feierlichen Hymnen, gesungen unter dem alten Steingewölbe, der prickelnde Duft des Weihrauchs: All das erinnerte ihn an die Kirche seiner Kindheit in Biram. Zum ersten Mal erlebte er den Heiligen Abend fernab von den Eltern. Wieder überkam ihn eine leichte Wehmut: In welcher Stimmung würde wohl seine Familie feiern? An einem kalten Morgen im Januar 1952 erhielt er die Antwort. Von Rudah, seinem ältesten Bruder. Er war nach Haifa gekommen, um ihm persönlich die Neuigkeiten von zu Hause zu übermitteln, keine guten, wie Elias schon bei der Umarmung spürte. Als Rudah während des Abendessens zu erzählen begann, kämpfte er mit den Tränen. Im Dezember hatte das Gericht den Leuten von Biram wieder bewilligt, in ihre Häuser zurückzukehren. Nachdem auch der befehlshabende Offizier im Dorf den Beschluss gelesen hatte, zuckte er die Schultern und teilte den herbeigeeilten Dorfältesten kurz angebunden mit, sie könnten am 25. Dezember zurückkehren. Diese trauten ihren Ohren nicht: zu Weihnachten! Was für ein Geschenk! Die Sensation sprach sich sofort in Gish herum. Der Heiligabend würde ein Dankesfest sein.

So marschierten die Bewohner am Weihnachtsmorgen, in ihren zerlumpten Kleidern, aber bester Dinge, den Hügel hinauf. Als sie Biram von der Ferne erblickten, sahen sie das Dorf von Panzerwagen und Planierraupen umringt. Warum waren die Soldaten immer noch da? – so rätselten sie. Ein Kanonenschuss durchbrach ihre Gedanken. Das Feuer richtete sich nicht auf die Bewohner, sondern auf Biram. Panzergeschosse flogen heulend durchs Dorf: Ein Haus nach dem anderen stürzte wie ein Kartenhaus in sich zusammen. Steine und Staub wirbelten inmitten der grellen Flammen hoch. Eine Granate schlug bei der Kirche ein, verwüstete ein Seitenschiff und jagte das halbe Dach in die Luft. Nach fünf Minuten wurde es still – bis auf das Weinen der Frauen und die entsetzten Schreie der Babys und Kinder. Mutter und Vater Chacour umklammerten Tochter Wardi und ihre Brüder. Mit versteinertem Ausdruck standen sie alle da und mussten mitansehen, wie sich dann die Panzer einen Weg durch die Trümmer bahnten und alles niederwalzten, was nicht schon eingestürzt war. „Vergib ihnen …", stammelte der Vater, noch ganz unter Schock, während er mit den anderen Verzweifelten den Hügel hinunter nach Gish zurückkehrte. Elias wurde beim Zuhören eiskalt. Den Beschuss von Biram empfand er wie einen Genickschlag. Die Brüder hielten einander lange im Arm, bevor sie sich voneinander verabschiedeten.

Nachhall der Kanonenschüsse auf Biram

Elias konnte lange nicht einschlafen. Er hatte vor seinen eigenen Gefühlen Angst. Diesmal packte ihn zum ersten Mal die Wut, noch schlimmer: eine Raserei. Gefährliche Empfindungen, die ihn gedanklich lähmten. Dann kam ihm wieder sein gütiger, geduldiger Vater in den Sinn – für ihn „ein unauslöschliches Beispiel an Geistesgröße". Das beruhigte ihn und schützte ihn vor dem Aufkommen von Hassgefühlen. „Werden wir jemals den Frieden wiederfinden, den wir vorher immer mit unseren jüdischen Nachbarn geteilt hatten?", schrieb er in sein Jesus-Tagebuch, wohl wissend, dass er darauf noch keine Antwort finden würde. „Wie kann ich bloß meinen Eltern helfen – und meinem palästinensischen Volk?"

Mit den Kanonenschüssen in Biram war die Hoffnung auf eine dortige Zukunft vorbei. Vom einstigen Haus der Chacours waren nur verkohlte Balken und ein großer Steinhaufen übriggeblieben. Wie durch ein Wunder blieben Michael Moussas Feigenbäume aber von der Verwüstung verschont. Wann er nur konnte, fuhr er mit seinen Söhnen zum beschlagnahmten Obstgarten, um die Bäume zu pflegen. Das gab ihm noch Lebenskraft, ein Ziel, inmitten des Schmerzes zunehmender Ausweglosigkeit.

Inzwischen war Elias schon über ein Jahr lang von zu Hause weg. Er fühlte sich wie ein Kind vom Lande, das plötzlich in eine laute Stadt verpflanzt worden war und dessen Wurzeln unter dem Beton der Raum zum Atmen fehlte. Die Buben, deren Leben er teilte, akzeptierten ihn nie ganz, weil er ja kein Waise war. Doch das Gefühl des Verlorenseins dauerte nicht lange. Im nächsten Schuljahr kamen zwei Neue in die Schule des Bischofs: die Brüder Faraj und Khalil Nakhleh. Sie stammten aus einer wohlhabenden Familie in Rama, einem Dorf ebenfalls in Galiläa. Vom ersten Augenblick an wurden Elias und Faraj, der ältere der beiden Brüder, dicke Freunde. Er besaß eine natürliche Liebenswürdigkeit. Sein spontanes, leichtes Lachen war ansteckend und befreite Elias bald von seiner trüben Stimmung. Eines Tages, bei einem gemeinsamen Spaziergang, machten sich beide Gedanken über ihre Zukunft. „Was glaubst du, wird aus uns werden?", überlegte Elias laut. „Schade, dass wir, als Palästinenser, nicht an die Universität können!" Faraj hielt inne. „Ich glaube, jemand wird sich unser schon annehmen ..." Wen meinte er? Vielleicht den Bischof? Oder sollte man lieber sein Leben nur dem Herrn anvertrauen? Elias schüttete Faraj sein Herz über die Not seiner Familie aus. Er stellte ein Bild seiner Wunschträume dar: Alle zerstörten Häuser von Biram werden wieder aufgebaut; Palästinenser und Juden trinken zusammen Kaffee und unterhalten sich friedlich. Eine Sekunde schien sein Herz vor Freude laut zu klopfen. Dann holte ihn wieder die Realität ein. Faraj klopfte ihm sanft auf die Schulter. Er brauchte nichts zu sagen. Elias fühlte sich verstanden.

Seminar in Nazareth

Als der inzwischen Dreizehnjährige eines Tages die Eltern in Gish besuchte, erkundigte sich der Vater nach seinen Zukunftsaussichten. Elias merkte an der Frage, dass er von nun an wohl selber sein Leben in die Hand nehmen müsse. Er erzählte von den Plänen des Bischofs, Anfang 1954 in Nazareth ein Unterseminar für angehende Priester ins Leben zu rufen. Er halte Elias dafür geeignet, lasse ihm aber noch Zeit, das Ganze gründlich zu überdenken. Vater Chacour, dessen Lebensfreude von Monat zu Monat mehr aus seinem Gesicht gewichen war, bekam wieder leuchtende Augen. Und für Mutter Katoub wäre ihr jüngster Sohn als Priester das größte Geschenk des Himmels überhaupt gewesen.

Die Übersiedlung nach Nazareth Anfang 1954 bedeutete für Elias einen wichtigen Wendepunkt in seinem Leben. Er merkte, dass sein Weg ihn ganz in den Dienst der Kirche führte. „Es wird kein einfaches Leben sein", hallten die Worte des Bischofs in seinem Gedächtnis nach. „Es verlangt Gott und den Vorgesetzten gegenüber Gehorsam. Die Anforderungen werden nicht immer leicht sein." Etwas beunruhigt war er schon. Ein Trost war aber die Tatsache, dass Faraj auch zugesagt hatte. Ausgerechnet er, der Liebenswürdige, in Gesellschaft stets charmant und umschwärmt. Erstaunlich, dass in seinem humorvollen Wesen auch ein so ausgeprägtes Interesse für geistliche Dinge vorhanden war. Bald schob aber Elias diesen etwas törichten Gedanken beiseite: Als ob jemand, der Gott dienen will, ein unglücklicher Packesel sein müsste!

Nach ihrer Ankunft im St. Joseph-Unterseminar in Nazareth vermissten Elias und Faraj die Wärme der Hausmütter im Waisenhaus. Die Einrichtung war gar nicht behaglich. Die Fenster waren noch unverglast, nicht einmal durch Vorhänge geschützt. Ein ständiger Wind blies in die Räume. Der Ton des grau gekleideten Paters war barsch, als er die Neuankömmlinge zum Auspacken in den Schlafsaal führte: „Ihr werdet bald zum Gebet erwartet. Kommt ja nicht zu spät!" Die vierunddreißig versammelten Studenten schauten einander fragend an. Die tiefe Stille im Halbdunkel der Kirche empfand Elias dann wie ein wohltuendes Schweigen unter Freunden. Er dachte an seine Spaziergänge in den Hügeln von Biram neben Jesus, dem unsichtbaren Begleiter seiner Kindheit. Hier, in dieser Kirche, fühlte er sich geborgen. Nun besaß er wieder Würde, und er dachte an die Worte Jesu, die seine Mutter oft so gern wiederholt hatte: „Meinen Frieden gebe ich euch. Nicht, wie die Welt ihn euch gibt ..." Das war es: der Herzensruf, allein vor Gott zu stehen. Und nur mit ihm konnte er die vollkommene Gelassenheit finden, nach der er sich sehnte.

Fast acht Jahre waren nun vergangen, seitdem Elias auf dem Schoß seiner Mutter gesessen und den Seligkeit verheißenden Sätzen zugehört hatte, die ihm aus dem Schatz der Erinnerung an sie entgegenkamen. Diese waren aber jetzt keine bloße Erinnerung, sondern scharf brennende Worte. An einer Stelle blieb er mit seinen Gedanken stecken: Die Seligpreisungen störten ihn plötzlich sehr. Warum schienen sie so widersprüchlich? Wie kann man demütig sein und gleichzeitig in dieser nach Reichtum hungernden Welt etwas erben? Wenn du versuchst, in Glück und Frieden zu leben, vertreibt man dich dann nicht aus deinem Haus, bombardiert es und enteignet dein Land? Was ist eigentlich mit Hungern und Dürsten nach Gerechtigkeit gemeint? War eine Versöhnung im Sinne der Bergpredigt eine Unmöglichkeit – von Jesus nur ausgesprochen, um fromme Studenten daran zu prüfen? Alle diese Fragen überwältigten ihn und verlangten nach Klärung. Er brauchte noch Geduld, viel Geduld – das wusste er. „Du fühlst Ihn auch, nicht wahr?", flüsterte ihm Faraj plötzlich in der Kirchenbank zu. Diese Gedankenübertragung überraschte ihn. Er hatte zuweilen gedacht, dass Gottes allumfassende Gegenwart im Wesentlichen nur eine Einbildung aus seiner Kindheit wäre. Er hätte niemals erwartet, die gleiche Empfindung mit einem anderen teilen zu können.

Während des vierjährigen Studiums in St. Josef erzog er sich dazu, in Gehorsam zu leben, sich die Lehren und Gesetze der Kirche anzueignen und sich selbst in einen fügsamen Seminaristen zu verwandeln. Das war nicht immer leicht. Seine innere Spannung wuchs – bedingt auch durch die Eskalation der politischen Schwierigkeiten im Land. 1955 drangen zionistische Kräfte in Gaza ein, ein Jahr später eroberte die israelische Armee die Halbinsel Sinai nach dem Angriff von Ägypten. Dann mischten sich die Sowjetunion und die Vereinigten Staaten ein und bestanden darauf, dass Israel sich nach einem Waffenstillstand hinter die Grenzen von 1948 zurückziehen sollte. Obwohl Premierminister Ben Gurion und sein Verteidigungsminister Pinhas Lavon dem zustimmen mussten, beharrten sie darauf, die Invasion sei unvermeidlich gewesen: Israel bräuchte eine Pufferzone zwischen sich und Ägypten, da dessen neuer Präsident Nasser davon redete, die arabischen Nationen zu vereinigen, um die Palästinenser zu befreien. Die israelische Presse schwappte über vor Entrüstung über einen arabischen Überfall, ihr Aufschrei fand Widerhall in der ganzen Welt. Das akute Problem der palästinensischen Flüchtlinge – innerhalb und außerhalb Israels – wurde durch Sympathiekundgebungen für die belagerte junge Nation überschattet.

Sehr intensiv diskutierte Elias mit den gleichaltrigen Studenten über den Konflikt, der sich verschärfte und dann wieder abflaute. Als der Kampf schließlich mit dem Rückzug Israels sein Ende fand, atmeten manche Seminaristen erleichtert auf. Die Sache war für sie damit wohl erledigt. Die militärischen Auseinandersetzungen waren ohnehin im Süden des Landes ausgetragen worden. Für die meisten stand die persönliche Sicherheit an oberster Stelle, egal welche Wunden und Scherben der Krieg hinterlassen hatte. Nicht aber für Elias! Eine solche Einstellung machte ihm Sorgen. Waren wir wirklich sicher, nur weil wir unter den schützenden Fittichen der Kirche lebten? – so fragte sich der inzwischen Siebzehnjährige. Warum waren wir nicht schmerzlich betroffen von den Leiden unserer Leute in den Flüchtlingslagern? Sein unruhiges Herz wurde, wie eine empfindliche Waage, stark in Bewegung gebracht. Es musste nun wieder ins Gleichgewicht kommen. In ihm entwickelte sich ein Trieb – ähnlich dem Hunger –, der ihn an den schmerzhaften Kern der ungelösten Konflikte seines Landes brachte. Ein Diener Gottes zu sein verlangte aus seiner Sicht viel mehr an Engagement ... Er konnte es nur noch nicht mit den richtigen Worten zum Ausdruck bringen.

Botschaft vom himmlischen Frieden

Die treffende Antwort kam eines Tages bei einer Vorlesung von Pater Ghazal. Auf die Frage eines Studenten, wie man ein guter Christ bleiben könne, wenn gewisse Leute einen ärgerten und man dabei wütend würde, antwortete er seelenruhig: „Es reicht nicht aus, nur zu versuchen, gut zu sein. Du musst Gott ganz von deinem Geist und Körper Besitz ergreifen lassen. Du musst von Ihm ‚gezähmt' werden. Er kann dich durch viele Bewährungsproben führen: Diese Kämpfe werden dich tatsächlich zähmen. Dann erst wirst du fähig sein, Ihm ganz zu folgen." Das ist der Punkt, dachte Elias, während er sich noch genau an sein Gebet, damals in Gish, erinnerte. Gott sollte seine Hände und Füße als Sein Eigentum verwenden. Immer wenn er an den Krieg und an die Bombardierungen dachte, tobte in ihm ein wilder Aufruhr – etwas, das noch gezähmt werden musste. Trotz dieser Gefühle lebte in ihm die Überzeugung, dass er nicht nur für die Ordination in der Kirche, sondern auch als zukünftiger Botschafter seines Volkes studierte. Er fragte sich immer wieder, wie er den Menschen – Juden oder Palästinensern – wenn sie sich tagtäglich im Kampf gegenüberstanden, die Botschaft vom himmlischen Frieden bringen könnte.

Im Frühjahr 1958 näherte sich sein letztes Semester in St. Josef. Elias und Faraj saßen nebeneinander auf der Schulbank und lernten für ihre Abschlussprüfungen. „Elias, weißt du, dass wir schon seit fast sechs Jahren zusammen sind? Bald sind wir hier fertig", unterbrach Faraj die Stille und klappte sein Buch zu. „Du weißt doch, der Bischof hat sich schon für uns beim Seminar in Jerusalem erkundigt. Wir könnten wie Brüder dorthin gehen. Schließlich sind wir ja fast zusammen aufgewachsen." Elias horchte auf – das Seminar in Jerusalem ... zusammen ... Sein Herz schlug schneller vor Freude. „Wenn wir dann zum Priester geweiht sind", fuhr Faraj fort, „könnten wir doch gemeinsam eine Gemeinde haben. Wir könnten schlicht leben und alle Dinge miteinander teilen, wie die Urchristen. Wir könnten friedlich unter den Armen leben und ihnen dienen ..."

Die Worte seines Kameraden berührten Elias' tiefste Sehnsucht nach einem Zuhause, seinen Wunsch, an einen Ort gebunden zu sein, dort Wurzeln zu schlagen ... Von dem Moment an intensivierten sich ihre Gespräche über Zukunftsvisionen Tag für Tag. Sie sprachen über die Gelübde, die sie ablegen wollten, um ein Leben der Nächstenliebe und der Demut zu führen, um Gottes schützende Hand zu sein über den Dörfern Galiläas. Elias stellte sich vor, mit Faraj wie mit seinem Vater leben zu können: in geistiger Armut all ihren Besitz mit offenen Händen Gott anzubieten. Doch die raue Wirklichkeit setzte seinen Träumen bald ein Ende. „Leider könnt ihr doch nicht nach Jerusalem", teilte ihnen der Bischof mit. „Die Behörden werden es euch nicht erlauben, die Grenze zu überschreiten, um ins Seminar zu gelangen!"

Elias und Faraj konnten den Grund dafür nicht fassen: Sie wurden diskriminiert, nur weil sie sogenannte „unreine" Palästinenser waren, erklärte ihnen der Bischof. Da das Seminar – eine sehr alte, melkitische Schule – außerhalb der Grenzen Israels in dem jordanischen Teil Jerusalems lag, wollten die Jordanier keine Palästinenser aus den israelisch besetzten Gebieten in ihren Teil der Stadt zum Studium hereinlassen. Aber der Bischof gab nicht so schnell auf. Diese beiden Seminaristen verdienten die bestmögliche Ausbildung. Dank seiner guten kirchlichen Beziehungen kündigte er ein paar Tage später den vorerst enttäuschten Kandidaten an: „Ihr werdet im Saint-Sulpice studieren, einer der besten Schulen in Paris. Ich habe schon alles arrangiert." Verblüfft, aber begeistert standen beide Studenten da: Wieso ausgerechnet in Paris? Wo wir noch nicht einmal einen Fuß außerhalb von Galiläa gesetzt hatten!

Mit gemischten Gefühlen besuchte Elias die Eltern vor seiner Abreise. Michael Moussa und Katoub waren zwar hocherfreut, dass ihr Jüngster sein weiteres Studium in Europa absolvieren durfte. Doch sechs Ausbildungsjahre im Ausland galten für sie als eine ewig lange Zeit. Sie waren ja nicht mehr die Jüngsten. Die harten Jahre der Vertreibung hatten nicht nur in ihren Gesichtszügen Spuren hinterlassen. Katoub fürchtete, ihren Lieblingssohn nie wiederzusehen. Nach ihrer Erfahrung war noch nie jemand nach Europa übersiedelt und dann von dort wieder nach Palästina zurückgekehrt.

Als dann die Zeit des Abschieds kam, hatte sie einen Kloß im Hals, während sie sah, wie ihre Tochter Wardi, gefolgt von ihren

Söhnen, einem nach dem anderen, Elias fest an sich drückte. Ihr Mann und sie selber umarmten ihn immer wieder. Sie schaffte es kaum, ihn endgültig loszulassen. Schließlich ließen ihn beide gehen. Es war ein Abschied, der gleichsam aus Glück und Kummer bestand.

Als das Schiff eine Woche später von Haifa in Richtung Neapel ablegte, fühlte Elias, wie sich auch seine Kehle zuschnürte. Mit Faraj an die Reling gelehnt, schaute er noch einmal auf die grüne Küstenlinie seines Landes zurück, die langsam am Horizont verschwand. Jetzt spürte er wahrlich, dass seine Entscheidung eine endgültige war. Auf welchen Wegen würde er wohl wieder zurückkehren?

Nach Sonnenuntergang blieb er noch lange auf dem Deck und schaute aufs weite Meer hinaus. Wieder einmal hatte das Konfliktland Israel sein persönliches Schicksal verändert. Er hoffte, nach dem sechsjährigen Auslandsaufenthalt in seine Heimat zurückkehren zu können, um dort bescheiden unter seinem Volk zu leben. Damals ahnte er noch nicht, dass sein Lebensweg nochmals eine scharfe Wendung nehmen sollte: Sein Wunschtraum von einem friedvollen Leben, im gemeinsamen Dienst mit Faraj, sollte sich nicht bewahrheiten.

Saint-Sulpice in Paris

In Paris fühlten sich Elias und Faraj wie Könige. Es war für sie eine radikal neue, atemberaubende Welt voller Glanz, Kunst, Kultiviertheit und Wohlstand – weit über ihre kühnsten Vorstellungen hinaus. Das Seminar von St.-Sulpice, ein altehrwürdiger Wetzstein, um junge Männer für den Dienst in der Kirche zu schleifen, lag in einem der ältesten Teile der Seine-Metropole, westlich vom Fluss. Die freundliche Inneneinrichtung im italienischen Stil war nicht zu vergleichen mit der spartanischen Unterkunft in Nazareth. Paris glänzte förmlich. Selbst Licht und

Luft schienen den beiden jungen Männern anders, undefinierbar anziehend. Besonders abends liebten Elias und Faraj es, die Seine entlang in Richtung Notre Dame zu schlendern. Im Louvre, in den Tuilerien oder im Jardin du Luxembourg zu verweilen war ein Erlebnis.

Doch nach der Anfangseuphorie kam bald die Ernüchterung: die Sprachbarriere. Sie dachten, sie würden sich mit ihren Französischkenntnissen schon irgendwie durchschlagen können. Die Alltagssprache hatten sie ja von den Hausmüttern in Haifa gelernt, doch das reichte bei weitem nicht aus, wie die beiden Studenten schon am ersten Tag an der Sorbonne feststellen mussten. Bei einer Vorlesung über Sartres Existenzphilosophie waren sie vollkommen überfordert. Sie bemühten sich, wenigstens einige Sätze des in Tweed gekleideten Professors in einem größeren Zusammenhang zu verstehen. Doch sie hatten zu wenig einzelne Puzzleteile in der Hand, um das Gesamtbild zu erkennen. Ziemlich frustriert schauten sie auf die anderen Studenten, die sich „en passant" Notizen machten. Dies war der erste Kulturschock. Es sollten weitere und ernstere folgen.

Einige Mitglieder der St.-Sulpice-Gemeinde standen den beiden Seminaristen jedoch treu zur Seite. Pater Longère wurde bald zu ihrem vertrauten und wertvollen Ratgeber. Sie konsultierten ihn regelmäßig, vor allem, wenn es um nuancierte Fragen der westlichen Sitten und Gebräuche ging. So konnten sie leicht lernen, wie man sich bei den einheimischen Seminaristen und Studenten gut integrieren kann, ohne unnötigerweise mit ihnen anzuecken. Ihre natürliche, aufgeschlossene Natur tat ein Übriges.

Besonders ins Herz geschlossen hatte sie Mademoiselle Deville, eine gütige, alleinstehende Frau mittleren Alters. Wenn das Heimweh die zwei Freunde aus Galiläa besonders packte, lud sie die beiden öfters zu sich nach Hause ein und kochte für sie. Doch wann immer sich die Gäste aus Israel bei ihr über die Konflikte in ihrem Land aussprechen wollten, lenkte sie die Unterhaltung schnell auf belanglosere, weniger beunruhigende Themen. Lenkte sie vielleicht nur deshalb ab, um keine alten Wunden aufzureißen? Als mitfühlende Christin hatte sie sicherlich keinen bösen Hintergedanken, dachte sich Elias. Dennoch entstand zwischen ihnen eine eigenartige, unsichtbare Mauer. Bald spürten sie ein ähnliches Phänomen auch bei einigen Seminaristen von St.-Sulpice. Sie wurden zwar mit Fragen über ihr Leben und den Krieg von 1948 im Heiligen Land überschüttet. Doch jedes Mal, wenn Elias und Faraj in diesem Zusammenhang auch die Vertreibung von Palästinensern zur Sprache brachten und von ihrer jämmerlichen Existenz als Flüchtlinge erzählten, herrschte ein merkwürdiges Schweigen in der Runde.

Bald klärte sich das Rätsel der reservierten Zurückhaltung von selbst auf. Nach einigen Monaten konnten sich beide Palästinenser fließend auf Französisch unterhalten. Sie fühlten sich überall mühelos verstanden – sowohl im Seminar als auch in den Cafés. Eines Tages kam der Abtransport der Männer von Biram zur Sprache. Als Augenzeuge des Schicksals seines Vaters und seiner drei Brüder konnte Elias den Vorfall glaubwürdig schildern. Faraj fügte hinzu, dass das gleiche Los auch über viele andere Dörfer gekommen war. „Nun, ich nehme an", sagte ein französischer Student und räusperte sich nervös, „dass die Zionisten etwas unternehmen mussten, um sich selbst vor den Terroristen zu schützen." Der Satz schlug ein wie eine Bombe. „Aber wir wollten in Frieden mit ihnen leben", platzte es aus Elias heraus, „um unser Land zu bebauen und ebenfalls in Frieden gelassen zu werden!" Er fühlte, wie sein Blut in Wallung geriet. „Lasst uns doch mal ganz ehrlich sein", brachte der Student wie ein Inquisitor hervor. „Wir haben viele Berichterstattungen über den arabischen Terrorismus gelesen. Die Zionisten wussten, dass sie diese Dörfer säubern mussten, sonst hätte es nie Frieden gegeben!"

Jetzt musste Elias etwas zurechtrücken. Er äußerte sich über die Fedajin: Das waren bewaffnete Männer, die sich Ende 1950 in den Nachbarländern Israels versammelten, um Vergeltungsmaßnahmen vorzubereiten. Doch zu jenem Zeitpunkt waren die Dörfer in Galiläa bereits ausgeplündert – die Fedajin hatten damals als organisierte Gruppe noch gar nicht existiert. Vielleicht hatten die französischen Medien alle Palästinenser mit den Fedajin in einen Topf geworfen? Faraj sah die Entrüstung in Elias' Gesicht. Er ergriff seinen Arm und hoffte, damit sein erhitztes Gemüt zu besänftigen. Elias verstand, es war sinnlos, weiter so zu argumentieren. Dennoch wollte er nicht ganz aufgeben: „Hör zu", sagte er etwas ruhiger, „nicht alle Palästinenser sind Kämpfer. Und wir sind auch keine Terroristen. Wir sind die, die seit Ende der 40er Jahre terrorisiert wurden. In der französischen Geschichte rebellierte euer Volk gegen Unterdrückung. Es gewann – deshalb wurde es als heldenhaft anerkannt. Hätte das Volk hingegen verloren, so hätte man es ‚Verräter' und ‚Rebellen' genannt." Elias zeigte jetzt auf Faraj und sich selber: „Außerdem kennst du uns nun seit einigen Monaten. Unsere Familien sind keine Terroristen! Die Juden sind in unserem Land willkommen, aber sie sollen nicht unsere Häuser und Felder beschlagnahmen und sich aneignen, wie sie es taten. Würdest du das einfach hinnehmen? Wir möchten unserem Volk nur wieder Frieden bringen, um Palästinenser und Juden zu versöhnen." Ihr Gesprächspartner nickte: „Ihr seid eben gutgesinnte Palästinenser." Das war also der Grund der undurchsichtigen Wand zwischen uns und den Franzosen, sinnierte Elias. Wir beide waren zwar, als Ausnahmen, „gute Palästinenser". Der Umkehrschluss besagte aber, dass die meisten schlecht waren ... In Gedanken hatte er jetzt jeden einzelnen Dorfbewohner von Biram vor Augen: gütige, hilfsbereite, sich aufopfernde Menschen. Der lautlose Schrei eines Volkes, das keine Stimme mehr hatte. Dieser Schrei nach Gerechtigkeit wurde durch die meinungsbildende Weltpresse so einseitig manipuliert, dass das palästinensische Volk fast auf den Status von niedrigen Unmenschen herabgesunken war. Kurzum: Alle Palästinenser wurden praktisch als feindselig, gewalttätig und unwissend gebrandmarkt, obwohl sie in ihrer Mehrheit eigentlich zu den gebildetsten Arabern zählten.

Verzerrte Wahrnehmung

Wie gering der Stellenwert der Palästinenser auch in den Köpfen kultivierter Menschen war, erfuhr Elias einige Wochen später am eigenen Leib. Ein wohlhabender Franzose lud ihn ein, Weihnachten mit seiner Familie und ein paar Gästen in seinem Landhaus außerhalb von Paris zu feiern. Da Faraj schon anderswo zugesagt hatte, nahm Elias das Angebot gern an. Er freute sich, an diesem feierlichen Abend nicht ganz allein im Schlafraum seinen wehmütigen Gedanken nachhängen zu müssen. Er war darauf eingestellt, dieses erste Weihnachtsfest in Frankreich bei einer Ersatzfamilie zu genießen.

Das herrschaftliche Haus war mit vielen Kerzen, in wertvollen Kandelabern an den Wänden befestigt, festlich beleuchtet. Keine Dunkelheit der Winternacht sollte eindringen. Elias beobachtete, wie die Dame des Hauses die letzten Kerzen anzündete, als plötzlich die Türglocke läutete. Sie eilte davon, um zu öffnen. Der Gastgeber aber wandte sich geheimnisvoll an Elias: „Ich habe vor, Sie heute Abend als einen besonderen Gast vorzustellen", flüsterte er ihm zu. „Ich hoffe, es macht Ihnen nichts aus." Elias fühlte sich geschmeichelt und nickte zum Einverständnis vertrauensvoll. Die Hausfrau nahm den Gästen die Mäntel ab, die Kinder kamen mit einer dampfenden Schale Apfelwein herein.

Als das neu angekommene Ehepaar das Zimmer betrat, deutete der Hausherr auf den Seminaristen: „Das ist Elias Chacour." Dieser streckte seine Hand aus: „Freut mich, Sie kennenzulernen. Ich komme aus dem Dorf Bi ..." – „Von Betlehem!", unterbrach ihn der Gastgeber und klopfte beruhigend auf seine Schulter. „Elias ist ein jüdischer Student an unserem Seminar. Könnt ihr euch das vorstellen? Ich hatte mir gedacht, es wäre eine hübsche Überraschung für euch, wenn ein gläubiger Jude aus dem Heiligen Land mit uns Weihnachten feiert", beendete er die Vorstellung und lächelte, ohne sich dabei etwas Besonderes zu denken. Die Besucher waren hocherfreut und schauten den „Sondergast" freundlich an. Elias blickte verlegen um sich. Was ging denn hier vor? Bei der ersten Gelegenheit, noch bevor die anderen Gäste kamen, nahm er den Gastgeber beiseite und fragte ihn, ob ihm da nicht ein Irrtum unterlaufen sei. „Heute – nur heute – sind Sie ein Jude – und zwar aus Betlehem!", sagte der mit einem kühlen Lächeln. „Es ist nur ein kleiner Gefallen, um den ich Sie bitte. Sie würden außerdem viel leichter vorwärtskommen, wenn Sie endlich aufhörten, der ganzen Welt zu verkünden, dass Sie ein Palästinenser sind." Elias war niedergeschmettert. Der Hauptgrund, ihn zum Fest zu sich nach Hause einzuladen, war also eigentlich nicht Gastfreundschaft gewesen, sondern der Wunsch, ihn als Heiligabend-Attraktion zur Schau zu stellen. Den ganzen Abend stellte man ihn weiterhin allen Gästen als jungen Juden aus Betlehem vor. Elias war zu verwirrt, um widersprechen zu können. Er fühlte sich schlicht einsam und auf erbärmliche Art erniedrigt. Nun wurde Elias und Faraj voll bewusst, dass es in westlichen Augen eine Schande sei, Palästinenser zu sein – ausgestoßen, wie ein Leprakranker.

Dieses verzerrte Image sollte sich Anfang der 60er Jahre noch verstärken. Mehr subversive Fedajin-Anhänger versammelten sich aggressiv an Israels Grenzen und sorgten für Aufruhr. Die Medien dokumentierten nur diese laute Minderheit – was war aber mit der friedlichen, schweigenden Mehrheit?

Die beiden Seminaristen aus Galiläa setzten sich mit der westlichen Gesinnung und Wohlstandsmentalität intensiv auseinander. Sie saßen auf einer Holzbank schräg gegenüber der prachtvollen Kathedrale „Notre Dame". Elias dachte dabei an seine schlichte Kirche in Biram, die einst auch diesen Namen trug. Sein Geist wurde dort geformt. Jetzt war die alte Kirche nur noch ein Schutthaufen. „Etwas verstehe ich nicht", sagte Elias zu Faraj, der gerade das grandiose Rosettenfenster im Abendrot betrachtete. „Die Leute besitzen hier so vieles: schöne Häuser, Autos, elegante Kleider – gleichzeitig haben sie aber nur wenig Glauben. Die katholischen, aber auch die protestantischen Kirchen sind doch meistens fast leer im Vergleich zu den unseren, findest du nicht?" Faraj nickte: „Die Menschen im Westen scheinen vom Besitzenwollen wie besessen zu sein. Es ist, als hätten sie nichts anderes in ihrer Seele. Dafür brauchen sie offensichtlich den ganzen Komfort um sich herum." Nach kurzem Schweigen fuhr er fort: „Es gehört zum wirklichen Problem, dass die westliche Theologie sogar mit dem Menschen als Mittelpunkt aller Dinge beginnt und daher versucht, Gott in ein Schema zu pressen, das uns menschlich begreiflich ist. Dann kann man Ihn nämlich für sich verfügbar machen. Wir sind in dem Glauben aufgewachsen, dass Gott der Anfang und auch die Mitte aller Dinge ist, nicht etwa unser nachträglicher Einfall. Er ist lebendig und hat seine eigenen Wege. Im Westen aber wollen sie Gott mit ihrer Philosophie bändigen und begrenzen. Das merkt man auch in unseren Theologie-Vorlesungen. Was meinst du denn dazu?" „Schon! Und was noch schlimmer ist, als das", entgegnete ihm Elias: „Ich fürchte, die westlichen Philosophen haben Gott getötet, wie es schon Nietzsche sagte. Wenn es keine Ehrfurcht mehr vor Ihm gibt, was haben die Menschen dann noch als Wertmaßstab? Ohne Gott gibt es weder echtes Mitleid noch Menschlichkeit."

Als die beiden Freunde eine Brücke überquerten, die in Richtung Boulevard St. Germain und zum Seminar führte, sprach Elias aus, was ihn seit Wochen beschäftigte: „Wozu studieren wir eigentlich hier? Worauf bereitet uns das Seminar tatsächlich vor?" Faraj antwortete ihm rasch: „Wir sind gekommen, um für den Dienst in unserer Kirche ausgebildet zu werden. Vergiss das nicht!" Seine Worte beruhigten Elias nicht. War das wirklich alles? Eben nur mehr oder weniger passiv dienen? Das war ihm, angesichts der konfliktreichen Lage in seinem Land, viel zu wenig. Vielleicht war er doch aus einem etwas anderen Holz geschnitzt als Faraj. Jeder sollte wohl seiner ganz persönlichen Berufung folgen ... Im Laufe seiner weiteren Vorbereitung auf die Priesterweihe wurde er unmerklich – wie von einer unsichtbaren

Hand – auf einem gewissen Weg weitergeführt. Aus dieser Berufung sollte ein Gang auf weitaus gefährlicherem Pflaster werden, als er es damals, als junger Seminarist, überhaupt hätte erahnen können.

Es schien Elias wie eine Ironie des Schicksals, dass zwei Männer, deren Traum es war, den bedürftigen Menschen in Frieden und Einfachheit zu dienen, ausgerechnet im wirren Europa der 1960er Jahre gelandet waren. Gewaltige Umwälzungen stellten zu jener Zeit die westliche Kultur in Frage. An den Pariser Universitäten – und auch überall sonst – wurden alle bis dann gültigen Werte neu hinterfragt. Es war die Epoche des Kalten Krieges. Nationen, die als christlich und moralisch gefestigt galten, rechtfertigten plötzlich Gewaltanwendung als Mittel zum Zweck. Unter dem Vorwand, eine neue demokratische Grundordnung schaffen zu wollen, wurden Gewalttaten zu Lasten der Menschheit verübt. Der junge Seminarist Chacour reflektierte weiter: Wie viele Herrscher wurden zur Zeit des „Kalten Krieges" – und auch später noch – gewaltsam entmachtet oder umgebracht? Wie viele Unschuldige wurden gefoltert? War eigentlich die ganze abendländische Kultur in Gefahr? Die Bedrohung durch die Atombombe schwebte wie ein Damoklesschwert über dem gesamten Globus. Sogar die Kirche konnte auf kritische Fragen oft keine angemessenen Antworten geben. Sie war nun selber in den konziliaren Umbruch eingebunden. Europa – wie die restliche Welt – hatte genug eigene Probleme am Hals. War man daher überhaupt in der Lage, die Notsituation der entwurzelten Palästinenser wahrzunehmen, geschweige denn sich intensiv um deren Lösung zu bemühen? Hatten die grauenhaften Jahre der Verfolgung durch die Nationalsozialisten die am Leben gebliebenen Juden so beeinflusst, dass diese die biblischen Stimmen der Propheten nicht mehr wahrnahmen? In diesem komplexen Zusammenhang kamen Elias spontan die Fedajin in den Sinn, die partout auf sich und ihr gepeinigtes Volk aufmerksam machen wollten. Er verstand plötzlich, unter welcher Spannung diese palästinensischen „Freiheitskämpfer" standen – auch wenn er deren terroristische Taten keineswegs guthieß. Seine Gedanken überstürzten sich und gerieten zeitweise etwas durcheinander. Zu viele ungelöste Probleme beschäftigten ihn ... Er fühlte sich ermattet und schaute auf die Uhr: Es war schon sehr spät geworden. Wie ein Stein fiel er an jenem Abend in einen tiefen Schlaf.

Seltsamer Zwischenfall in Deutschland

Anfang 1960 kam es zu einem seltsamen Zwischenfall, der sich in Elias' Gedächtnis tief einprägte. Er war mit dem Zug von Paris aus unterwegs, um ein paar neugewonnene Freunde in Westdeutschland zu besuchen. Während der Zug an hügeligen Landschaften und uralten Weinbergen vorbeiglitt, blieben seine Gedanken auf einmal an seinem Bruder Chacour hängen, dem die Eltern nach alter Tradition den Familiennamen auch als Vornamen geschenkt hatten. Vor einigen Monaten hatte er in einem Brief von zu Hause erfahren, dass Chacour völlig unerwartet an einem Schlaganfall gestorben war. Er hinterließ eine junge Frau mit acht kleinen Kindern. Am liebsten wäre Elias sofort nach Hause geflogen, um seiner Schwägerin beizustehen. Doch das nötige Geld fehlte, und das bedrückte ihn sehr. Er hatte sich damals dennoch für kurze Zeit vom Studium beurlauben lassen, um etwas Ruhe in einem christlichen Refugium zu finden. Während er dort, gedankenversunken, allein auf einer Bank saß, kam ihm ein kleines blondes Kind entgegen, das ihn aus blauen Augen fröhlich ansah. Sie schlossen sofort Freundschaft. Das war nicht schwer, denn Elias hatte sich bereits gute Deutschkenntnisse angeeignet. Dar kleine Junge hieß Wolfgang, und als seine Eltern es kichernd auf dem Schoß von Elias wiederfanden, verstanden auch sie sich auf Anhieb gut mit ihm. Franz und Lony Gruber aus Kirchberg im Allgäu waren ein feinsinniges Paar und teilten sofort die Trauer des neuen Freundes aus Palästina. Das war der Anfang einer engen Freundschaft, die weitere Jahrzehnte dauern sollte. Jetzt im Zug freute er sich, sie in einigen Stunden wiedersehen zu können.

Das Quietschen der Zugbremse versetzte Elias wieder in die Gegenwart. Ein Schaffner ging den schwankenden Flur entlang. „Grenzübergang Westdeutschland", kündigte er an, „bitte die Pässe bereithalten!" Elias kramte in seiner Reisetasche nach den Ausweispapieren. Der Zug hielt auf dem Rangiergleis einer Grenzstadt an. Durch sein Fenster sah Elias dunkel gekleidete Beamte auf die Waggons zugehen, um die Pässe genauer zu kontrollieren. Schlagartig fühlte sich Elias wie in die Zeit von 1937 zurückversetzt. In seiner Vorstellung trugen diese Beamte dunkelgrüne Helme und hohe schwarze Stiefel, die Maschinengewehre im Anschlag. An ihren Uniformen prangten Hakenkreuze. Sie verlangten nach den Ausweisen und suchten – ja wonach? Wohl nach jüdischen Besitzern! Diese sollten schnell aus dem Zug steigen. Und was war mit dem israelischen Staatsbürger Elias? Würden die Kontrolleure ihn auch gleich aufrufen? Männer und Frauen stiegen angsterfüllt aus ihren Wagons, ihre Kinder fest umklammernd. Man würde sie an andere Bestimmungsorte bringen – und niemand würde sie je wiedersehen. Kalter Schweiß lief ihm bei dem Gedanken die Schläfen hinunter.

Der Albtraum hörte erst auf, als er seinen Ausweis zurückbekam und die Grubers ihn wie einen alten Freund vom Bahnhof abholten. Auch während seines Besuchs verschwand seine Angst nie völlig. Zum ersten Mal wurde dieser düstere Eindruck bei ihm jedoch durch ein anderes Gefühl ausgeglichen – wenn nicht sogar übertönt: den tiefen Schmerz des Mitleids. Es kam ihm vor, als hätte eine beruhigende Hand damit begonnen, ein wildes Geschöpf in ihm zu zähmen. Elias begann, für das jüdische Volk zu leiden: Warum hatte die zivilisierte Welt es zugelassen, dass man die Juden bis zum bittersten Ende verfolgte und vernichtete?

Im gleichen Atemzug fragte er sich aber auch: Warum ließ die Welt es zu, dass sein eigenes Volk, nur ein paar Jahre nach dem Holocaust, in die Diaspora getrieben wurde? Die Juden kannten doch die Schrecken des Militarismus nur zur Genüge, sie waren doch selber Opfer brutaler Gewalt geworden. Warum hatten sie ihrerseits wiederum solche Gewalt gegen die Palästinenser angewandt? Und wie hatte man nur die Vorstellung anderer Völker so beeinflussen können, dass sie die Palästinenser für träge, wertlose Menschen hielten, zu nichts anderem fähig als zur Gewalt? Diese Fragen wühlten Elias auf. Bald sollte er herausfinden, was das Unheil über sein Volk brachte – ein Machtspiel, das den Nahen Osten in Aufruhr versetzte.

Warum Palästina?

Selbst nach seiner Rückkehr nach Paris ließen Elias die drängenden Fragen nicht mehr los. Jetzt wollte er sich eingehender mit der wahren Geschichte Palästinas beschäftigen. Ihm war nun klar geworden, wie Westeuropa nach dem Zweiten Weltkrieg dem jüdischen Volk gegenüber eingestellt war: Die Juden hatten unter den furchtbarsten Verfolgungen gelitten, brauchten also irgendwo in der Welt einen Zufluchtsort, eine eigene nationale Heimstätte. Ihre zionistischen Führer hatten dafür das angeblich „unbewohnte" Land Palästina auserwählt. Warum ausgerechnet Palästina? Weil sie es auch nach zweitausend Jahren Diaspora, unverändert, als die ihnen von Gott zugesagte Heimat betrachteten. Wie der Journalist Theodor Herzl behauptete, sei Palästina „ein Land ohne Volk, das auf ein Volk ohne Land warte", gewesen. Hierüber wurde nach dem ersten Zionistenkongress in Basel 1897 heftig gestritten. In den umliegenden arabischen Staaten war man auf die jüdischen Aussiedler auch deshalb neidisch, weil sie aus einem landwirtschaftlich öden Land ein blühendes Paradies geschaffen hatten. Man hielt sie für Feinde, erkannte ihre Unabhängigkeit nicht an und zwang sie 1948 zu einem Selbstverteidigungskrieg gegen die Vernichtung.

Elias Chacour, längst kein Kind mehr, wollte endlich die ganze Wahrheit über die Vergangenheit seines Landes erfahren. Er war ja in Palästina aufgewachsen und Zeuge einer schrecklichen Umkehrung der Geschichte gewesen, die die ehemaligen Verfolgten nun zu Verfolgern machte. Als eines seiner Opfer hatte Elias einem grausamen Zionismus ins Angesicht sehen müssen. Er wollte nun herausfinden, wie eine friedliche Bewegung, die mit einer scheinbar guten Absicht begonnen hatte – nämlich die Heimatlosigkeit und jahrtausendealte Verfolgung der Juden zu beenden –, sich zu einer zerstörerisch-gewalttätigen Macht hatte entwickeln können. Lagen die Keime einer künftigen Hoffnung für die Palästinenser tatsächlich in der gemeinsamen Vergangenheit verborgen – wie sein Vater es so oft behauptet hatte? Elias verbrachte in seiner Freizeit unzählige Stunden in den Bibliotheken von Paris und forschte nach der wahren Geschichte der Zionisten und des palästinensischen Unheils.

Viele Einheimische fragten sich, mit welchem Recht Zionisten einen Staat in ihrem Land Palästina gründen wollten – einem Land mit bereits feststehenden Gesetzen, von einem uralten, ehrbaren Kulturvolk bewohnt.

Besonders die frommen, orthodoxen Juden wandten leidenschaftlich ein, der Zionismus sei eine Gotteslästerung. Für die nichtreligiösen Juden aus der Oberschicht war der Zionismus an die Stelle des Messias getreten. Nach ihrer Überzeugung würde Israel nie einen anderen haben. Diese Denkart erboste die Religiösen, ebenso wie die Anzeichen des Militarismus, der sich an den Rändern der Bewegung schon abzuzeichnen begann. Die weniger religiös und mehr pragmatisch Empfindenden fürchteten dagegen, dass der Zionismus dem Antisemitismus Auftrieb geben würde, da er die scharf kritisierte „Auserwähltheit" des jüdischen Volkes nur noch unterstrich. Sie erkannten deutlich, dass sich kein Land so einfach, friedlich und ohne jede Gewalt „wiederbesiedeln" lasse. Darum eigneten sich die zionistischen Führer

Grundsätze der Gewaltlosigkeit an. Sie gewannen die Unterstützung der Mehrheit, der vielen Millionen, die verzweifelt hofften, den zunehmenden Verfolgungen in Europa zu entkommen ... Das palästinensische Volk stand damals unter einem zu hohen Druck, um von seinem Land aus der Konferenz von Basel viel Beachtung zu schenken. Jahrhundertelang waren die Bewohner Palästinas im türkisch-osmanischen Reich unterdrückt worden; sie kämpften und beteten für die Befreiung von ihren Herrschern. Als der Erste Weltkrieg auch den Nahen Osten in Brand setzte, war deren Herrschaft aber bereits ins Wanken geraten durch die genialen Kriegstaten des englischen Helden Lawrence, dem die Araber vertrauensvoll folgten. Als das Reich dann nach dem Krieg zusammenstürzte, atmeten die Palästinenser zum ersten Mal in Freiheit auf. Der Völkerbund ließ ihre Hoffnungen zusätzlich wachsen, da er einen Plan zur Unterstützung „unterdrückter Völker" vorlegte. Mächtigere Nationen sollten den schwächeren bei Errichtung ihrer eigenen, unabhängigen Regierungen helfen. Das verstand man unter dem Mandatssystem.

Die Briten, die eine Sicherung ihrer Macht im Nahen Osten anstrebten, sahen in dem Mandatssystem eine einmalige Chance. Sie wollten sich aus ihrem Mandatsgebiet nach der Vertreibung der Türken allmählich zurückziehen und den Palästinensern ein unabhängiges Land überlassen. Darüber freuten sich die Palästinenser. Den winzigen jüdischen landwirtschaftlichen Genossenschaften, die scheinbar zufällig aus dem Boden geschossen waren, schenkte niemand eine große Beachtung.

Als 1917 die Bolschewiken ein geheimes Abkommen der Engländer mit den Franzosen und Russen über Einflussgebiete im Nahen Osten publik machten, und andererseits die Zionisten sich mit den sogenannten „Christlichen Restauratoren" in England einigten, war die Enttäuschung für die Palästinenser gewaltig. 1917 gab auch Lord Arthur Balfour seine berühmte Erklärung ab – zuerst nicht öffentlich, sondern in einem persönlichen Brief an den einflussreichen

Lord Rothschild. Balfour schrieb, das Kabinett betrachte „mit Wohlwollen die Errichtung einer nationalen Heimstatt für das jüdische Volk" – wohl gemeint: in Palästina. Diese Aussage stand nicht nur im Widerspruch zum Unabhängigkeitsversprechen an die Palästinenser, sondern lieferte Palästina den Zionisten aus. Die Hauptantriebskraft im Hintergrund war der damalige Zionistenführer Chaim Weizmann, später Israels erster Präsident.

1919 erklärte Lord Balfour in einem Memorandum an das Britische Kabinett: „In Palästina beabsichtigen wir nicht einmal, die Form einzuhalten und nach den Wünschen der gegenwärtigen Bewohner des Landes zu fragen. Soweit es Palästina betrifft, haben wir keine Feststellung von Tatsachen getroffen, die nicht zugegebenermaßen falsch war, und keine politische Erklärung abgegeben, die wir nicht zumindest dem Buchstaben nach brechen wollten." (Für dieses Hin und Her könnte man getrost den vom französischen Historiker Aryeh Grabois geprägten Begriff „Palästinographie" verwenden.)

Die palästinensischen Führer waren bestürzt. Die nächsten sechzehn Jahre äußerten sie auf diplomatischem Wege fortdauernd ihre Befürchtungen gegenüber den Briten – denn die Unruhen im Land nahmen ständig zu.

Währenddessen legten die Zionisten Kibbuz um Kibbuz an, kauften den Arabern dafür die Grundstücke ab, finanziert mit internationalen Geldern, die aus den Sammlungen der „Jewish Agency" stammten. Während der 1920er Jahre stieg die Zahl der europäischen Einwanderer in Palästina drastisch an. Weizmann erzählte einem amerikanischen Minister wörtlich, er hoffe, „Palästina würde schließlich so jüdisch werden, wie England englisch sei". Später äußerte sich ein anderer zionistischer Führer gegenüber britischen Beamten: „Es kann in Palästina nur eine nationale Heimstatt geben, und zwar eine jüdische, und es kann keine Gleichheit der Partnerschaft zwischen Juden und Arabern geben, sondern nur eine jüdische Vorherrschaft, sobald die Anzahl der Angehörigen dieses Volkes genügend angestiegen ist."

Elias Chacour fand heraus: Es gab auch andere Positionen. So hatte Yitzhak Epstein, selber ein Landwirt, auf einem internationalen Zionistenkongress beklagt, dass man jede politische Instanz in Palästina konsultiert hätte, nur die Palästinenser selber nicht. Er äußerte seine Befürchtung darüber, dass die palästinensischen Bauern, als Folge der zionistischen Ankäufe durch im Ausland weilende Besitzer, schon zu viel Land verloren hätten und dass diese Verluste sicherlich Verstimmung auslösen würden. Er führte an, dass die einwandernden Juden mit ihrem höheren Lebensstandard den Palästinensern hätten helfen sollen, ihre eigene Identität zu finden, und ihnen die neuen jüdischen Krankenhäuser, Schulen und Leseräume, die schon existierten oder noch in Planung waren, hätten zugänglich machen müssen. Wenn höhere Bildungseinrichtungen geschaffen würden, sollten die Juden ihre alten, brüderlichen Beziehungen in den arabischen Staaten ausweiten, indem sie ihre Schulen für deren Schüler frei öffneten. Für Chacour war schockierend, dass der weitsichtige Epstein hart bekämpft wurde. Obwohl die Mehrzahl der Zionisten Epsteins Vision der Einheit von Arabern und Juden einfach ignorierte, griffen andere sein Anliegen auf. Nicht alle Juden hassten die Palästinenser. Viele kamen mit den ausgestreckten Händen der Freundschaft nach Palästina. Gab es in den 60er Jahren Araber und Juden, die nicht Krieg, sondern Versöhnung wollten? – überlegte Chacour. War hier ein Keim der Hoffnung?

„Arabische Rebellion"

1935 arteten in Hafenstädten wie Jaffa Demonstrationen gegen die Einwanderung in Gewalt und Blutvergießen aus. Dabei kamen sowohl jüdische Immigranten als auch palästinensische Bauern ums Leben. Als Christ konnte Chacour die Gewalttätigkeiten nicht entschuldigen. Doch ihm wurde plötzlich klar, dass die Spannung der palästinensischen Führer sich nahezu über zwanzig

Jahre angestaut hatte, bis sie an den Punkt kam, wo sie explodierte. Die Demonstrationen waren das letzte Mittel, um ihrer Verzweiflung Ausdruck zu geben.

Im darauffolgenden Jahr, 1936, riefen sie zu einem Generalstreik auf. Die Gewalttaten, die sich schon in den Kampf eingeschlichen hatten, nahmen zu. Ende 1938 waren die Proteste schließlich niedergeschlagen. In dieser Zeit schwammen die Zionisten auf den Wogen einer weltweiten Sympathie: Erstens hatten sich die westlichen Staaten wenig um die Ereignisse im Nahen Osten gekümmert, weil sie auf den Schrecken fixiert waren, der von Nazi-Deutschland ausging. Zweitens waren sie über den unsinnigen Hass gegen die Juden entsetzt, den Hitler propagierte. Mit Recht mussten die Juden vor diesem Verrückten fliehen, dachte sich Elias. Aber selbst wenn sich die Westmächte besorgt zeigten, Taten für die Rettung der Juden folgten nicht. Nach Chacours Ansicht konnten die verängstigten Massen jüdischer Einwanderer niemals für die palästinensische Tragödie verantwortlich gemacht werden.

Das zweite Bollwerk der zionistischen Macht bestand aus Propaganda. Zunehmend kontrollierte diese alle Nachrichten, die aus Palästina verbreitet wurden. Die Proteste der Jahre 1936 bis 1938 definierte man eindeutig als „arabische Rebellion". Palästinenser, die man in jedem anderen Land als „Freiheitskämpfer" bezeichnet hätte, waren im zionistischen Jargon „Terroristen" oder „Guerillas". Seither war der verbreitete Ausdruck „palästinensische Terroristen" in das westliche Bewusstsein eingedrungen.

Da England plötzlich unter verspäteten Gewissensbissen zu leiden begann, gab es 1939 ein „White Paper" heraus, das seine Mandatsregierung anwies, weitere Landerwerbungen und die Einwanderung von Juden zu unterbinden. Zu ihrem eigenen Unglück hatten die Briten eine starke zionistische Untergrundbewegung mit Erfolg ausgebildet – die „Haganah", die für besondere Gewalttaten, nun gegen britische Soldaten und Regierungsangestellte, in Palästina eingesetzt wurde.

Im Verlauf des Zweiten Weltkrieges verlagerten die Zionisten ihren Druck von der Downing Street auf das Weiße Haus. In Amerika hatte sich inzwischen eine mächtige Lobby zugunsten des Zionismus gebildet. Doch Präsident Roosevelt ließ sich von ihr ungern in die Enge treiben. Er war nicht gewillt, zuzusehen, wie man die Palästinenser aus ihrem Vaterland verdrängte. Als Truman nach Roosevelts vorzeitigem Tod das Amt übernahm, hatten die Lobbyisten erneut Gelegenheit, Druck auf den Präsidenten auszuüben. Die zionistische Lobby hatte schon erfolgreich gearbeitet, als Truman den arabischen Führern gegenübertrat. Seine Argumentation: „Es tut mir leid, meine Herren, aber ich muss Hunderttausenden antworten, die auf den Erfolg des Zionismus begierig sind. Ich habe nicht Hunderttausende von Arabern unter meinen Wählern!"

Der Welt gegenüber erklärten die Zionisten, dass sie einen „Selbstverteidigungskrieg" führten. Und die Welt, die jetzt über den Holocaust zerknirscht war, applaudierte. So bahnte sich der Terror den Weg in jedes Dorf, sogar in die fernen Hügel von Galiläa – bis nach Biram, in Elias' Heimatdorf.

Ahnung vom eigenen Weg

Der junge Seminarist nutzte die mit Büchern reich bestückten Pariser Bibliotheken, um sich in die Geschichte seines Landes zu vertiefen. Nun stellte sich bei ihm allmählich auch die Frage nach seiner eigenen Zukunft ein. Es war im Frühling 1965. Das Ende seiner Studienjahre im Seminar rückte näher. Er war dabei, sein Ziel zu erreichen – Gott und den Menschen in Frieden und Einfachheit zu dienen. Obwohl er seiner Meinung nach sein Bestes getan hatte, um seine rationale Seite zu fördern, spürte er noch immer eine wilde Leidenschaft in seiner Seele. Etwas trieb ihn dazu, die historischen Fakten weitgehend aufzudecken, trotz der Warnungen seines Weggefährten Faraj, er könne auf Abwege geraten. Zum ersten Mal verstand Elias, dass sein wahrer Feind nicht die Zionisten waren, sondern der Militarismus, denn er richtete sich gegen all jene, die Gott und den Frieden liebten: Nicht gegen die Zionisten, sondern gegen den Dämon des Militarismus musste er sich wenden. „Wenn ich nur gegen ein politisches System angehen würde, ginge das ja noch", erklärte Elias seinem Kommilitonen Faraj, als beide eines Abends die Rue de Rivoli entlanggingen. „Dann würde ich eben ein Politiker werden. Aber da ist mehr. Da werden gottlose Bündnisse geschlossen zwischen Staaten, die von Gott sprechen, während ihre wahren Motive rein militärischer Art sind." „Du kannst doch nicht erwarten, das Geschehen ändern zu können", antwortete Faraj. „Aber ich tue es!", platzte es aus Elias heraus. „Wie? Du wirfst doch keine Bomben!", entgegnete sein Freund. „Natürlich nicht." „Was dann? Ich werde es dir sagen. Du musst Geduld haben, Elias. Gott wird zu Seiner Zeit handeln. Wir müssen alles aus Seiner Hand entgegennehmen. Man sollte nicht versuchen, eine ganze Regierung abzusetzen. Auch keine, die unterdrückt." Elias war fassungslos. Einen Augenblick lang sah er wieder die Gesichter seines Vaters und der Dorfältesten von Biram vor sich. Da war wieder die alte Frage, die ihn so lange beschäftigt hatte: Erhebt man als Christ seine Stimme gegen seine Feinde – oder lässt man zu, dass einem das Leben genommen wird? Viele dachten anscheinend, dass es die einzige christliche Alternative sei, sich der Demütigung zu beugen. Doch sollte man manchmal nicht stechen und beißen, wie Salz? Faraj schwieg eine Zeit lang. Dann sagte er entschlossen: „Wir müssen der Kirche schweigend dienen." In diesem Moment lernte Elias eine wichtige Lektion: Nicht alle sind zur selben Aufgabe berufen. Sowohl Faraj als auch er sollten geweiht werden – aber jeder für seine besondere, persönliche Berufung. Elias spürte immer deutlicher, dass er in seiner Berufung einen einsamen Weg finden musste, einen Weg, der ihn von seinem engsten Freund schließlich wegführen würde. In den sechs Jahren in Paris hatten sich ihre Wege doch irgendwie getrennt. Für Elias schien eine Tür weit offen zu stehen. Zu welchem Ziel, das wusste er noch nicht mit Sicherheit. Doch er fühlte unmissverständlich, dass er bald hindurchgehen würde.

Die letzten Frühlingstage in St.-Sulpice nahten. Pater Longère, treuer Ratgeber von Elias und Faraj, schlug bei einer seiner letzten Vorlesungen plötzlich einen sehr bedeutungsvollen Ton an. Elias war, wie immer, von seiner Art zu denken gefesselt. „Wenn es irgendein Problem gibt", fing der weise Mann an, „kann Folgendes passieren: Drei Personen werden versuchen, etwas Konkretes zu unternehmen, um einen Ausweg zu finden. Zehn Personen werden eine Vorlesung halten und das, was die drei machen, analysieren. Hundert Personen werden die zehn für ihre Vorlesung loben oder tadeln. Und tausend Personen werden über das Problem diskutieren. Eine Person – nur eine einzige – wird sich so weit in die mögliche Lösung des Problems vertiefen, dass für sie keine Zeit mehr bleibt, den anderen überhaupt zuzuhören. Nun", fragte er freundlich, während er jedem einzelnen Zuhörer der Reihe nach in die Augen schaute, „welche Person seid ihr denn?"

Die beiden Seminaristen aus Palästina schmiedeten schon Pläne für ihre Heimreise. Bevor Elias Europa verließ, hatte er gerade noch genug Zeit, um seine deutschen Freunde zu besuchen. Lony und Franz Gruber bestanden darauf, ihn unbedingt zu sehen. Das hatte einen bestimmten Grund: Als er am Bahnhof ankam, überraschten sie ihn mit einem schneeweißen Abschiedsgeschenk, einem großen, nagelneuen Volkswagen. Elias war völlig sprachlos. Ihre Verbundenheit hatte in der Tat im Laufe der Zeit an Tiefe gewonnen, doch nicht einmal im Traum hätte er ein solch nützliches, aber auch wertvolles Geschenk erwartet ... Die Probefahrten mit den Freunden in der hügeligen bayerischen Landschaft blieben Elias für immer im Gedächtnis.

Voll tiefer Dankbarkeit für diese Überraschung, musste er aber schon bald nach Genua fahren, um von dort mit einem Schiff nach Haifa weiterzureisen. Diesmal lehnte er sich alleine an die

Reling. Faraj hatte andere Reisepläne. Sie sollten sich erst in Nazareth bei ihrer Priesterweihe im Juli wiedertreffen. Während er beim Auslaufen des Dampfers die winkende, immer kleiner erscheinende Menschenmenge am Kai beobachtete, waren seine Gedanken schon beim baldigen Wiedersehen mit seiner Familie. Die Vorstellung der Umarmung eines jeden Einzelnen rührte ihn heftig. Sechs ganze Jahre war er nunmehr weg von zu Hause. Eine lange Zeit. In diesem Lebensabschnitt hatte sich sein Horizont erheblich erweitert. Im Seminar hatte er eine gründliche Ausbildung genossen und dabei Spitzenerfolge erzielt. Obendrein hatte er, mehr oder weniger, acht Sprachen gelernt. Die harte Studienzeit war nun vorbei. Für einen Moment ließ er seine Pariser Zeit Revue passieren – die schönen Augenblicke, aber auch die schweren Stunden. Europa, das angenehm bequeme Leben, würde er im Heiligen Land sicherlich vermissen. Ihm war auch klar, welch kostbare Erfahrung es gewesen war, in einem freien Land leben zu dürfen. Der Gedanke an die Diskriminierung im eigenen Land war für Elias schwer zu ertragen. Dennoch wartete auf ihn sein eigentlicher Platz im Heiligen Land; dessen war er sich bewusst. Nur verriet ihm eine bohrende innere Stimme, dass er noch immer nicht seine wirkliche Lebensaufgabe gefunden hatte.

Zollkontrolle in Haifa

Als Elias vor der Zollkontrolle im Hafen von Haifa in der Schlange stand, war er ganz aufgewühlt. In welcher Verfassung würden wohl seine Eltern diese sechs Jahre überstanden haben, grübelte er, während er den Pass aus seiner Reisetasche holte. Und die Geschwister? Wie sahen deren Ehefrauen und Kinder aus, die er noch gar nicht kannte? Plötzlich öffnete sich für einen Augenblick die Tür zum äußeren Warteraum. Elias reckte seinen Hals und erhaschte im Gedränge ganz kurz seine Eltern, die stolz auf ihren ganzen Anhang zeigten. Sie waren tatsächlich alle gekommen! In wenigen Minuten würde er sie wieder umarmen können – sein Herz schlug heftiger vor Freude. Dann ging die Tür wieder zu. Der Zollbeamte am Schalter prüfte Elias' Pass: „Sie müssen in diesen Raum hinübergehen", sagte er ausdruckslos und deutete auf eine fensterlose Tür. „Entschuldigen Sie", spielte Elias den Einfältigen, „warum muss ich das? Mein Pass ist doch gültig …" „Sie sind Palästinenser?", fragte der Kontrolleur und schaute ihn kritisch an.

„Ja, aber auch israelischer Staatsbürger, wie Sie sehen. Meine Familie wartet schon draußen …" „Sie müssen trotzdem vorher untersucht werden. Sonst kann ich Ihren Pass für die Einreise nicht abstempeln", erwiderte der Beamte trocken.

Elias saß nervös in einem kleinen Raum, während ein schroffer junger Mann ihn ausführlich verhörte. Eine halbe Stunde lang fragte er ihn aus nach all den Orten, an denen er sich in Europa aufgehalten hatte, und verlangte die Namen der Kontaktpersonen, das heißt der Menschen, mit denen er am meisten verkehrt hatte. Elias betonte immer wieder, er sei ein zurückgekehrter Seminarist und angehender Priester in Nazareth. Es half alles nichts. Inzwischen wurde er ungeduldig, wagte es aber nicht, aufzubrausen.

„Ausziehen!", befahl der junge Mann. Elias stockte der Atem. Das ging wohl zu weit. Als er sich weigerte, sagte der Beamte noch ungehaltener: „Ziehen Sie sich ganz aus. Wir müssen Sie durchsuchen." Das war das Äußerste. „Nein, das tue ich nicht", erwiderte Elias entschlossen. „Sie *werden* sich ausziehen, sonst können Sie unser Land nicht mehr betreten." Was ist, wenn er seine Drohung wahrmacht, dachte Elias. Vor Aufregung begann er heftig zu schwitzen. Mit aller Gelassenheit, die er aufzubringen versuchte, wühlte er in seiner Reisetasche. Der Mann schaute ihn argwöhnisch an. „Was machen Sie denn da?" „Sie werden mich nicht einreisen lassen. Und ich werde mich nicht ausziehen", antwortete Elias und suchte weiter. „Ich werde mich hier hersetzen und ein Buch lesen." Dann blätterte er ruhig in den Seiten und wartete. Nach acht nervenaufreibenden Stunden endete schließlich die heikle Situation. Elias zog sich nicht aus und wurde am Ende doch in sein Heimatland eingelassen. Die ganze Familie harrte inzwischen draußen mit Geduld aus. In die Wiedersehensfreude mischten sich auch Gefühle tiefer Betroffenheit mit einem Hauch von Schwermut. Von den Eltern erfuhr er, dass Reisen, wohin auch immer, sogar mit dem Taxi, für alle Palästinenser erschreckend unsicher geworden waren. Jeden Augenblick musste man auf Durchsuchungen und Verhöre gefasst sein. Während Bruder Rudah einige konkrete Beispiele aufzählte, beobachtete Elias seine geliebten Eltern: Die sechs Jahre hatten merklich Spuren in ihren Gesichtszügen hinterlassen. Obwohl sie erst Anfang sechzig waren, sahen sie mitgenommen aus, mehr als ihr Sohn es erwartet hatte.

Er genoss aber jede Minute mit ihnen und seinen Geschwistern. Auch die kleinen Neffen und Nichten ließen nicht von ihrem neuen Onkel ab und hopsten neugierig und vergnügt auf seinem Schoß herum. Für Elias eine willkommene Ablenkung nach der demütigenden Schikane der endlosen Passkontrolle.

Wo soll man parken?

Als er sich zu Hause in Galiläa wieder akklimatisiert hatte, wollte er einen von seinen Vettern aus Biram in einem palästinensischen Dorf besuchen. So fuhr er noch vor Anbruch der Dunkelheit los. Er war gerade dabei, seinen Wagen auf der Straße zu parken, als der Cousin herausgestürzt kam, um Elias daran zu hindern. „Parke doch im Hof – dort, in der Nähe unseres Hauses!", rief er ihm besorgt zu. „Es ist nicht ratsam, ein so auffälliges Auto hier nachts auf offener Straße stehen zu lassen." Elias stutzte. Wovor sollte er sich denn fürchten, in einem so friedlichen Dorf? Als sein Gastgeber hinter ihm die Haustür zugemacht hatte, erfuhr er gleich den Grund. Die meisten jungen Palästinenser waren kurzerhand von den Universitäten verwiesen worden. Offizielle Ursache: Sie hätten keine angemessene Schulbildung. Das stimmte tatsächlich, waren doch die meisten Schulen in den umliegenden galiläischen Dörfern ziemlich arm und entsprachen nicht gerade dem formal vorgeschriebenen Bildungsstandard. Selbst wer durch herausragende Fähigkeiten auffiel, konnte sich als Palästinenser seinen Lebensunterhalt bestenfalls als Fabrikarbeiter verdienen. Für die Mädchen gab es überhaupt kaum Chancen auf Ausbildung oder Arbeit. Diese allgemeine Aussichtslosigkeit hatte bei einigen unter ihnen Drogen- und Alkoholkonsum zur Folge. Viele enttäuschte Jugendliche fielen dann bald als Randalierer auf. Mit ihrer Zerstörungswut wollten sie ihre Frustration kompensieren. Kein Wunder, so stellte Elias fest, dass diese vernachlässigten jungen Menschen mit einer scheinbar zukunftslosen Existenz nicht fertig wurden. Sein aus erster Hand gut informierter Vetter erzählte ihm auch, dass seit einiger Zeit kleine Banden von Fedajin aus dem Libanon, aus Syrien und Jordanien über die Grenzen nach Israel gekommen waren und dort ihr Unwesen trieben: Sie überfielen ohne einen äußeren Grund jüdische Niederlassungen. Elias, selber ein Flüchtlingskind, konnte die Beweggründe dieser in ghettoartigen Flüchtlingslagern aufgewachsenen Desperados gut nachvollziehen – auch wenn er ihre Taten natürlich verurteilte. Kein Zweifel: Die Palästinenser wurden in ihrem Land diskriminiert und als Bürger zweiter Klasse behandelt. Dieses gravierende Grundproblem hatte ihn früher schon beschäftigt. Doch jetzt wurde es ihm ein noch bedrängenderes Anliegen. In seiner späteren Funktion als Pfarrer könnte er vielleicht konkrete Lösungsmöglichkeiten finden, so hoffte er.

Priesterweihe in Nazareth

Ein Monat war inzwischen schon vergangen, seitdem die beiden Pariser Studenten wieder ihr Heimatland betreten hatten. Nun war es für Elias und Faraj endlich so weit: Der feierliche Tag ihrer Priesterweihe kam. Die Mittelmeersonne schien glühend heiß; in der Kirche von St. Josef war es aber angenehm kühl. Fast alle Freunde und Bekannte waren zur Feier nach Nazareth gekommen. Das Gotteshaus war vollbesetzt. Dünne Rauchschwaden stiegen zur gewölbten Decke hinauf: weißer, süßduftender Weihrauch. Die Zeremonie begann. Elias warf einen Blick auf Faraj, der neben ihm ganz vorne seinen Platz hatte. War er genauso aufgeregt wie er? Obwohl er sonst die Gelassenheit in Person war, bemerkte Elias jetzt einige Schweißperlen auf seiner Stirn. Die Eltern und Geschwister Chacour saßen in der ersten Reihe, neben Pater Longère, der eigens von Paris ins Heilige Land angereist war, um an diesem bedeutenden Tag der Liturgie mit seinen ehemaligen Lieblingsseminaristen zusammen zu feiern.

Für beide Freunde war es ein großer, bewegender Tag: der Höhepunkt nach einer mehr als zehnjährigen Vorbereitungszeit des Studierens. Nun wurden sie hintereinander vom Bischof aufgerufen und den Anwesenden vorgestellt. Dann legte dieser nach uraltem Brauch die Hände auf ihre Köpfe und betete, dass Gottes Geist diese zukünftigen Priester durchströmen und erfüllen möge. Schließlich wandte er die beiden Kandidaten wieder den versammelten Gläubigen zu und verkündete: „Er ist würdig ... Er ist würdig ..."

Im Laufe der folgenden Wochen ging Elias das Wort „würdig" pausenlos im Kopf herum. Nachts wachte er auf. Im Halbschlaf hatte er junge, ziellos umherwandernde Menschen vor seinem inneren Auge gesehen: tüchtige, gescheite junge Leute, die ohne Sinn nur so dahinlebten. Er sah Kinder, palästinensische und jüdische, wie sie inmitten von Granatenexplosionen gewaltsam verschleppt wurden. „Wie und wofür werde ich jemals würdig sein?", fragte er sich. Er fühlte eine schmerzende Kluft in seiner Seele, einander widerstrebende Empfindungen, die erst miteinander in Einklang gebracht werden mussten, bevor er jemals ein echter Diener Gottes und der Menschen sein konnte.

Biram – eine Sehenswürdigkeit für Touristen?

Einige Tage nach seiner Priesterweihe fühlte Elias das unwiderstehliche Verlangen, wieder sein Heimatdorf zu besuchen. Seit seiner Vertreibung 1947 war er nicht mehr in Biram gewesen. Von seinen Eltern hatte er erfahren, dass die Soldaten bereits vor längerer Zeit von dort abgezogen waren. Schon vor Tagesanbruch verließ er Nazareth. Mit seinem Käfer erreichte er bald über eine ansteigende, mit Kies bestreute Straße ein offenes Feld, das einst der Dorfplatz gewesen war. Er parkte, als die Morgensonne aufging und ihre ersten, milden Strahlen auf die weite, hügelige Landschaft warf. In andächtiger Stille sog er dieses erinnerungsträchtige Naturerlebnis in sich auf. Kein Lebewesen weit und breit. Während er sich kurz umschaute, fiel sein Blick auf ein Schild in hebräischer und in englischer Sprache: „Altertümer – von der Regierung erhalten und geschützt". Elias' Atem stockte. Sein zertrümmertes Dorf wurde inzwischen zu einer historischen „Sehenswürdigkeit" für Touristen? Diese Dreistigkeit erschütterte ihn. Er ging hinüber zu den umgestürzten Säulen des römischen Tempels und zu der überwachsenen Stelle, wo einst die Synagoge stand. Nur das Zwitschern der Vögel und das Knirschen seiner Schritte durchbrachen die Totenstille.

Er kletterte über eine zerbröckelte Mauer in das trübe Gerippe, das von der Kirche übriggeblieben war. Tiefe Trostlosigkeit überkam ihn. Er schloss die Augen – doch plötzlich, völlig unverhofft, erfasste ihn ein starkes positives Gefühl. Er meinte, aus den zerstörten Häusern fröhliches Gelächter zu hören und den Duft eines Holzfeuers zu riechen. In der Kirche, unterhalb des unsicher gewordenen Turms, der längst seine Glocke verloren hatte, sangen

Kinderstimmen wieder das „Halleluja". Nicht einmal Bomben hatten die Ehrfurcht vor Gott und dem Leben zerstören können. Von diesem Gedanken beflügelt eilte er die verwilderten Gassen entlang bis zum Rand des Dorfes. Plötzlich war er wieder der kleine achtjährige Elias, der seinen Lieblingsplatz von einst im alten Obstgarten aufsuchte. Doch als er den einstigen Hof betrat, zerplatzte jäh sein Traum von früheren, idyllischen Zeiten. Der Obstgarten war nur noch ein öder Platz, das ehemalige Elternhaus ein Trümmerhaufen. Dach und Speicher waren wie weggeblasen, ebenso eine ganze Wand. Wucherndes Unkraut spross überall aus dem Boden. Der erwachsene Elias hielt diesen Anblick nicht mehr aus. Der in all den Exiljahren in ihm angestaute Schmerz brach nun aus ihm heraus – er konnte seine Tränen nicht mehr zurückhalten. Dann entdeckte er, etwas abseits, seinen geliebten, alten Feigenbaum! Er stand noch fest verwurzelt da und strotzte von kräftigem Leben. Wie ein Wunder der Natur inmitten der Wildnis. Er lief hinüber zu ihm, fuhr sanft mit der Hand über die Baumrinde und den Weinstock, der immer noch gesund hochrankte. Hier war der Ort, wo er sich immer verstecken konnte, wo ihn auch sein Bruder Atallah fand, als ihr Vater an jenem schicksalhaften Abend die Ankunft der zionistischen Soldaten angekündigt hatte. Es kam ihm lebhaft in den Sinn, wie der Vater damals Rudah, seinem ältesten Bruder, die Leviten gelesen hatte, weil dieser sich zum Schutz der Familie ein altes Gewehr angeeignet hatte. *„Juden und Palästinenser sind Blutsbrüder"*, sagte damals der Vater, *„das sollten wir nie vergessen!"*

Beim Betrachten des veredelten Feigenbaums wusste nun Elias, was diese Worte bedeuteten. Die arabischen Bewohner von Biram hatten ja tatsächlich immer in Frieden mit den Juden aus den Nachbardörfern gelebt und mit ihnen auch regen Tauschhandel betrieben. Die Männer saßen auch an späten Nachmittagen öfters zusammen, um miteinander sogar über religiöse Fragen zu diskutieren. Die Auseinandersetzungen verliefen immer in friedlicher Atmosphäre. Man war einander wohlgesonnen, der Ton war ohne scharfe Polemik. Elias' Vater nahm deshalb stets gern persönlich an diesem Meinungsaustausch teil.

„… denn das Land gehört mir …"

Nach seiner Fortbildung im Pariser Seminar war Elias in dieser Beziehung die Aussage des heiligen Paulus über die junge Kirche klar geworden: Gott hatte eine trennende Wand niedergerissen. Es gab „nicht mehr Juden und Griechen, nicht Sklaven und Freie, nicht Mann und Frau"; denn alle waren ja „Abrahams Nachkommen, Erben kraft der Verheißung" (Gal. 3, 28-29). Paulus hatte auch gesagt: „Denn nicht alle, die aus Israel stammen, sind wahrlich Israel; auch sind nicht alle, nur weil sie Nachkommen Abrahams sind, damit schon seine Kinder … Nicht die Kinder des Fleisches sind Kinder Gottes, sondern die Kinder der Verheißung werden Abrahams Nachkommen heißen." (Röm. 9, 6-8)

Wir Nichtjuden - so folgerte der junge Priester - waren in Gottes auserwähltes Glaubensvolk „eingepflanzt" worden, so wie mein Vater Triebe von sechs verschiedenen Feigenbäumen in einem Stamm miteinander zusammengebracht hatte, um eine einmalig reiche Fruchtquelle zu schaffen. Er beobachtete nun genauer den dicken Baumstamm und konnte feststellen: Das lebende Holz bildete so eine Einheit, dass er - sollte er den Baum fällen - nicht mehr sehen könne, wo die eine Feigenart aufhörte und die andere anfing. Erneut erfasste ihn Traurigkeit: Er konnte nicht richtig verstehen, wie und warum die Menschen Gottes Friedensplan für die getrennten, aber aufeinander angewiesenen Brudervölker ignorierten, ja wie sie sich sogar dagegen richten konnten und ihre Macht missbrauchten, um andere fortzujagen. Die Palästinenser hatten in Elias' Augen genauso ein gottgegebenes Recht, in Israel zu leben, wie die Juden - als Gleichberechtigte, nicht als Bürger zweiter Klasse.

Wie oft hatte Elias als Seminarist in Paris mit seinen Studienkollegen hitzige Debatten über dieses Thema geführt. Immer wieder tauchte die Frage auf: „Hat Gott denn nicht versprochen, Sein Volk wieder in dessen altem Vaterland zusammenzuführen?" Auf diese Frage konnte Elias natürlich nur eine positive Antwort geben. Gleichzeitig betonte er aber, dies sei nicht das Hauptanliegen der Propheten gewesen. Um Frage und Antwort verständlich darzustellen, musste er noch eine weitere Frage stellen: „Wem hat Gott das Land wirklich versprochen?" Seine Kollegen reagierten verständlicherweise etwas stutzig. Dies sei eine heikle, zweideutige politische Sache, meinten sie. Daraufhin wies ihr palästinensischer Gesprächspartner immer wieder auf einen Spruch im Alten Testament hin, in dem Gott zu den Juden sagt: „*... denn das Land gehört mir, ihr seid nur Fremde und Halbbürger.*" (Lev. 25, 23)

Darauf konterten die Franzosen, Gott habe das Land Abraham verheißen, dann seinem Sohn Isaak und wiederum dessen Sohn Jakob, der dann den neuen Namen, Israel, bekam. Elias versuchte, trotzdem zu differenzieren. Es war ein schweres Unterfangen, Abrahams Reaktion auf ein so großzügiges Geschenk, über das er und seine Nachkommen die Verfügung haben sollten, richtig zu interpretieren. Er pflegte ja das Land nicht, indem er seine Bewohner vertrieb. Er übte keine Gewalt aus, um seinen Besitz mit „Recht" zu verwalten. Obwohl er der Vater des Glaubens für Juden wie für Christen werden sollte, war er sich dessen bewusst, dass nicht er der erste Bewohner von Kanaan war, der den einzigen wahren Gott verehrte. Melchisedek, der Priesterkönig von Salem, begrüßte den Gast Abraham mit Brot und Wein, diesen Gaben, die „Willkommen" hießen, und dazu mit einer Botschaft von Gott. Also hatten Melchisedek und sein Volk das Land schon vor Abraham bewohnt, verehrten Gott und beteten Ihn an, wie es der Brauch war seit Noah. Niemals hatte Abraham versucht, Melchisedeks Thron an sich zu reißen, noch hatte er den Einwohnern Land entrissen. Er lebte als Nomade. Nach dem Tod seiner Frau Sarah kaufte er für ihr Grab eine bescheidene Höhle.

Bei den Propheten des Alten Testaments suchte Elias nach einer Antwort auf seine kritische Frage: „Was erwartete Gott von

Abrahams Nachkommen, die in seinem Land wohnten?" Während des Studiums wurde ihm allmählich klar, dass Gott eine besondere Berufung an Seine „Verwalter" ergehen ließ. Dieser Ruf war von einem solchen Gewicht, dass ihn der Gedanke daran erzittern ließ: Gott forderte von ihnen, dass sie Seine verkündete Wesensart den Menschen in der Welt übermittelten, dass sie Sein Angesicht in ihrem Tun geltend machten: wie sie ihre Regierungen führten, oder wie sie gerechte Maße und Gewichte auf dem Markt beachteten. Oft waren die Juden darin erbärmlich fahrlässig gewesen. Unter Gottes Zorngericht konnten dann fremde Mächte, wie etwa die Babylonier, sie besiegen und zerschlagen. Zum Schluss bediente sich Gott der Römer, um Israel zu zertreten und sein Volk in alle Winde zu zerstreuen. Trotzdem kam von Gott noch einmal Rettung, nach jahrhundertelangem Leiden. „Warum", fragte Elias seine christlichen Freunde, „warum errettet er wohl ein Volk, das er immer wieder als ‚halsstarrig' bezeichnet hatte?" Als Antwort las er dann selber aus dem Propheten Ezechiel vor. Als Ezechiel dem Volk von einer letzten Errettung sprach, richtete er in Gottes mächtiger Sprache diese Botschaft an Israel:

„Nicht euretwegen handle ich, Haus Israel, (und sammle euch aus allen Ländern), sondern um meines heiligen Namens willen, den ihr bei den Völkern entweiht habt, wohin ihr auch gekommen seid. Meinen großen, bei den Völkern entweihten Namen, den ihr mitten unter ihnen entweiht habt, werde ich wieder heilig machen." (Ez. 36, 22–23)

An dieser Stelle hielt Elias stets inne. Gott stand offensichtlich immer treu zu seinen Verheißungen. Darin spiegelte sich nicht Seine Absicht, eine menschliche Tugend zu belohnen. Wieder versuchte Elias, seinen christlichen Freunden klarzumachen, dass Gott auch zu den Nichtjuden – also zu den Palästinensern –, die im Finstern gelebt hatten, ein Licht – Seinen Sohn – sandte, obwohl sie einer solchen Ehre nicht würdig waren. Er fuhr dann fort, vorzulesen, denn Ezechiel hat den göttlichen Plan des Herrn so erklärt:

„Und die Völker – Wort Gottes, des Herrn – werden erkennen, dass ich der Herr bin, wenn ich an euch vor ihren Augen beweise, dass ich heilig bin." (Ez. 36, 23b)

Da stand viel Wichtigeres auf dem Spiel als nur ein Stück Land. Mit der Verheißung, Israel wieder zu einem Volk vereinigen zu wollen, sollte der Welt gezeigt werden, dass Er heilig sei und ein von Ihm geheiligtes Volk führe.

Jesaja prophezeite, Gott wollte die Juden nicht nur einfach in einem gewöhnlichen weltlichen Staat versammeln, denn Er verlangte ja:

„Stellt für die Völker ein Zeichen auf, um die vertriebenen Israeliten wieder zu sammeln, um die Zerstreuten Judas nach Hause zu führen von den vier Enden der Erde." (Jes. 11, 12)

In den darauffolgenden Jahren gab es dann einige, die die Auslegung der Prophezeiung allgemeinverständlicher machen wollten. Die Bücher, mit denen sie zu beweisen versuchten, alles sei für die zweite Ankunft Christi vorbereitet, seit Israel sich wieder rechtmäßig in seinem eigenen Land befinde, füllten ganze Bibliotheken. Doch für Elias war dies eine unvollkommene Deutung der Weissagung. Jesaja habe ja auch unmissverständlich gesagt, Gott forderte eine echte Umkehr des jüdischen Volkes, eine Wandlung seines überlieferten Ausschließlichkeitsanspruchs. Alle Propheten betonten, dass das echte Israel Gottes auch „Fremde" mit einschließen sollte, das heißt solche Brüder, die zwar nicht aus dem irdischen Stamm Israels gewachsen, doch in diese Familie eingepflanzt waren, wie die Zweige in den Feigenbaum, an den sich Elias immer noch lehnte. Während er so vor sich hinsinnierte, spürte er den dringlichen

Wunsch, den nahegelegenen Berg der Seligpreisungen aufzusuchen.

Die Seligpreisungen

Nach einer kurzen Autofahrt, vorbei an tiefgrünen Hainen, parkte er hoch oben. An diesem Tag war ihm nicht danach, Pilgern zu begegnen, die jetzt scharenweise den Ort besuchten. Er folgte einem versteckten Kiespfad, abseits von der stolz dort thronenden neubyzantinischen Basilika der Franziskaner. Auf halbem Weg setzte er sich dann auf eine in den Berg gehauene Treppenstufe und hielt inne. Der glitzernde Genezareth-See lag ihm zu Füßen, von lieblichen Hügeln eingerahmt. Es herrschte majestätische Stille. Die Zeit schien seit zweitausend Jahren stehen geblieben. Elias konnte sich lebhaft die Menschenmenge vorstellen, die hierher heraufgestiegen war, um Jesu Worten zu lauschen. Jesus hatte zum ersten Mal hier zu dem Volk gepredigt. Viele Neugierige unter den Zuhörern waren ihm wohlgesonnen, es gab aber auch manche Skeptiker. Sicherlich waren auch Zeloten anwesend, dachte sich Elias: politische Aktivisten, die die gewaltsame Befreiung von der römischen Besatzung planten und von Jesus eine flammende Rede über den erlösenden Kampf gegen die kaiserliche Macht erwarteten. Kritische Pharisäer gab es vermutlich auch, die mit Argusaugen kontrollierten, ob er gegen ihre Lehrsätze verstieß. Vielleicht befanden sich, in der Menge versteckt, auch einige Samariter, von den Juden verachtet und ausgestoßen.

„Selig die Armen im Geist; denn ihnen gehört das Himmelreich ..."
Mit diesen Worten begann Jesus seine Bergpredigt. Wie oft hatte der junge Elias als Kind diesen Spruch von seiner Mutter gehört. Jetzt brannten die Worte wie Feuer in seiner Seele: Zum ersten Mal erkannte er ihre volle Tragweite. Die Seligpreisungen waren ja Offenbarungen! Mit ihnen hatte Jesus begonnen, Juden

und Heiden in einer Familie zu vereinen. Nicht die Stolzen, sondern die „Armen im Geist" sollten in sein erwartetes Königreich gelangen, – wie etwa seine Eltern.

„*Selig die Trauernden; denn sie werden getröstet werden* ..."
Diese Äußerung Jesu tröstete Elias.

„*Selig die Sanftmütigen; denn sie werden das Land erben* ..."
Elias dachte an Moses, den „sanftmütigsten Mann der Welt", der selber – wegen eines Zornausbruchs – das spätere Land der Juden nicht einmal betreten durfte. Er hatte versäumt, das restlose Vertrauen in Gottes Allmacht seinem Volk zu beweisen.
Was hatte Jesus mit dem Wort „Land" – auf Hebräisch „aretz" – wohl gemeint? Das gleiche Wort gebrauchen heute die Juden für Israel. Diesen Ausdruck hatte König David in einem seiner Psalmen (Ps. 37) schon verwendet. In der Bergpredigt heißt es:

„*Selig, die hungern und dürsten nach der Gerechtigkeit; denn sie werden satt werden (...). Selig, die Frieden stiften; denn sie werden Söhne Gottes genannt werden.*"

Es war wohl Elias' Berufung, ein Friedensstifter zu werden, ein wahrer Diener Gottes und der Menschen. Dazu gehörte, als erster Schritt, die Wiederherstellung der Menschenwürde der Araber, eine Grundvoraussetzung für die Versöhnung zwischen Juden und Palästinensern. Diese Worte schienen ihm beim Finden seines eigentlichen Weges entscheidend zu sein, doch bedurfte sein Herz eines noch tiefer reichenden Anstoßes.

Seelsorger im „Wespennest"

Einige Wochen nach seinem Ausflug zum Berg der Seligpreisungen rief ihn der melkitische Erzbischof Hakim zu sich nach Haifa. Faraj hatte schon eine Anstellung erhalten: in einer Gemeinde von Nazareth. „Elias", wandte sich nun der Bischof an ihn, „wir schicken dich nach Ibillin, in ein Dorf in Galiläa mit einigen Tausend Einwohnern." „Gut, Herr Bischof – wo liegt denn aber dieser Ort? Ich habe noch nie davon gehört …" „Keine Sorge! Du erhältst eine Landkarte und einige genaue Hinweise", bemühte sich der ältere Kirchenmann – zuständig für die Diözese Haifa, Nazareth, Akko und ganz Galiläa –, ihn zu beruhigen. „Ibillin ist ein ziemlich unscheinbares Dorf. Es gibt nur eine kleine melkitische Gemeinde, aber die Situation dort ist nicht einfach. Ehrlich gesagt, weiß ich auch nicht, ob es das Richtige für dich ist. Willst du es trotzdem probeweise für einen Monat versuchen?" Elias nickte. „Der Kirchenvorsteher von Ibillin müsste inzwischen schon einen offiziellen Brief von mir erhalten haben. Er erwartet Dich am 15. August. Seit einiger Zeit gab es dort keinen Priester mehr. Solltest du mit den Einheimischen nicht zurechtkommen, melde dich bei mir wegen einer anderen Aufgabe!" Bischof Hakim begleitete ihn persönlich bis zum Haustor und klopfte ihm beim Abschied vertrauensvoll auf die Schulter.

Elias war bereit, die Herausforderung anzunehmen, koste es, was es wolle.

Am 15. August 1965 – dem Festtag Mariä Himmelfahrt – verließ Elias Haifa. Ibillin war angeblich nur dreißig Minuten Autofahrt von der Hafenstadt entfernt. Nach mehreren Irrfahrten erreichte Elias schließlich nach guten zwei Stunden Ibillin. Kein einziger Wegweiser weit und breit. Ein vom Rest der Welt links liegengelassenes Dorf. Armselige Häuser aus gebrannten Lehmziegeln säumten die staubige Strasse. Neugierige ältere Männer mit ihren kopfschützenden Keffiyehs schauten finster dem weißen VW nach, wie er zwischen flachbedachten Betonhäusern eine enge Gasse bis zur Kirche hinauffuhr. Vor deren Eingangstor lungerten gelangweilt barfüßige Kinder in der sengenden Hitze herum. Plötzlich riss ein Mann mittleren Alters das Kirchentor auf, das fast schon aus den Angeln fiel. „Verschwinden Sie! Sie haben hier nichts zu suchen!", schrie er den ahnungslosen Fahrer an, der gerade das Fenster heruntergekurbelt hatte. „Entschuldigen Sie. Ich bin Abuna Elias Chacour. Unser Bischof sendet mich als Pfarrer zu Ihnen." Er versuchte, Ruhe zu bewahren. Der zornige Mann gestikulierte aber heftig weiter: „Ich weiß genau, wer Sie sind! Ich habe den Brief vom Bischof erhalten. Gehen Sie zu ihm zurück und sagen Sie ihm, dass Sie hier nicht erwünscht sind." Elias war fassungslos. Dieser schlechtgelaunte Mann war also der Kirchenvorsteher, der sich um Haus und Hof kümmerte und den neuen Pfarrer eigentlich willkommen heißen sollte ... Stattdessen brüllte er Elias pausenlos an, während dieser aus dem Kofferraum unbeirrt seinen Messkoffer herauszog. Er näherte sich dann dem Vorsteher, schloss die Augen und griff unwillkürlich nach der fuchtelnden Hand. Diese knappe Geste bewahrte ihn davor, sofort aus Ibillin verjagt zu werden. „Komm, lass uns lieber zusammen beten." Der Vorsteher blieb nun sprachlos. „Gott, schütze uns als christliche Brüder", sprach Elias spontan weiter. „Hilf uns, unsere Meinungsverschiedenheiten aus dem Weg zu räumen." Dann betete er für das Wohl der Gemeinde und der Kirche. Ein Hauch von Milde glättete die angespannten Gesichtszüge seines überraschten Gegners. „Wir werden Sie aber hier erst dann akzeptieren, wenn Sie uns all das zurückbringen, was uns gestohlen wurde." Elias war verblüfft. Wovon sprach denn dieser Mann? „Ich bin noch nie in Ibillin gewesen!", beteuerte der 26-jährige Abuna Elias. „Nicht Sie – Ihr Vorgänger! Er hat alles mitgenommen. Schauen Sie selber hinein in die Kirche ..." Der Vorsteher packte ihn am Ärmel und zog ihn hinein in den kühlen Innenraum.

Die Kirche war völlig leer, bis auf ein paar krumme Holzbänke, die vorne herumstanden. Die Wände waren ringsherum von

Rissen überzogen, der Verputz war zum Großteil abgebröckelt. Von den einstigen Fresken hingen nur noch Farbfetzen an der Mauer, die Draperien im Altarraum waren zerschlissen. In diesem tristen Ambiente sahen etwa zwanzig Männer, Frauen und Kinder schweigend zu, wie Elias langsam nach vorne schritt. Sie hatten sich zur Feier der Himmelfahrt Mariä versammelt. Elias versuchte, sie freundlich anzulächeln, stieß aber scheinbar auf wenig Gegenliebe. Die Blicke waren alles andere als wohlgesonnen, die Atmosphäre unheimlich. Das war eine alarmierend skeptische Gemeinde, dachte sich Elias sorgenvoll. Er begab sich hinter die Ikonostase. Diese besaß keine Vorhänge mehr. Er wollte den Festtag mit den Gläubigen feiern. Die Leute sahen Elias dabei zu, wie er sein Messgewand anlegte; sie beobachteten jede Bewegung des neuen Pfarrers und ließen ihn nicht mehr aus den Augen.

Elias begann singend die Liturgie. Nur von einem einzigen alten Mann kamen die Antworten. Alle anderen hörten nur stumm zu. Kaum jemand wollte die Eucharistie empfangen. Schließlich trieb der Vorsteher die Leute schnell aus der Kirche hinaus. Alle schienen Angst vor ihm zu haben. Elias hatte kaum eine Gelegenheit, mit jemandem zu sprechen. Er war aber entschlossen, sich keineswegs einschüchtern zu lassen. Als er nach seiner künftigen Bleibe fragte, zeigte ihm der Vorsteher das baufällige Pfarrhaus, vor dem Elias sein Auto geparkt hatte. „Wenn Sie hier bleiben", bemerkte er mit Nachdruck, „werden Sie hier wohnen. Das ist Ihr Schlafzimmer!" Elias trat in den Raum und sah sich um. Ein wüstes, schmutziges Durcheinander von Plunder und zerbrochenem Geschirr lag auf dem Betonfußboden. In einer Ecke: eine zerfledderte, stinkende Matratze. Daneben, unter einem dreibeinigen Tisch versteckt, stand eine halb demolierte Petroleumlampe, die einzige Lichtquelle. „Es gibt weder Elektrizität noch Gas – auch keine Toilette." Der Vorsteher wies auf die herumliegenden Abfälle, einige Meter vom Pfarrhaus entfernt. „Das war das Klo, aber der Priester hat es mit einer Planierraupe eingeebnet." Nie zuvor hatte Elias eine so abstoßende Verwahrlosung gesehen. Jetzt erfuhr er, dass sein Vorgänger in einer Nacht- und Nebelaktion Ibillin Hals über Kopf verlassen und den gesamten Kirchenschmuck – darunter Kelch, Patene und Ornate – samt Mobiliar sowie Türen mitgenommen hatte. Elias schaute auf einen undichten Außenhahn. Daraus spritzte nur kaltes Wasser zum Waschen, Trinken und Kochen hervor. „Passt Ihnen Ihre neue Wohnung?", fragte der Vorsteher mit spöttischem Unterton. Elias biss sich auf die Lippe und dachte: Es ist ja ohnehin nur für einen Monat – das überlebe ich schon. Lächelnd sagte er dann: „Das ist gut genug. Ich werde bleiben!"

Der Vorsteher war auf diese unerwartete Reaktion nicht gefasst. Er ließ den Neuankömmling stehen, mit seinem ganzen Gepäck in der Hand, und ging mit skeptischem Kopfschütteln weg. Elias nahm sich aus der Kirche zwei Holzbänke mit und schob sie in seiner neuen Unterkunft zu einem Bett zusammen. In der ersten Nacht hatte er, gegenwärtiger denn je, den Wunsch zur Versöhnung mit seinen Gegnern vor Augen. Er war fest entschlossen, diesen Wunsch gerade hier in die Tat umzusetzen. Ibillin war wohl der beste Ort für den ersten Versuch, als Friedensstifter tätig zu werden.

Ibillins Geschichte

In den darauffolgenden Tagen erfuhr Elias einiges über die Geschichte des Dorfes. Sie weist eine kontinuierliche christliche Besiedelung seit dem 2. Jahrhundert n. Chr. auf. Am berühmten Konzil von Nizäa (325 n. Chr.) hatte auch Bischof Nisifos aus Ibillin teilgenommen. Im Mittelalter (13. Jh.) war der Ort Schauplatz der Kämpfe zwischen Kreuzrittern und den islamischen Heeren. Der berühmte kurdische Kriegsherr Saladin, Sultan von Syrien und Ägypten, hatte in der Nähe eine Festung erbauen lassen. Das Licht des Christentums kam trotz zahlreicher Kriegswirren nicht zum Erlöschen. Die Kirche blieb lebendig und stark bis ins 20. Jahrhundert hinein. Erst als die Familien wegen der politischen Umwälzungen der späten 1940er Jahre zerbrachen, ging das alte Sozialgefüge Ibillins zugrunde. In den Bürgerkriegswirren gerieten Moslems, Griechisch-Orthodoxe und Melkiten hart aneinander. Die Religionsgruppen wetteiferten um Macht und Einfluss. Es war verheerend. Alkoholismus und Kriminalität machten sich breit. Die Dorfräte waren nicht imstande, etwas dagegen zu unternehmen. Hoffnungslosigkeit und Hassgefühle gewannen in der Bevölkerung die Oberhand. Die Feindseligkeit der Christen gegeneinander, sogar innerhalb der Familien, bedrückte Elias am meisten. Der vorherige Pfarrer versetzte den Christen einen besonderen Schlag, als er sich mit dem Kircheneigentum davonschlich.

Elias fand alles bei seinen neu eingeführten Hausbesuchen heraus. Unter den Christen gab es einige, die sich ihm vorsichtig anvertrauten. Er erfuhr, dass der bizarre Vorsteher die Gemeinde mit eiserner Faust regierte. Er bestimmte sogar, wer in die Kirche gehen durfte und wer nicht. Hilf- und wehrlos standen die Bewohner unter seiner Fuchtel. Elias verstand ihre Sorgen, versuchte der Vorsteher doch, sich auch in seine seelsorgerische Tätigkeit einzumischen. Es war eindeutig, dass der Dorftyrann ihn nach dem Probemonat wieder loshaben wollte. Elias überlegte jedoch, ihm zum Trotz seinen Aufenthalt um einige Monate, vielleicht sogar um ein Jahr zu verlängern. Hier gab es auf pastoraler Ebene enorm viel zu tun. Am wichtigsten war die Wiederherstellung des Selbstwertgefühls der Gläubigen.

In seinem jugendlichen Elan beschloss der neue Pfarrer, jede Familie im Dorf zu besuchen, unabhängig von ihrer Religion. Bald merkte er aber, dass er diese Aufgabe niemals im Alleingang würde lösen können. Er brauchte dringend Unterstützung. So fuhr er an einem Nachmittag zu Mutter Josephate nach Nazareth. Die tief religiöse Nonne leitete dort einen kontemplativen Frauenorden. Sie hörte aufmerksam zu, als Elias ihr die Einzelheiten der Schwierigkeiten in Ibillin schilderte. Er bat sie, ihm zwei ihrer Schwestern zu schicken, um den Müttern mit ihren Kindern und den älteren Frauen im Dorf beizustehen. „Ich bin sicher, Abuna Elias, dass dieser Wunsch nicht von Ihnen, sondern direkt von Gott kommt", sagte sie beim Abschied mit einem herzlichen Händedruck. „Einige Schwestern werde ich bestimmt überzeugen können. Sie hören von mir, sobald ich die Genehmigung unseres Superiors eingeholt habe!" Voller Zuversicht und Dankbarkeit fuhr Elias mit seinem Volkswagen nach Ibillin zurück.

Eines Tages bemerkte er, dass ihm der Kirchenvorsteher auf seinen Rundgängen nachspionierte. Der vorige Seelsorger hatte sich nie um solche Hausbesuche gekümmert. Wieso wollte sich plötzlich ein dreister junger Priester bei den Dorfbewohnern einschmeicheln? Was führte der wohl im Schilde? Er war voller Missgunst, eifersüchtig auf Elias und versuchte sogar, ihn zu bevormunden. Elias wusste, dass es nur eine Frage der Zeit war, bis es zu einer Konfrontation käme.

Unmittelbar neben dem Pfarrhaus wohnte Habib, ein gebildeter Mann. Mit ihm unterhielt sich Elias gern über das Neue Testament. Er war von seinen landwirtschaftlichen Kenntnissen ziemlich beeindruckt. Eines Tages teilte er dem Kirchenvorsteher beiläufig mit, er wolle Habib wieder besuchen. „Nein! Sie werden nicht zu diesem dreckigen Kommunisten gehen!", brach der Vorsteher in Wut aus. Er nannte ihn geringschätzig so, weil Habib sich offen gegen die Aneignung des restlichen palästinensischen Ackerlandes durch die israelische Regierung ausgesprochen hatte. Elias fand diese Grundhaltung eher mutig und lobenswert. „Gut. Ich werde mich mit Ihnen nicht streiten!" Der Vorsteher dachte, Elias hätte ihm nachgegeben und es sich anders überlegt. „Würden Sie hier auf mich warten?", fragte Elias unschuldig. „Ich muss mich noch um etwas kümmern, bevor ich mit Ihnen gehe." Sichtlich beruhigt stimmte dieser zu. Doch sein

Gesicht verdunkelte sich, als er Elias die Stufen zu Habibs Eingang hinaufgehen sah. Zwei Stunden lang dauerte Abunas Besuch. Der wartende Vorsteher war nicht mehr zu sehen, als der Priester das Haus verließ.

Eine günstige Gelegenheit zur echten Konfrontation mit ihm bot sich Elias erst achtzehn Monate nach seiner Ankunft.

Eines Morgens klopfte man an seine Tür. Der Vorsteher erschien mit zwei Männern, um das Kircheneigentum zu inspizieren. „Kommen Sie, Abuna", so der Querulant angriffslustig. „Was ist das denn?", und zeigte auf eine schöne Pflanze am Rande des Pfarrhofs. „Ein Weinstock, mein Freund", entgegnete Elias. „Es ist Habibs Geschenk für mich." Dieser hatte vom weinumrankten Feigenbaum der Chacours erfahren und Elias daraufhin mit einer Weinstockkreuzung überrascht. „Sie kennen Habib nicht!", wütete der Vorsteher. „Er hat auf diesem Grundstück nichts mehr zu suchen! Er ist zur griechisch-orthodoxen Kirche übergetreten. Sie werden sehen: Erst wird er die Früchte für sich beanspruchen und dann auch noch das ganze Kirchenland. Unser Bischof hat ihn sogar exkommuniziert."

Elias wollte dieser Sache später nachgehen. Nun musste aber schnell gehandelt werden. „Bringen Sie mir bitte einen Eimer Wasser!", bat er. Der Vorsteher ließ es sich nicht zweimal sagen: Er dachte, durch das Wasser würde sich die Erde lockern, um die Pflanze leichter herauszureißen. Elias begann aber, die Blätter feierlich zu begießen. Dann hob er die rechte Hand über den Weinstock und segnete ihn: „Ich taufe dich im Namen des Vaters und des Sohnes und des Heiligen Geistes. Wer dich ausreißt, soll selbst entwurzelt werden. Wer dir aber Wasser gibt, soll von Gottes Gnade überströmt werden. Amen." Die verdutzten Männer starrten den Priester an, als wäre er geisteskrank. Dann stampften sie, wutschnaubend, davon. Elias wurde deutlich, dass die Geschicklichkeit eines guten Chirurgen notwendig war, um den Tumor herauszuschneiden, der dieses Dorf befallen hatte. Doch war er sich auch im Klaren darüber, dass er selber wohl bald als Erster unter das Messer des Chirurgen käme.

Nonnen kommen zu Hilfe

Elias brauchte wirklich dringend die tatkräftige Unterstützung von den Nonnen aus Nazareth. So eilte er eines Tages, nach einem Anruf von Mutter Josephate, in ihr Büro. „Ich habe um die Erlaubnis gebeten, zwei Schwestern mit Ihnen in Ibillin arbeiten zu lassen. Der Superior hat meine Bitte abgelehnt." Diese Mitteilung traf den Priester wie ein Blitz. Der Vorgesetzte habe gefragt, ob im Dorf auch römisch-katholische Familien lebten. Als Mutter Josephate dies verneinte, habe er geantwortet, sie dürfte dann nicht die zwei Schwestern dorthin schicken. Als Elias dies enttäuscht zur Kenntnis nahm, bat sie ihn nochmals, Platz zu nehmen. „Ich muss mich aber auch vor einer anderen Autorität als meinem Superior verantworten: vor dem lieben Gott", betonte sie mit einem schelmischen Lächeln. „Mir wurde ja verboten, zwei Schwestern zu Ihnen zu schicken – also werde ich drei entsenden!"

Am nächsten Tag holte der Priester die drei Schwestern ab. Er rechnete mit begeisterten Mitarbeiterinnen. Stattdessen fand er drei misstrauisch wirkende Ordensfrauen vor. Mutter Josephate machte sie bekannt: Mutter Macaire, die Älteste, war eine kraftvolle Erscheinung, doch sie hatte einen lästigen Husten, der gar nicht aufhören wollte. Mutter Ghislaine war klein, rundlich und vergnügt. Mit ihrem graumelierten Haar sah sie aus wie eine Großmutter aus dem Märchenbuch. Mutter Nazarena war die Jüngste und Dünnste. Sie wirkte fast zerbrechlich, besaß aber eine glatte, olivfarbene Haut.

Alle drei wollten jeden Sonntag, gleich nach dem Gottesdienst, wieder unbedingt nach Nazareth heimgefahren werden. Das war eine Bedingung. Die Nonnen zeigten eigentlich nur wenig Interesse für die Leute in Ibillin. Das betrübte den ohnehin schon überlasteten Seelsorger. Wie könnte man sie umstimmen? Eines Tages lud er sie zum selbstgekochten Mittagessen ein. Inzwischen hatte er auch jungen Müttern im Dorf erzählt, dass die Schwestern etwas von Krankenpflege verstünden und sich an jenem Sonntagnachmittag bis zum frühen Abend bei ihm im Pfarrhaus aufhalten würden. Die Nonnen waren überrascht, als bei strömendem Regen plötzlich jemand an Elias' Tür pochte. Eine junge Frau, mit einem in Decken gehüllten Baby im Arm, bat zaghaft um Hilfe. Ihr Sohn Ibrahim, kaum zwei Jahre alt, litt an hohem Fieber. Ohne zu zögern, scharten sich die drei Betreuerinnen um die Mutter herum und versorgten das Kind. Elias beobachtete die Szene: Die Schwestern umgaben die Mutter mit einer solchen Fürsorge, dass jegliche Angst aus ihrem Gesicht wich.

Während der Heimfahrt im Auto unterhielten sich die Nonnen eifrig über das kranke Baby und die zu besorgenden Medikamente gegen Virus- und Erkältungskrankheiten. Elias fuhr schweigend lächelnd dahin. Das Eis war gebrochen.

Nachdem die Schwestern angefangen hatten, Kranke zu pflegen, fanden sich im Laufe der Wochen vor Elias' Pfarrtür allerlei Geschenke: Obst, Brotfladen oder frisches Gemüse. Ein unmissverständliches Zeichen, dass die verhärteten Herzen der Einwohner von Ibillin sich langsam öffneten.

Es gab Konflikte zwischen Griechisch-Orthodoxen und Melkiten, zwischen Christen und Muslimen. Elias spürte, von wem er am ehesten eine ehrliche Antwort erhalten würde: vom herzensguten Habib, auch wenn viele im Dorf ihn als „schlimmen, exkommunizierten Kommunisten" einstuften.

„Willkommen in unserem Haus, Abuna", empfing er ihn an einem Nachmittag. Umm Fat'hee, Habibs Frau, servierte arabischen Kaffee und musterte beide Männer. Die waren gleichermaßen neugierig und wollten einander näher kennenlernen.

Elias kam bald zur Sache: „Ich würde gern wissen, warum Sie schon in den frühen 50er Jahren unsere Gemeinde verließen …"

„Das kann ich Ihnen ganz offen sagen", antwortete Habib in ruhigem Ton. „Es war keineswegs meine Absicht, aus der melkitischen Kirche auszutreten. Ich wurde in diese Gemeinschaft hineingeboren und liebe sie heute noch. Gleichzeitig liebe ich aber genauso Galiläa, das Land meiner Vorfahren. Unsere Urahnen haben alle hier gelebt, hier ihre Feigen- und Olivenbäume gepflegt." Elias nickte, er dachte an Biram und an seinen Vater. „Sie haben es ja sicherlich mitbekommen, dass die israelische Regierung auch in den 50er und 60er Jahren die Landkonfiszierungen fortsetzte. Das betraf auch unser fruchtbares Land. Viele von uns in Ibillin protestierten heftig gegen diese Beschlagnahmung. Dadurch sind wir in erhebliche Schwierigkeiten geraten." „Inwiefern? Was passierte dann?", wollte Elias genauer wissen. „Viele verurteilten uns – natürlich die israelische Regierung und die Polizei, aber auch unser Bischof und viele Mitglieder unserer Gemeinde. Ob Sie es glauben wollen oder nicht, Herr Pfarrer", erklärte er verbittert, „der melkitische Bischof stand nicht auf unserer Seite, sondern sympathisierte mit der Regierung!" Elias konnte beim besten Willen nicht nachvollziehen, wie ein Bischof – obendrein in einer so heiklen Situation – seine eigene Herde im Stich lassen konnte. „Viele von uns, die sich am Protest beteiligten, wurden vom Bischof und Leuten wie dem Vorsteher aus der melkitischen Gemeinde einfach ausgestoßen! ‚Solange Sie nicht schweigen', drohte uns der Bischof, ‚sind Sie keine Christen mehr.' Als eines Tages einer aus der Reihe der Protestierenden starb, weigerte sich der Bischof sogar, ihm eine kirchliche Beerdigung zu gestatten. Ein anderer wiederum wollte heiraten, durfte aber nicht in der Kirche getraut werden. In unserer Not baten wir schließlich den griechisch-orthodoxen Priester, Abuna Ibrahim, mit seiner Gemeinde beten zu dürfen. Er hieß uns willkommen. Was war die Folge? Etwa zweihundert Melkiten wurden orthodoxe Christen. Sie können sich vorstellen, Abuna, das war damals eine sehr schmerzliche Erfahrung. Heute noch verzeihen uns viele Melkiten diesen Übertritt nicht ..."

Habib erzählte noch beim Abendessen weiter über Ibillin und seine schwierigen Bewohner. Elias hörte dem aufrichtigen Gastgeber gern zu, weil dieser Format besaß. Außerdem beeindruckten ihn seine Wohlgesonnenheit und seine Anteilnahme. Was er sagte, stimmte auch mit einem Bericht des Abuna Ibrahim überein. Den Kopf voller Eindrücke, verabschiedete Elias sich erst gegen Mitternacht. Er kehrte in seine spartanische Bleibe zurück, glücklich, in Habib einen Seelenverwandten gefunden zu haben.

Familienfehden

„Wie schön, Dich endlich wiederzusehen, Faraj!", jubelte Elias vor Freude. Zum ersten Mal seit ihrer gemeinsamen Priesterweihe konnten die beiden sich endlich treffen. Die Gelegenheit ergab sich durch eine Sonderversammlung, mit Exerzitien. Dazu hatte Bischof Hakim alle Priester seiner Diözese nach Nazareth eingeladen. Faraj wollte unbedingt wissen, wie sein alter Freund im gottverlassenen Dorf Ibillin zurechtkam. Dieser war eigentlich drauf und dran, ihm und dem Bischof von seinen Nöten und den täglichen Schwierigkeiten zu erzählen. Doch ein undefinierbares Gefühl hielt ihn davon ab. „Ibillin und der Kirchenvorsteher sind zwar eine Herausforderung für jeden Priester, doch gleichzeitig gibt es auch gute Menschen, wie sonst überall auf der Welt. Mit Habib etwa, meinem nächsten Nachbarn, bin ich inzwischen sogar richtig befreundet." Faraj lauschte ihm aufmerksam. Sein Blick drückte die gleiche Anteilnahme aus, die Elias seit der Studienzeit so vertraut war. „Natürlich gibt es auch Probleme, Faraj: Das ärgste sind die Familienfehden! Da ist zum Beispiel Umm Daoud, die schon seit zwanzig Jahren nicht mehr mit ihrer eigenen Schwester gesprochen hat. Oder Abu Muhib, Polizist bei den Israelis. Ein schwieriger Mann, der von allen gefürchtet und sogar von seinen Familienangehörigen gehasst wird. Stell dir vor: Wenn ich es wage, ihn auf der Straße zu grüßen, werde ich sofort von den Dorfbewohnern zurechtgewiesen! Auch die Leute mit unterschiedlichen religiösen und politischen Meinungen führen in Ibillin erbitterte Kämpfe ..."

„Hast du schon den Weg gefunden, wie du Menschen miteinander versöhnen kannst?", fragte ihn Faraj, der in seinem Dorf Rama offensichtlich nicht so stark mit solchen Problemen konfrontiert war. „Einmal habe ich versucht, einen Vortrag über Ökumene zu halten. Das war der falsche Ansatz! Er ging völlig daneben." „Wie hast du das gemerkt?", wollte Faraj wissen. „Am nächsten Tag fand ich einen Zettel vor meiner Haustür. Darauf stand: ‚*Sie wollen uns Ökumene predigen? Das ist völlig sinnlos. Wir wollen das nicht. Beginnen Sie damit, Brüder, Schwestern, Familien miteinander zu versöhnen. Das ist gelebte Ökumene! Mit vagen Ideen können wir nichts anfangen.*' Unterschrift: ein melkitischer Zuhörer. Ich musste zugeben, Faraj, der Mann hatte Recht."

Sein Freund schaute ihn jetzt noch genauer an: „Du siehst etwas abgemagert aus, Elias. Isst und schläfst du genug?" „Mach dir meinetwegen keine Sorgen. Es ist gut, so wie es ist." Elias fand es überflüssig, ihm gegenüber zu erwähnen, dass er seine Nächte immer noch auf Kirchenbänken liegend verbrachte.

Exerzitien beim Bischof

Am letzten Morgen der Exerzitien trafen sich noch einmal die Priester zum Abschiedsfrühstück. Bischof Hakim forderte Elias und Faraj auf, zu seiner Rechten bzw. Linken Platz zu nehmen. Es war Tradition, dass jeder Priester einige Worte an den Bischof richtete. In der Regel wurde dieser mit Komplimenten überhäuft, so wie an jenem Tag auch. Doch als Faraj an die Reihe kam, hüllte er sich in beharrliches Schweigen. „Ich bestehe schon darauf, Abuna Faraj oder Abuna Elias, dass einer von Ihnen sich äußert. Schließlich habe ich Sie beide zu Priestern geweiht." Nach den schmeichelnden Anerkennungsworten seiner Untergebenen war der Bischof gespannt, wie Elias reagieren würde. Dieser bezog sich auf den Propheten Jeremias: „Ich kann erst dann auf meinen Bischof wirklich stolz sein, wenn er nicht nur seine Rolle als Kirchenfürst wahrnimmt, sondern auch die Füße seiner Gläubigen und Priester in Demut wäscht." Nach einer kurzen Pause blickte der Bischof die Anwesenden durchdringend an und sagte: „Nun gut, dieser Jeremias ist nicht schlechter als der erste." In diesem Augenblick liebte und schätzte Elias seinen Bischof mehr als je zuvor. Er entdeckte in ihm das Zeichen wahrer Größe und Demut.

Tanz auf dem Vulkan

Abuna Elias hatte in den letzten Monaten ein seltsames Zusammengehörigkeitsgefühl zu seinem Dorf entwickelt. Er wollte die zerstörte Würde der Bewohner wieder festigen und sich auf das Gute in ihren Herzen konzentrieren. Seine oberste Priorität galt jetzt der Versöhnungsarbeit. Er war nun fest entschlossen, seiner Gemeinde zu helfen, sich aus ihren selbstgebauten Käfigen zu befreien. Elias fühlte, dass diese Aufgabe einen Auftrag auf Lebenszeit bedeutete und heikel war, wie ein Tanz auf dem Vulkan.

Kurz nach ihrer Rückkehr nach Ibillin verblüfften die Schwestern ihren Abuna Elias mit einer Überraschung: „Wenn Sie uns haben wollen, könnten wir ganz nach Ibillin ziehen", kündigte Schwester Macaire an. Elias traute seinen Ohren nicht. Es war zu schön, um wahr zu sein! Doch wie konnten sie alle unter einem Dach im kleinen Pfarrhaus wohnen? Das Problem wurde gelöst. Elias fand im Dorf nach längerem Suchen drei metallgerahmte Betten für die Schwestern. Und für ihn? Not macht erfinderisch. Als Nachtquartier bot sich nur noch der hintere Sitz seines Volkswagens an. Lony und Franz Gruber erhielten daraufhin eine Postkarte von ihrem palästinensischen Schützling.

Humorvoll bedankte er sich für das praktische „Bett auf Rädern". Die Schwestern empfingen die ganze Woche hindurch Kranke und Bedürftige, während Pfarrer Elias nun mehr Zeit hatte für die Hausbesuche.

In einer Winternacht erreichte ihn die Nachricht, dass die Mutter von vier verfeindeten Brüdern im Sterben lag. Der gefürchtete Dorfpolizist Abu Muhib war auch unter ihnen. Elias hatte bis dahin noch nie jemandem an der Schwelle des Todes beigestanden. Obendrein musste er jetzt in ein Haus treten, wo „Liebe" und „Versöhnung" wohl seit Jahren nur Fremdwörter waren. Abu Muhib machte ihm die Tür auf, obwohl er Abuna Elias nicht leiden konnte. Bis in die frühen Morgenstunden bemühte sich der Priester, der schon röchelnden Frau tröstende Worte zu spenden. Erst als er ihr sanft die Augen zudrückte, bemerkte er, dass seine Finger eiskalt waren. Er bot sich bei Abu Muhib an, seinen Brüdern den Tod der Mutter mitzuteilen: „Sie möchten bestimmt gern kommen, um sie noch ein letztes Mal zu sehen." Muhibs Gesicht verfinsterte sich. „Nein!", schrie er. „Meine Brüder werden keinen Fuß in mein Haus setzen. Sollten sie es dennoch wagen, werden Sie gleich fünf Beerdigungen an einem Tag haben!" Elias lief es noch kälter über den Rücken. Nicht einmal der Tod ihrer Mutter würde diese Brüder miteinander versöhnen. Von der langen Nacht und den schweren Gedanken erschöpft, stieg Abuna Elias in sein Auto, um sich zu erholen – vergeblich. Im Halbschlaf lag er da und versuchte, seine aufkommenden Zorngefühle im Zaum zu halten. Konnten denn diese Brüder einander nicht vergeben, gerade jetzt, wo sie ihrer Mutter die letzte Ehre erweisen sollten?

In seiner Phantasie ging er nicht nur auf sie los. Auch dem Vorsteher schleuderte er harte Worte ins Gesicht. Ebenso beschimpfte er seinen Vorgänger, der die Gemeinde bestohlen hatte, und jene Mitseminaristen, die alle Palästinenser in einen Topf geworfen und sie pauschal „Terroristen" genannt hatten. Wie in einer grotesken Halluzination sah er Panzerwagen auf dem Hügel von Biram samt Soldaten in die Luft fliegen, während die Häuser, wie verwurzelt, den Explosionen standhielten. Diese Bilder drehten sich wirr in seinem Kopf, bis ihm fast übel wurde. Im Dämmerzustand nahm er wahr, dass auch er zu wilden Hassgefühlen fähig war. Er begriff plötzlich, dass alle Menschen – auch jene, die geschliffene Umgangsformen besaßen – zu schrecklichen Gemeinheiten fähig sein konnten. Nicht nur Nazis oder Zionisten und palästinensische Kommandotruppen – auch er selber! Er hatte seine Wunden mit christlichen Weisheiten zugedeckt, aber die Wut – so dachte er in dieser Nacht – hatte wohl sein Inneres verletzt. Bei dieser bestürzenden Erkenntnis sagte ihm plötzlich eine innere Stimme eindeutig und kompromisslos: *Wenn du deinen Bruder hasst, bist du des Mordes schuldig.*

Jetzt begriff er mit einem Mal auch den Sinn einer ganz anderen Tat. Ein Mensch war durch die Hände derer, die ihn gefangen genommen hatten, eines erniedrigenden, grauenhaften Todes gestorben: Ein Mann des Friedens wurde ans Kreuz genagelt. *Vater, vergib ihnen,* wiederholte Elias, und *vergib auch mir.*

Es wurde ihm klar, dass er seit der Zeit, als er einmal als Kind zu Unrecht von einem Soldaten geschlagen worden war, den Hang zur Gewalttätigkeit in seinem Inneren stets nur verdrängt hatte. Seelisch und körperlich völlig ermattet schlief er erst im Morgengrauen ein. Als er wieder aufwachte, fühlte er sich wie neugeboren: Die Wandlung, bei seinem Besuch auf dem Berg der Seligpreisungen begonnen, war nun auf dem besten Weg zur Vollendung. Er wusste jetzt, was in Ibillin auf ihn wartete.

Versöhnung am Palmsonntag

Die Versöhnung der Gläubigen in seinem Dorf war keine leichte Aufgabe. Manche besuchten zwar regelmäßig die Gottesdienste, doch die Mauern des feindseligen Schweigens blieben bestehen.

Am Palmsonntag war jede Bank voll besetzt. Fast die gesamte Kirchengemeinde war anwesend – über 250 Leute. Abuna Elias hatte zusätzlich weitere Dorfbewohner eingeladen. Er zog sich gerade sein Messgewand aus weißer Seide an, als der Gemeindevorsteher erregt in den Altarraum stürzte. „Zum ersten Mal platzt die Kirche aus allen Nähten. Viele stehen noch vor dem Tor und wollen auch reinkommen. Was sollen wir tun, Abuna?" „Bringen Sie sie doch hier herein", schlug der Priester vor und zeigte auf den Altarraum. Normalerweise hätte der Vorsteher dieser unüblichen Lösung nie zugestimmt. Doch wegen des außergewöhnlichen Andrangs geleitete er die Leute durch den seitlichen Bogengang hinter die Ikonostase. Als Elias aufstand und seine Hand zum Zeichen des Kreuzes am Beginn der Messe erhob, erschrak er über die starr blickenden Gesichter. Unzählige Augen voller Feindseligkeit fixierten ihn stumm und teilnahmslos. Wo auch immer er hinschaute, erkannte er viele Leute, die untereinander zerstritten waren. Umm Daoud war mit ihrer Familie da, aber ihre Schwester und deren Familie saßen auf der anderen Seite. Abu Muhib saß in seiner israelischen Polizeiuniform, mit Frau und Kindern, in der ersten Reihe. Seine drei Brüder saßen wiederum so weit wie möglich voneinander entfernt.

Für Elias folgte der mühsamste Gottesdienst seines Lebens. Er hatte das Gefühl, die Gläubigen erfüllten nur mehr oder weniger ihre Feiertagspflicht und wärmten eben die Bänke. Am Ende der Liturgie standen alle zum Segen auf. Elias erhob wieder seine Hände. Er hielt inne, sein Magen flatterte. Jetzt oder nie ...

Plötzlich ließ er seine Hände sinken und schritt eilig zum Ausgangstor. Alle Augen beobachteten ihn neugierig. Er sperrte die riesige Doppeltüre ab und zog den alten Schlüssel aus dem Schloss. Die Menge verharrte auf ihren Plätzen und sah schweigend zu, wie Abuna Elias wieder zum Altar trat. Auch die Nonnen saßen angespannt da, alle drei mit geschlossenen Augen im Gebet vertieft. „Ihr seid ein geteiltes Volk", erhob Elias seine Stimme. „Ihr streitet und hasst euch gegenseitig, verbreitet Unwahrheiten, gehässige Lügen. Was sollen denn die Moslems und die Ungläubigen denken, wenn sie euch hören? Wohl, dass eure Religion nicht stimmig ist. Wenn ihr nicht einmal euren Bruder, den ihr sehen könnt, liebt, wie könnt ihr dann behaupten, den unsichtbaren Gott zu lieben?" Totenstille im Kirchenraum. Elias nahm plötzlich zornige Gesichter wahr. Der Vorsteher schien vor Wut zu beben. Abu Muhib stampfte nervös mit den Füßen. Die Schwestern schauten den Priester mit weit aufgerissenen Augen an. Dieser fuhr aber unbeeindruckt fort: „Ich möchte euch versichern, wie gern ich euch alle habe. Es betrübt mich aber sehr, dass viele von euch einander nicht ausstehen können. In den vergangenen Monaten habe ich alles Mögliche versucht, um euch zu helfen, euch miteinander zu versöhnen. Das ist mir leider nicht gelungen. Ich versagte. Ich bin schließlich auch nur ein Mensch. Als ich mit euch soeben die Liturgie feierte, traf ich jemanden, der euch allein wahrhaftig helfen kann. Er ist der Einzige, der das Wunder der Versöhnung in unser Dorf bringen kann: Jesus Christus. Er weilt hier unter uns. Nur er kann Euch Kraft zum Vergeben verleihen. So werde ich jetzt nichts mehr sagen und allein ihn wirken lassen."

Die Leute sahen einander fragend an. Einige schienen gehen zu wollen. Doch Elias hob beide Hände: „Versucht nicht, hinauszugehen. Die Türen der Kirche sind verschlossen. Wenn ihr euch vorher einander nicht vergebt, dann bleiben wir hier eingeschlossen. Entweder ihr bringt euch gegenseitig um, dann feiere ich gratis eure Beerdigung. Oder ihr ergreift die Gelegenheit, euch mit dem zu versöhnen, der euch verletzt hat oder den ihr verletzt habt. Dann merke ich, dass ich endlich euer richtiger Pfarrer geworden bin. Die Entscheidung liegt bei euch."

Elias betrachtete seine Gemeinde. Keiner rührte sich. Gute zehn Minuten verstrichen: immer noch keine Reaktion der Gläubigen. Er wartete weiter und spürte, wie ihm der Schweiß den Rücken hinunterlief. Wurde mein kühnes Verhalten vielleicht missverstanden?, fragte er sich.

Unerwartet stand nun plötzlich einer auf. Zu Elias größtem Erstaunen war es Abu Muhib. Alle Augen richteten sich auf ihn. „Es tut mir wirklich leid", stammelte er. Sein Gesichtsausdruck zeigte echte Reue. „Mehr als jeder von euch brauche ich Vergebung. Ich bin der Schlechteste von allen Anwesenden. Meine eigenen Brüder hasste ich so sehr, dass ich sie in der Tat umbringen wollte ... „Elias konnte es kaum glauben: Es war derselbe Polizist, der ihn früher so schroff behandelt hatte. Jetzt wandte sich Muhib an Elias, mit offenen Armen: „Können Sie mir verzeihen, Abuna?" Elias umarmte ihn: „Natürlich vergebe ich Ihnen", sagte er. „Jetzt gehen Sie und begrüßen Sie Ihre Brüder." Diese eilten ihm durch das Kirchenschiff schon entgegen, während Elias' Stimme wieder ertönte: „Warum umarmen wir nicht alle einander, wie wir beide es soeben getan haben?" Im Nu war in der Kirche ein bewegtes Durcheinander von sich umarmenden Menschen. Vettern, die jahrelang nicht mehr miteinander verkehrt hatten, schämten sich ihrer Tränen nicht. Frauen baten um Verzeihung für ihre Gehässigkeit, Männer bekannten offen, Lügen verbreitet zu haben. Leute, die dem Pfarrer und den Schwestern auf der Straße ausgewichen waren, baten diese, sie in ihren Häusern zu besuchen. Diese ergreifende Versöhnungsfeier dauerte fast eine Stunde lang. Am Ende verkündete Elias: „Wir werden nicht bis zum nächsten Sonntag warten, um erst zu Ostern die Auferstehung zu feiern. Lasst uns gleich mit dieser Feier beginnen. Wir sind mit Christus vom Tode auferstanden und zu neuem Leben erwacht. Nun sperre ich die Türen wieder auf. Lasst uns durch das ganze Dorf von Haus zu Haus ziehen und die Hymne der Auferstehung singen!"

Noch am späten Nachmittag hörte Elias die glücklichen Stimmen singender Menschen auf den Straßen. Den dicken Schlüssel vom Kirchentor in seiner Hand schaute er mit Genugtuung ein letztes Mal an. Dann warf er ihn in einem großen Bogen in den Graben. Solange er Priester in Ibillin sein sollte, würden diese Türen nie wieder verschlossen werden: Christus wohnt in den Gemeinden der offenen Türen und Herzen!

Nach dem Palmsonntag kehrte die Kirche in Ibillin buchstäblich vom Tod ins Leben zurück. Elias musste dabei spontan an das Auferstehen von Lazarus denken. Einige Dorfbewohner meldeten sich sogar freiwillig bei ihm, um das heruntergekommene Gotteshaus in neuem Glanz erstrahlen zu lassen. Unter seiner Aufsicht begann man bald mit den Renovierungsarbeiten. Maurer besserten den abgebröckelten Verputz aus, Maler strichen die Wände wieder an, Elektriker bohrten in den Wänden, um verrottete Kabel gegen neue auszutauschen. Pläne wurden ebenfalls geschmiedet, um das bescheidene Pfarrhaus zu erweitern und somit Abuna Elias eine menschenwürdigere Unterkunft zu ermöglichen. Auch wenn es sich bei diesen Tätigkeiten nur um Äußerlichkeiten handelte, war das gemeinsame Engagement der Christen ein erster wichtiger Baustein.

Blitzeinschlag in der Moschee

Eines frühen Morgens im Spätherbst goss es Ströme von Wasser den Hügel von Ibillin hinunter. Plötzlich gab es, inmitten des Donnergetöses, einen gewaltigen Krach unweit des Pfarrhauses. Elias dachte besorgt: Hoffentlich ist unserer frisch renovierten Kirche nichts passiert. Hals über Kopf rannte er in den peitschenden Sturm hinaus, um nachzusehen. Die Kirche stand noch unbeschädigt da. Habib schrie aber aus seinem Fenster: „Schauen Sie dort hinüber zur anderen Hügelseite, Abuna. Der Blitz hat die Moschee getroffen!" Elias eilte, so schnell er nur konnte, zu Scheich Ahmad, Ibillins muslimischem Vorsteher. Dieser räumte gerade vor dem Haupteingang seiner Moschee einen schlammigen Steinbrocken aus dem Weg. Der Schock stand ihm ins Gesicht geschrieben. Beide Geistlichen starrten auf den dicken Riss in der Kuppel. „Noch gestern Abend haben wir hier gebetet, und heute ist unsere Moschee vom Einsturz gefährdet." Elias teilte seine Trauer. „Warum kommen Sie dann nicht in unsere Kirche, um zu beten, bis Ihre Moschee wieder hergerichtet ist?" Der Scheich war verwirrt: „Sie laden uns wirklich ein?" Elias gab ihm zu verstehen, dass Christen wie Muslime doch letztlich den gleichen Gott verehrten. Von dem Moment an verbesserten sich auch die Beziehungen zwischen den beiden Religionsgruppen.

In einem Rundschreiben an seine Gemeinde teilte Abuna Elias mit, aus dem für die Reparatur der griechisch-orthodoxen Kirche gesammelten Fonds sei noch genügend Geld für den partiellen Wiederaufbau der Moschee vorhanden. Das größte Wunder erlebte er in den darauffolgenden Tagen, als er mit seinen eigenen Augen sah, wie sich Christen und Muslime in einer gemeinsamen Aktion an der Renovierungsarbeit beteiligten.

Die drei Nonnen verspürten indessen den Wunsch, islamische Frauen zu Hause zu besuchen. Nun kannten sie schon nahe genug alle melkitischen Familien. Elias wollte es nicht glauben, als Mutter Macaire ihm schon nach wenigen Tagen mitteilte, die Musliminnen hätten sie sehr freundlich empfangen. Die Liebe zu den Kindern überbrückte den Graben zwischen den beiden Religionen. Die Schwestern brachten den jungen Frauen das Nähen, Schneidern und Backen bei.

Die Nachricht von der gleichermaßen für Moslems und Christen geltenden selbstlosen Fürsorge der Nonnen verbreitete sich bald über das ganze Hügelland. Nahezu über Nacht hatten sogar andere Dörfer mit Abuna Elias Verbindung aufgenommen und ihn gebeten, christliche Frauen zu schicken, um mit ihnen zu leben, zu arbeiten, sie zu unterrichten. Doch die Schwestern hatten zunächst in Ibillin ein noch dringenderes Problem zu lösen. „Abuna, wir sind schon in fast allen Häusern des Dorfes gewesen", teilte ihm Schwester Nazarena eines Nachmittags mit. „Wir haben festgestellt, dass es in etlichen Familien viele Kinder zwischen drei und sechs Jahren gibt, die nur ziellos in den Gassen oder auf den Feldern herumlungern. Sie sind aufgeweckt und könnten so vieles spielerisch lernen. Doch ihre Eltern sind beschäftigt und haben zu wenig Zeit, um sich um sie zu kümmern. Könnten wir denn hier im Pfarrhaus nicht für die herumstreunenden Kleinen einen Kindergarten einrichten und ihnen das Singen, Zeichnen, Buchstabieren und Rechnen beibringen?" Schwester Ghislaine und Mutter Macaire nickten zustimmend. Monatelang hatte Elias auf diese Initiative gewartet. Nun waren die Nonnen endlich von selbst darauf gekommen. Er konnte sein Glücksgefühl nicht zurückhalten: „Sie haben völlig Recht. Das ist eine phantastische Idee! Können Sie gleich damit anfangen?"

An der Hebräischen Universität in Jerusalem

Inmitten der emsigen Vorbereitungen für die Errichtung des ersten Ibilliner Kindergartens wurde der Pfarrer im Frühsommer 1967 zu Bischof Hakim nach Haifa vorgeladen. „Elias", begrüßte er ihn betont herzlich, „Sie sind schon als herausragender Student im Seminar aufgefallen. Außerdem haben Sie Hebräisch und Aramäisch gelernt." Elias wollte gern wissen, worauf der Bischof hinauswollte. „Ich habe für Sie an der Hebräischen Universität in Jerusalem Kontakte geknüpft. Jetzt ist es so weit. Sie erhalten ein zweijähriges Stipendium. Sie sind der erste Palästinenser und auch der erste christliche Priester, den man dort jemals aufgenommen hat." Elias konnte es nicht fassen. Sein Verstand war dafür, sein Herz sträubte sich aber heftig dagegen: „Warum weiter studieren?", opponierte er. „Ausgerechnet jetzt, wo sich die Dinge in Ibillin in der richtigen Richtung entwickeln!" „Ich verstehe Sie, Elias", fuhr sein Vorgesetzter unbeirrt fort, „doch Sie haben nun eine einmalige Chance erhalten! Wissen Sie, wie unangenehm es mir ist, mit Rabbinern über das Alte Testament zu diskutieren? Wir wissen nicht einmal halb so viel, wie die Juden …" Elias versuchte, ihn doch noch umzustimmen, und erzählte von der inneren Wandlung seiner Gemeinde seit Palmsonntag, dem ersten Durchbruch zur Versöhnung. Hakim konnte seinen talentierten Priester gut verstehen. Gleichzeitig ahnte er aber, welche

Wirkung dessen Ausbildung an der jüdischen Universität haben würde. „Die Entscheidung ist bereits getroffen. Sie reisen in zwei Wochen ab nach Jerusalem."

Seine Gemeinde, die benachbarten hilfsbedürftigen Dörfer, die Bemühungen um den Wiederaufbau: Kann das alles warten? Gerade jetzt, als die Gläubigen gerade endlich dabei waren, eine Vertrauensbasis mit ihrem Pfarrer aufzubauen? Mit einem Gefühl des Unbehagens hatte er gerade noch Zeit, einen Kirchenrat für die Verwaltung in seiner Abwesenheit und als Hilfe für die Schwestern beim Aufbau ihres Kindergartens einzusetzen. Er nahm sich vor, in regelmäßigen Abständen von Jerusalem nach Ibillin zurückzukehren, um seine Leute nicht im Stich zu lassen. Er wollte weiterhin auch selber an der Verwirklichung der geplanten Projekte teilnehmen.

„Sind Sie Elias Chacour persönlich?", fragte ihn die Sekretärin an der Hebräischen Universität. „Ja", antwortete der nunmehr 28-jährige Priester. „Sie sind Palästinenser?" Elias nickte, leicht irritiert. Er erinnerte sich noch lebhaft an das Verhör im Hafen von Haifa bei seiner Rückkehr aus Paris. Die junge Dame warf einen Blick auf seine Anmeldeformulare für die Kurse, schrieb ein paar Zeilen darauf und händigte sie ihm wieder aus. „Willkommen!", sagte sie mit einem ungekünstelten Lächeln. Elias vergaß seine Skepsis. Das erste Semester verlief für ihn in entspannter Atmosphäre. Er war in den Vorlesungen und Seminaren tatsächlich überall willkommen und wurde auch öfter ermutigt, Stellung zu nehmen und seinen Standpunkt zu erklären.

Der Sechstagekrieg

Ganz anders sah es außerhalb der Mauern der Universität aus. 1967 erlebte Israel einen Wendepunkt in seiner Geschichte. Als der palästinensische Student in Jerusalem ankam, drohten die seit langem bestehenden Spannungen zwischen Israel und seinen arabischen

Nachbarn in einen offenen Krieg zu eskalieren. Elias Chacours Anwesenheit in Jerusalem konnte für ihn riskant werden. Seit fast zwanzig Jahren lebten palästinensische Flüchtlinge in überfüllten, armseligen Lagern in Ägypten, im Libanon, in Syrien und Jordanien. Bestenfalls in der Landwirtschaft waren sie ausgebildet, sie hatten keine Erfahrung auf anderen Gebieten. Anhaltende Frustration angesichts extremer Not bestimmte die Situation. Es bildeten sich im Laufe der Zeit Kommandogruppen, die nachts illegal über die Grenzen nach Israel durchdrangen, um Anschläge zu verüben. Das Problem musste an den Wurzeln angepackt und rasch gelöst werden. Es ging darum, den Grund des Elends zu beseitigen. Selbst die Vereinten Nationen drängten Israel, seine Verantwortung für die Flüchtlinge wahrzunehmen. Israel sollte Vorschläge unterbreiten und den Flüchtlingen gestatten, in ihre Dörfer und Häuser zurückzukehren. Das beschlagnahmte Land hätte auch mit Entschädigungen vergolten werden können, etwa so, wie Westdeutschland nach dem Zweiten Weltkrieg für die Verfolgungen an Israel Wiedergutmachung zahlte. Das wäre vielleicht eine faire Lösung gewesen. Der israelische Premierminister Levi Eshkol wollte die Versöhnung erreichen. Die Gegner seiner Regierung, einschließlich des alt gewordenen Ben Gurion, polemisierten heftig gegen den Inhalt seiner Rede über eine friedliche Verständigung mit den Arabern. Die Verhandlungen schleppten sich ergebnislos über das Frühjahr 1967 dahin. Die gegenseitigen Drohungen verhärteten sich. Am 22. Mai blockierte Ägypten unerwartet den Golf von Aqaba, Israels einzigen Seeweg für die Öllieferungen aus dem Persischen Golf. Kriegsschiffe und Seeminen hielten die Tanker auf, die in den israelischen Hafen von Eilat einlaufen wollten. Damit unterbrachen sie Israels lebenswichtige Energieversorgung. In den Straßen von Jerusalem, Tel Aviv, Haifa und Tiberias wimmelte es von jungen Soldaten und Soldatinnen, ausgerüstet mit automatischen Waffen, die per Anhalter ihre Reserveeinheiten erreichen wollten. Nun war der Krieg kaum mehr aufzuhalten. Frühmorgens am 5.

Juni heulten Luftschutzsirenen in Israels Städten. Stunden vorher waren israelische Kampfflugzeuge in den Luftraum von Ägypten, Jordanien, Syrien und des Irak eingedrungen und hatten in ihren Überraschungsangriffen fast vierhundert arabische Düsenjäger, die auf ihren Rollfeldern warteten, zerstört.

Der Sinai-Feldzug und der Kampf auf den Golanhöhen dauerten nur einige Tage. Die Welt stand, wie betäubt, vor dem Ergebnis des sogenannten Sechstagekrieges. Wochenlang schwamm Israel auf einer Woge der Begeisterung und proklamierte aus diesem Anlass sogar einen nationalen Feiertag. Am Morgen der Siegesfeier war Elias in seiner kleinen Jerusalemer Bleibe. Am Tag davor hatte er in einem nahen Krankenhaus noch Blut gespendet, um den verwundeten israelischen Soldaten zu helfen. Die Freudenrufe draußen lockten ihn auf die Straße. Die Menschenmenge zog ihn mit sich bis zur Jaffa-Road. Der Anblick erschütterte ihn: Kolonnen von Soldaten mit Panzern, Geschützen und Granatwerfern marschierten in einer Parade von der fernen Vorstadt Ramallah in die Altstadt von Jerusalem. In schweren, blutigen Kämpfen wurde die Altstadt Jordanien entrissen. Elias betrachtete die Massen auf den Straßen. Was er sah, ließ ihm den Atem stocken: Hunderte von christlichen Geistlichen, Priestern und Nonnen waren dabei. Sie jubelten dem Aufmarsch zu. Elias konnte diese Euphorie nicht ertragen. Er bahnte sich einen Weg durch die engen Gassen, hin zur Grabeskirche. Elend fühlte er sich vor dem Heiligen Grab im Halbdunkel, verraten und alleine. Er konnte die Freude der Christen über den Sieg Israels zwar verstehen, doch tiefes Mitleid mit den besiegten Arabern bestimmte ihn in dieser Stunde ebenso.

Ein Symposium über die Liebe

Einer, der an der Hebräischen Universität die Situation ähnlich differenziert einschätzte, war David Flusser, Professor für griechische Patristik. In allen Schriften und Lehren der Kirchenväter war er besonders bewandert. Der Zufall wollte, dass Elias ein Semester lang sein einziger Student blieb. So fanden seine Kurse meist in seiner Wohnung statt. Während sie zusammen ihren Kaffee tranken, diskutierten sie oft stundenlang auch über Politik, Philosophie oder Archäologie. Eines Tages tauchte zwangsläufig Palästina als Thema auf. „Gott hat das Land Israel dazu bestimmt, ein Segen zu sein für alle Völker, für alle Menschen. Nicht nur für einige von ihnen", sagte Professor Flusser, als wäre diese Behauptung das selbstverständlichste Statement der Welt. Elias hakte vorsichtig nach: „Sehen Sie das wirklich so? Auch in Bezug auf die Palästinenser?" „Natürlich! Die Geschichte gebietet es so. Nicht nur unsere Vergangenheit, sondern auch die Notwendigkeit einer friedlichen Zukunft." Seine Worte waren Balsam für die Seele des jungen Studenten. Schon seit seiner Pariser Zeit war ihm bewusst, dass viele Juden sich für die palästinensische Sache einsetzten und keineswegs mit der harten Haltung der israelischen Regierung sympathisierten. Wenn die Israelis nur verstünden, dass Juden und Palästinenser besser miteinander leben könnten, wenn sie die Würde des Menschen gegenseitig mehr achteten.

Im zweiten Studienjahr besuchte Elias ein besonderes Symposium für die Studenten der biblischen Fächer. Darin sollten die Auffassungen von Liebe im Judentum und Christentum untersucht werden. Flussers Ziel war es dabei – wie er Elias anvertraute –, das gegenseitige Verständnis der Gläubigen dieser Religionen zu fördern. Aufgrund ihrer religiös begründeten Ansprüche auf das Land Israel gerieten die Studenten sich häufig in die Haare. Vor den versammelten Zuhörern erläuterte Flusser: „Die jüdische Auffassung von Liebe kommt in der Eroberung Jerichos zum Ausdruck. Joshua vernichtete die Bewohner von Jericho im Namen Gottes, denn er liebte sein eigenes Volk." Dann überraschte er die Teilnehmer des Seminars mit folgender Stellungnahme: „Die christliche Liebe ist die scheinbar unmögliche Liebe. Etwas Unglaubliches! Es ist die Liebe des Gekreuzigten, der gesagt hat: ‚*Vater, vergib ihnen, denn sie wissen nicht, was sie tun.*'" Sofort sprang ein jüdischer Student auf. „Flusser!", schrie er, „Sie sind ein abtrünniger Jude. Sie vermitteln den Eindruck, das Christentum sei besser als das Judentum." Es folgte betretenes Schweigen. „Nicht im Geringsten, Mosche", antwortete Flusser. „Ich versuche nur, Ihnen verständlich zu machen, was ich aus meinen Studien gelernt habe." Der Student gab nicht auf: „Ich finde, die Liebe Joshuas ist die einzig wahre Liebe, weil er Vergeltung geübt hat." Ein Raunen und wütende Zwischenrufe gingen durch den Saal. Im Stimmenwirrwarr erhob sich ein anderer Student. „Mosche", sagte er mit eindringlicher Stimme, „es scheint, dass deine Auffassung immer zu Gewalt führen wird. Du würdest den Gegner immer vernichten. Was würdest du, im Sinne einer solchen Logik, mit unseren israelischen Arabern tun?" „Ich würde dementsprechend handeln", schoss dieser wie aus der Pistole scharf zurück. Viele nickten ihm zustimmend zu.

Elias hielt die Szene nicht mehr aus und verließ demonstrativ den Saal. Einer der Zuhörer lief ihm nach und bat ihn: „Gehen Sie nicht weg, Elias. Wir werden die Diskussion anders führen." Ich lege keinen Wert auf die Diskussion", war die Antwort. „Es wäre dringend nötig, eher die Mentalität zu ändern." „Wir *können* die Mentalität ändern. Geben Sie uns doch nicht so schnell auf!" Elias gehörte nicht zu jenen Menschen, die das Handtuch werfen. Er sagte immer unverblümt offen seine Ansichten, soweit es eben möglich war. Das sprach sich bald an der Universität herum. Als einziger palästinensischer Student, noch dazu christlicher Priester, war er ohnehin eine besondere Erscheinung. Man lud ihn oft zu Empfängen ein, stellte ihn internationalen Persönlichkeiten aus Kirche, Politik und diplomatischen Kreisen vor. Er machte auch die Bekanntschaft von führenden Rabbinern aus Israel und dem Ausland. Sie alle empfingen ihn mit offenen Armen. Dass diese einflussreichen Männer bereit waren, mit ihm ernsthaft über die palästinensische Frage zu diskutieren, freute Elias. Seine Besorgnis über die palästinensisch-jüdischen Spannungen nahm aber erheblich zu.

Yassir und Suha Arafat

Nach dem Sechstagekrieg erhielten 1969 die Fedajin, die stets gegen Israel gekämpft und sich in der Zwischenzeit zur PLO (Palestinian Liberation Organization = Palästinensische Befreiungsorganisation) zusammengeschlossen hatten, einen neuen Chef: Yassir Arafat, bekannt als Freiheits- bzw. Guerillakämpfer. Einen christlichen Führer als Volkssprecher hatten die Palästinenser nicht. Hierüber war Elias nicht besonders glücklich.

Er befürwortete zwar Arafats Bestrebungen, sich für sein unterdrücktes Volk einzusetzen, akzeptierte aber keineswegs seine terroristischen Methoden.

In den 70er Jahren fuhr Elias Chacour in einer geheimen Mission sogar zur PLO-Zentrale nach Beirut. Das brachte ihm aber die Kritik seiner eigenen Kirche ein. Wenn man Chacour – sogar noch nach Arafats Tod 2004 – auf den Palästinenserführer ansprach, gab er sich stets sehr verhalten, als wäre es ihm peinlich, über ihn zu sprechen. Er betonte seine eigene Rolle als Mann der Kirche und der Versöhnung, wollte sich aber nicht aktiv in die Politik einmischen. Vielleicht hatte Chacour gehofft, auf indirekte Weise mehr Einfluss auf die PLO-Führung ausüben zu können. Man hat den Eindruck, mit „seinen" Palästinensern muss er zusammenhalten – egal ob sie Christen oder Muslime sind. Arafat selber war Muslim, trug aber stets ein kleines Kreuz versteckt unter seiner Militäruniform. Als er 1991 Suha, eine christliche Palästinenserin, heiratete, wollte Chacour die Gunst der Stunde nutzen: Er versuchte, sie davon zu überzeugen, die „goldene Gelegenheit" wahrzunehmen, um sich in Gaza aktiv für die Frauenrechte einzusetzen. Sie wäre wohl das ideale Aushängeschild für die palästinensischen Frauen gewesen. Alle Bemühungen Chacours waren aber vergeblich. „Eine einmalige – verpasste Chance", gab er Jahre später zu, ohne auf nähere Einzelheiten eingehen zu wollen.

Die Hoffnung des Bischofs

Zurück zum Jahr 1968. Im Oktober machte Elias die Bekanntschaft einer herausragend charismatischen Persönlichkeit, die in seinen Augen echte Führungsqualitäten besaß. Bischof Hakim war inzwischen Nachfolger des verstorbenen Patriarchen der melkitischen Kirche in Beirut geworden. Sein Amt als Bischof von Galiläa, nahm Joseph Raya, ein Amerikaner libanesischer Herkunft, ein. Elias war zunächst enttäuscht, als er von dieser Wahl erfuhr. Wie sollte sich ein Kirchenmann, der irgendwo im fernen Süden der Vereinigten Staaten tätig gewesen war, in einem zerrissenen Land Vorderasiens, wie Israel auskennen, geschweige denn mit einem ganz andersartigen Menschenschlag zurechtkommen?

Abuna Elias wurde bald nach Haifa in Rayas Büro gebeten. Wie oft hatte er früher Bischof Hakim in diesen Räumen besucht. „Setzen Sie sich doch, bitte, und erzählen Sie mir über alle Menschen in Galiläa", sagte er mit einem entwaffnenden Lächeln. Bald fand Elias heraus, dass er tatsächlich *alle* Menschen meinte – nicht nur die melkitischen Christen. Während der Pfarrer aus Ibillin von seinen schwierigen Versöhnungsversuchen im Dorf erzählte, schritt der neue Bischof im Zimmer auf und ab. Jedes Mal, wenn Elias innehielt, spornte er ihn mit neuen eindringlichen Fragen an: Wie stand es um sein Verhältnis zu den Juden? Was tat sich unter den Moslems? Den Drusen? Half seine Kirche den

Arbeitslosen? Welche Lebensbedingungen herrschten in anderen palästinensischen Dörfern? Elias kam beim Gespräch richtig in Schwung und ließ keine Frage unbeantwortet. „Was wäre Ihrer Meinung nach am dringendsten nötig? Was müssten wir tun?", fragte ihn der Bischof am Ende. „Hoffnung vermitteln! Die Palästinenser brauchen in erster Linie Hoffnung auf eine Zukunft. Hoffnung, dass wir uns eines Tages mit den Juden versöhnen können." Der Bischof schritt immer noch lebhaft hin und her, dachte dabei nach. Elias nutzte diese Pausen und erzählte kurz die Geschichten aus Biram, auch die jüngsten Bemühungen der Dorfbewohner, ihre Kirche – als Zeichen der Hoffnung – wieder aufzubauen. „Genau das ist es, was ich meine!", sprühten die Worte des Bischofs: „Wir werden einmal ganz Biram wiederaufbauen – und damit nicht nur den Israelis vor Augen führen, zu welchen Taten die Palästinenser fähig sind."

Elias zuckte überrascht zusammen. War das nicht eine typisch amerikanische Naivität? Elias erklärte höflich, dass die Regierung ausschließlich die Restaurierung religiöser Monumente erlaubt. „Ich fürchte", ergänzte er, „sie werden uns keinen einzigen Stein aufheben lassen, um unsere Häuser wiederaufzubauen."

„Sie werden uns nicht aufhalten können", sagte Bischof Raya glühend, „wenn wir mit lebendigen Steinen bauen." Die Antwort schlug Elias fast vom Stuhl. Von wegen naiv – dachte er verlegen. Im Laufe des Gesprächs teilte ihm Raya etliches über seine langjährigen Erfahrungen mit schwarzen Amerikanern mit. Ihre Lebensbedingungen hatten sich seit der Sklaverei kaum gewandelt. Es gab immer noch heimliche Lynchjustiz und offenen Hass. Trotz Drohungen und Wasserwerfern begann ein junger schwarzer Geistlicher namens Martin Luther King, von seinem Traum von Gleichberechtigung und Gerechtigkeit zu predigen. Raya wurde einer der ersten Freunde dieses großen, sich aufopfernden Menschenrechtlers. An seiner Seite nahm er auch an der historischen Friedensdemonstration teil, die von Birmingham über Selma nach Washington führte.

Bischof Raya übertrug nun den gleichen Elan und die Liebe für die Ausgestoßenen auf galiläischen Boden. Mit Elias fing er an, konkrete Pläne zu schmieden: Sie wollten ein Zeichen setzen.

„Wir sind eine christliche Familie ..."

Als sich Elias in Jerusalem noch auf seine Uni-Abschlussprüfungen vorbereitete, erreichte ihn ein Telefonanruf. Der Sohn des griechisch-orthodoxen Pfarrers Abuna Ibrahim teilte ihm mit, sein Vater sei am Vormittag gestorben. Seine Familie wolle, dass er unbedingt bei dem Begräbnis in Ibillin dabei sei.

Eine riesige Menschenmenge versammelte sich vor Abuna Ibrahims Haus. Orthodoxe und melkitische Christen, auch etliche Muslime waren aus ganz Galiläa gekommen, um dem beliebten Seelsorger die letzte Ehre zu erweisen. Schnurstracks schritt Elias auf Abuna Ibrahims Sohn zu. Sie umarmten sich lange, mit spontaner Herzlichkeit. Dann nahm er auf einer erhöhten Ehrentribüne neben dem orthodoxen Bischof Platz. Nun konnte sich Elias genauer umsehen: Der Hof und die umliegenden Straßen waren überfüllt, wie noch nie. Rund zweitausend Gläubige, schätzte er, sichtlich gerührt. Zweifelsohne ein historischer Augenblick für Ibillin. Seine Gedanken weilten jetzt bei jenem Karfreitag, vor genau achtzehn Monaten, als er Abuna Ibrahim mit seiner griechisch-orthodoxen Gemeinde zur Messe in seine Kirche eingeladen hatte. Das wurde von ihnen als radikaler Schritt nach vorn empfunden, galten doch die Melkiten in ihren Augen seit rund dreihundert Jahren als Verräter. Echte Christen waren für sie nur jene, die dem Patriarchen von Konstantinopel die Treue hielten: die Orthodoxen. Wegen dieser Kirchenspaltung betrachteten wiederum die mit Rom später vereinten Melkiten die im Ort viel größere griechisch-orthodoxe Gemeinde mit Misstrauen: bis die beiden Abunas – Elias und Ibrahim – allmählich Freunde wurden und sogar einen Gottesdienst gemeinsam feierten.

Nun sah Elias in Gedanken wieder Ibrahim lebhaft vor sich, wie der damals mit glänzenden Augen in der vordersten Reihe saß, als Elias mit der Liturgiefeier begann. „Wir erleben ein wahres Wunder", hatte an jenem Tag sein gleichgesinnter Freund gesagt. „Seit fast zwanzig Jahren habe ich keinen Fuß in diese Kirche gesetzt und heute darf ich sogar vor euch allen – Orthodoxen wie Melkiten – predigen!" Dann hatte er sich zu Elias gewandt und gesagt: „Jetzt sehe ich Ihre Kirche als die meine an. Bitte betrachten Sie ab heute auch die unsere als die Ihre!" Das Eis war in diesem Moment gebrochen, die alten Mauern der Feindseligkeit begannen zu bröckeln.

„Elias, ich habe eine Weisung von unserem Patriarchen für Sie mitgebracht", unterbrach der neben ihm sitzende orthodoxe Bischof seine bewegte Karfreitagserinnerung, während er einen Brief aus der Innentasche seines schwarzen Gewands herauszog. Elias überflog ihn. Bei dem Satz „... orthodoxe Christen sollten mit keinen anderen Christen zusammen beten – sei es in ihrer eigenen oder in einer anderen Kirche ..." wurde er kreidebleich. „Es sind momentan schwierige Zeiten ...", versuchte ihn der Bischof zu beruhigen. – „Sie werden doch diesem Befehl nicht etwa gehorchen, Sayyidna (Exzellenz)?" „Ich habe keine andere Wahl, Abuna. Jetzt ist der ideale Zeitpunkt, um Anweisungen meines Patriarchen bekannt zu geben, da hier Orthodoxe aus ganz Galiläa anwesend sind!" Elias war außer sich: „Nein! Das würde doch das Vermächtnis des guten Abuna Ibrahims antasten. Der hatte sich ja in Ibillin so energisch für die christliche Einheit eingesetzt. Endlich kommen hier die orthodoxen und melkitischen Christen gut miteinander aus – wie nie zuvor! Wenn Sie diesen Befehl obendrein ausgerechnet während dieser Trauerfeier mitteilten, hätte es katastrophale Auswirkungen in Ibillin! Können Sie das nicht verstehen?" Dem Orthodoxen schienen die Hände gebunden zu sein. Elias holte tief Luft: „Darf ich dann diesen Leuten hier wenigstens noch etwas sagen, bevor Sie den Inhalt dieses

Schreibens bekannt geben?" Der Bischof nickte. Elias stand auf: „Wir alle sind hierher gekommen, um uns von Abuna Ibrahim zu verabschieden. Er ist nicht nur Priester der Orthodoxen gewesen –", verkündete er mit überzeugter Stimme. „Wir alle – auch die Melkiten und Muslime von Ibillin – haben ihn geliebt. Damit wir ihm die würdige letzte Ehre erweisen, schlage ich vor, dass wir mit seinem Leichnam zuerst zu unserer melkitischen Kirche ziehen und die Trauerfeier dort abhalten. Danach tragen wir ihn zu seiner orthodoxen Kirche und vollziehen noch einmal die gleiche Zeremonie, bevor wir ihn dann beerdigen, wie es ihm gebührt." Stürmischer Beifall in der Menge. „Sie machen gute Vorschläge, Abuna Elias", entgegnete ihm der Bischof, wie ein Verbündeter, als er wieder neben ihm Platz nahm. „Was soll ich jetzt mit dem Schreiben machen?" „Bitte warten Sie, Sayyidna, bis wir Abuna Ibrahim beerdigt haben. Dann machen Sie mit diesem verdammten Dokument, was Sie wollen ..."

Am vierten Gedenktag nach dem Tod von Abuna Ibrahim traf der Älteste der orthodoxen Christen mit Elias zusammen. Er teilte ihm mit, er denke nicht im Geringsten daran, dem kruden Befehl seines Patriarchen zu folgen: „Wir sind doch *eine* christliche Familie hier in Ibillin", betonte Abu Kamil. „Könnten Sie nicht auch unsere orthodoxe Gemeinde als Seelsorger mitbetreuen?" Elias war von diesem Vertrauensvorschuss gerührt, versuchte aber, ihm zu erklären, dass er mit seinen Melkiten schon ziemlich ausgelastet sei und sich um die rund dreitausend Orthodoxen in Ibillin wohl nie im Alleingang zusätzlich kümmern könne. „Unser Bischof hat aber derzeit keinen freien Priester verfügbar", erwiderte Abu Kamil besorgt.

Etwas später jedoch entdeckte Elias im Dorf den frommen orthodoxen Bauern Awad Awad, einen Vater von acht Kindern. In seinen Augen wäre er ein passender Priesterkandidat gewesen. 350 Orthodoxe unterschrieben die Petition. Daraufhin genehmigte ihr Patriarch den Antrag – nicht ahnend, dass dieser auf die Initiative des melkitischen Pfarrers zurückging. Einige Monate nach seiner Priesterweihe hielt Abuna Awad mit Abuna Elias oft Trauungen oder Beerdigungen gemeinsam ab. Und wenn einer der beiden Abunas mal nicht im Dorf war, beteten Orthodoxe oder Melkiten einfach in der Kirche der anderen, als wäre dies eine Selbstverständlichkeit. Ibillin schien für Elias nunmehr der einzige Ort auf der Welt zu sein, wo orthodoxe und melkitische Christen in echter, friedlicher Gemeinschaft lebten.

Abuna Elias war inzwischen in Ibillin von allen voll akzeptiert, als Priester und als Freund. Der Kindergarten erwies sich als großer Erfolg. Die Nonnen begannen mit zwanzig Kindern, mussten aber bald Platz für weitere fünfzig schaffen. So stellte ihnen der Abuna zwei zusätzliche Räume im Pfarrhaus zur Verfügung – einschließlich seines eigenen Zimmers. Dieses diente tagsüber dem Kindergarten, abends war es Bibliothek und nachts Lagerraum. Als Abunas Schlafzimmer fungierte wieder vorübergehend sein Volkswagen, bis eines Tages eine einfache Baracke in Kirchennähe für den Kinderhort gebaut wurde. Abuna Elias atmete auf. Endlich wieder in einem normalen Bett zu übernachten, dachte er – erleichtert, und auch den Raum zu haben für die Errichtung einer kleinen öffentlichen Bibliothek. „Nun stelle ich euch meine eigenen Bücher zur Verfügung", kündigte er eines Sonntags im Anschluss an seine Messe an, „wer will, kann sich jederzeit im Pfarrhaus die Bücher ausleihen!" Spontan fingen die Zuhörer in der Kirche an zu klatschen. Die Freude der dort versammelten Eltern war groß – nicht nur wegen ihrer Kinder. Viele unter ihnen waren selber wissbegierig und spürten einen großen Nachholbedarf.

Obwohl Palästinenser in Israel die israelische Staatsangehörigkeit besitzen, waren sie Bürger zweiter, manchmal auch nur dritter Klasse. Viele Rechte und Privilegien, über die jüdische Israelis verfügen, werden arabischen Israelis gewöhnlich verwehrt. Sie haben weder die gleichen Erziehungschancen noch das Recht auf gleichwertige Arbeit, auf Wohnungen und soziale Einrichtungen.

Elias Chacour hatte dann Ende der 60er Jahre eine Studie über die Lage in den palästinensischen Dörfern von Galiläa in die Wege geleitet und dabei ausgemacht, dass 75 Prozent der Bevölkerung unter 28 und 50 Prozent sogar unter vierzehn Jahre alt waren. Er stellte fest, dass für diese junge Generation nichts getan wurde. Viele der Kinder trieben sich mehrere Stunden am Tag auf den staubigen Straßen ihrer Dörfer herum. Wer doch in die Schule ging, hörte wegen mangelnder Motivation oft nach der Hauptschule ganz auf. Daher gab es auch kaum konkrete Zukunftschancen für sie. Unsicherheit, Angst, Aggression und Verbitterung herrschten in den Dörfern. Auf dem Gebiet von Bildung und Ausbildung musste noch viel mehr geschehen: Der Kindergarten und die Bibliothek waren nur ein bescheidener Anfang. Elias war entschlossen, sich um dieses Problem persönlich zu kümmern. Doch wann, wie, wo – und mit welchen Mitteln? Tausend Gedanken gingen ihm durch den Kopf. Er sprühte vor Ideen und hatte eine Vision. Doch die Ärzte zwangen ihn, langsamer zu treten. Die vielen schlaflosen Nächte hatten ihn körperlich geschwächt, Schwindelgefühle plagten ihn. Dennoch war ihm bewusst: Früher oder später würde er den Stier bei den Hörnern packen und die bedrückende Schulnot aktiv angehen müssen. Koste es, was es wolle. Die Verwirklichung seines Lieblingsprojekts war nur eine Frage der Zeit.

Flucht nach Genf

Chacour beendete 1970 seine Studien in Jerusalem mit vollem Erfolg. Für die Hebräische Universität war es ein einzigartiges Ereignis, den M. A.-Titel im Bibel- und Talmudstudium einem Palästinenser – noch dazu einem christlichen Priester – zu verleihen. Eine echte Sensation, die nicht nur in der israelischen Presse zur Geltung kam. Elias Chacour M. A. wurde in Fachkreisen auch in anderen Ländern der Welt schlagartig bekannt.

Somit begannen Kontakte auf internationaler Ebene. Es folgten viele Einladungen. Eines der Angebote reizte ihn ganz besonders: ein Jahr lang am Ökumenischen Institut in Bossey bei Genf zu unterrichten.

In dieser erstklassigen akademischen Bildungsstätte für künftige Theologen und kirchliche Verantwortungsträger kamen Christen unterschiedlicher Herkunft aus der ganzen Welt zusammen, um sich gemeinsam mit komplexen Themen der Ökumene auseinanderzusetzen. Chacour kam die Möglichkeit eines solchen geistigen Gedankenaustausches sehr gelegen. Er war gesundheitlich angeschlagen; er fühlte sich erholungsbedürftig. Die Schweiz als ruhiges, geordnetes Land schien ihm dafür ein geeignetes Ambiente zu bieten. Wäre es aber nicht verantwortungslos, Ibillin für mehrere Monate den Rücken zu kehren? Würden die Schwestern auch ohne ihn alles Notwendige schaffen können? Doch wäre es für ihn nicht gut, von seinem Pfarrdorf etwas Abstand zu gewinnen? Elias zögerte nicht lange. Seine Entscheidung stand nun fest – für Genf. Als er noch im Juni desselben Jahres Abschied von seiner Gemeinde nahm, begleiteten ihn über dreißig Autos im Konvoi bis zum Tel Aviver Ben-Gurion-Flughafen. Er wollte zwar in Genf lehren und die Bürde des Priesteramtes in Israel wenigstens eine Zeit lang hinter sich lassen. Aber seine Ibilliner, die ihm alle bis in die Flughafenhalle nachliefen, um ihn zu umarmen, bewegten ihn zutiefst. Elias fühlte sich wie der Apostel Paulus, als der sich von den Ältesten in Ephesus verabschiedete.

In Genf erholte sich Elias Chacour rasch, so wie er es sich gewünscht hatte: in einer ruhigen Arbeitsatmosphäre, ohne Druck, trotz eines vollen Stundenplans. Intensiv blieben seine brieflichen Kontakte mit den Leuten in Ibillin. Einige riefen ihn sogar an, um ihm erfreuliche Neuigkeiten aus dem Dorf mitzuteilen. In solchen Momenten fiel ihm auf, wie viele seiner Gläubigen ihm inzwischen ans Herz gewachsen waren. Als er dann im Ökumenischen Institut einmal vor vierzig angehenden Theologen aus ganz Europa eine Vorlesung hielt, schien ihm plötzlich eine Stimme aus dem Unterbewusstsein aufzutauchen: „Jeder kann in der Schweiz so eine Unterrichtsstunde geben. Aber wer bringt denn *uns* in Ibillin etwas bei, Abuna Elias? Das kannst nur *du*!" Elias zog sich nach dem Vortrag in die Kapelle zurück. Er war völlig verwirrt. War er etwa dabei, leicht durchzudrehen? In der andächtigen Stille ordnete er seine wirren Gedanken und fand bald eine klare Antwort: „Ich wohne zwar momentan in Genf, doch es zieht mich zurück nach Ibillin, dorthin, wo ich eigentlich hingehöre. Soll ich ewig ein Flüchtling bleiben, der von Ort zu Ort gezerrt wird?" Die Entscheidung war gefallen: Aus einem Unterrichtsjahr in der Schweiz wurden nur knappe drei Monate. Im September flog der Abuna schon zurück zu seiner Gemeinde. Das ganze Dorf feierte seine Rückkehr. Und er war glücklich, wieder zu Hause zu sein, obwohl ausgerechnet dieser Monat als „Schwarzer September" in Palästinas Geschichte einging.

Nachdem die PLO-gebundene „Volksfront für die Befreiung Palästinas" Anfang September drei westliche Verkehrsflugzeuge nach Jordanien entführt hatte, entschloss sich König Hussein schließlich, militärisch mit seiner Beduinenarmee gegen die PLO vorzugehen. Dieser Beschluss löste eine Art Bürgerkrieg mit Tausenden von Toten in Jordanien aus. Die tragische Realität holte Chacour im Nu wieder in die brutale Gegenwart seiner Araber zurück.

Friedensversammlung in Biram

Gerade jetzt war es für Abuna Elias wichtig, der israelischen Regierung zu zeigen, dass es viele Palästinenser gab, die nichts anderes wollten, als in ihre alten Häuser zurückzukehren und dort in Frieden zu leben. Mit der Unterstützung von Bischof Raya, seinem Vorgesetzten und treuen Verbündeten, heckte er einen Plan aus: Sie beide würden 1500 Leute, die die Zahl der Einwohner von Chacours Heimatdorf Biram zur Zeit der Zerstörung repräsentieren sollten, dorthin zu einer Friedensversammlung zusammenrufen. Der gewagte Plan sprach sich schnell herum. Schon nach wenigen Wochen meldeten sich bei Chacour begeisterte Freiwillige aus ganz Galiläa. Gemeinsam mit ihm kampierten sie sechs Monate lang in Zelten auf den Trümmern von Biram. Viele Lehrer schlossen sich ihnen an, da sich das mehrwöchige „Camp-in" weit über den Schuljahresbeginn hinauszog. Diese friedliche Massenkundgebung verfehlte in den Medien nicht ihre Wirkung: Von Anfang an hielten Reporter und Fotografen ganz Israel auf dem Laufenden mit Nachrichten über die „Biram-Demonstration".

Am letzten Abend nahm Bischof Raya Chacour beiseite: „Es ist gut, dass wir hier alle diese Menschen versammelt haben. Für die Palästinenser war das ein erster wichtiger Hoffnungsschritt. Doch auch die Juden brauchen eine Aussicht auf Frieden. Wäre es nicht an der Zeit, dass wir in Jerusalem Seite an Seite mit den Juden marschierten?" Elias stutzte. Die Juden sollten die Palästinenser bei einem Friedensmarsch unterstützen? Er wusste zwar, dass sich die große Mehrheit für eine friedliche Koexistenz mit den Palästinensern aussprach, doch würden sie dies auch in aller Öffentlichkeit tun? Bischof Raya schien Chacours Gedanken gelesen zu haben. „Warum sollten die Juden nicht mitmachen? Versuchen wir es doch! Gehen Sie das Risiko mit mir ein?" Elias holte tief Luft. Er brauchte eine Bedenkpause. Inzwischen war es schon kalt geworden. Während er seine Hände über der Glut eines Feuers rieb, sagte er schließlich: „Gut, ich mache mit! Sie führen und ich werde folgen." „So habe ich es nicht gemeint", erwiderte der Bischof lächelnd. „Ich werde Ihnen bei der Organisation zur Seite stehen und mitmarschieren. Doch natürlich muss ein *Palästinenser* die Führungsrolle übernehmen!"

Rayas Aufforderung hallte noch am nächsten Tag in Chacours Ohren nach, als er nach Ibillin zurückkehrte. Die Friedensversammlung in Biram war geglückt, doch was die Demonstration in Jerusalem anging, da hatte er gemischte Gefühle. Konnte er von seinen jüdischen Brüdern tatsächlich die erwünschte Solidarität erwarten? Der unerschütterliche Optimismus seines Bischofs gab ihm schließlich den nötigen Auftrieb. Er machte sich an die Arbeit.

Der Jerusalem-Marsch

Die Startchancen für den Jerusalem-Marsch sahen keineswegs rosig aus. Seit drei Jahren war Golda Meïr Israels Ministerpräsidentin. Aus ihrer hartnäckigen Haltung gegenüber den Palästinensern machte sie keinen Hehl. Als sie einmal von einem Journalisten gefragt wurde, wie sie denn den Palästinensern konkret etwas mehr Gerechtigkeit angedeihen lassen könnte, war ihre Antwort: „Was ist ein Palästinenser? Diesen Begriff gibt es nicht!" Sie führte „Landreformen" durch – und ließ dabei immer mehr Ackerland der palästinensischen Dörfer beschlagnahmen. Einige Tage vor der geplanten Friedensdemonstration in Jerusalem empfing Golda Meïr überraschend die beiden Kirchenmänner aus Galiläa zu einem kurzen Gespräch. Sie berichteten ihr über die Gerichtsentscheide, die den Leuten von Biram das Rückkehrrecht gaben, und baten sie dringend darum, die Entscheidungen ausführen zu lassen. Frau Meïr blieb unnachgiebig bei ihrem Nein. „Aus Gründen der Staatsraison können wir Ihnen die Rückkehr nicht erlauben", sagte sie lapidar. Sie wollte unter keinen Umständen einen

Präzedenzfall zugunsten der Palästinenser schaffen. Sprachlos verließen Chacour und Raya ihr Büro. Sie ließen sich aber nicht von ihrem bevorstehenden Friedensmarsch abbringen. Die organisatorischen Vorbereitungen hatten bereits achtzehn Monate in Anspruch genommen und liefen auf Hochtouren. Chacour setzte Gott und die Welt in Bewegung: Auch Rabbiner und jüdische Freunde aus seiner Universitätszeit in Jerusalem kontaktierte er und ermunterte sie, mitzumachen. Verbindliche Zusagen erhielt er aber kaum. Die meisten Zusagen kamen von der palästinensischen Seite: Einige tausend Bekannte und Freundesfreunde versicherten ihm, für den Frieden mitmarschieren zu wollen – sogar Chacours Eltern, Michael Moussa und Katoub, beide schon über siebzig Jahre alt, wollten dabei sein.

Am 23. August 1972 war es endlich so weit. Palästinensische Buskolonnen schlängelten sich die steile Straße nach Jerusalem hinauf, bis zur vereinbarten Stelle an der Jaffa-Road. Sie kamen aus den verschiedensten Gegenden. „Bis jetzt aber nur Palästinenser", dachte Chacour ungeduldig, hielt aber weiterhin Ausschau nach seinen jüdischen Freunden. Es war fast halb zehn Uhr. Eine halbe Stunde später sollte der Friedensmarsch vom Sammelplatz starten. „Haben Sie Vertrauen, Elias", sagte Bischof Raya zuversichtlich. „Wir haben alles getan, was möglich war. Der Rest bleibt jetzt in Gottes Hand." Plötzlich erhellte sich Chacours Blick. Aus einem der Busse stieg vorsichtig sein Vater die Stufen hinunter, das weiße Haar unter der Keffiyeh verborgen. Seine Mutter folgte ihm. Plötzlich erfasste ihn beim Anblick der beiden ein mulmiges Gefühl: Was geschieht, wenn der Friedensmarsch durch Wasserwerfer der Feuerwehr oder durch Handgreiflichkeiten von Störenfrieden gewaltsam unterbrochen wird? „Ich sehe, du bist besorgt", sagte ihm sein Vater bei der Begrüßung. Der Mutter fielen die müden Augen ihres Sohnes auf. „Du arbeitest viel zu hart, Elias", flüsterte sie ihm zu, „willst du dich denn nach dem Friedensmarsch nicht bei uns in Gish ein wenig erholen?" Trotz der inneren Spannung und des großen Trubels um ihn herum empfand er in diesem Augenblick eine tiefe Zuneigung und Dankbarkeit gegenüber seinen Eltern. Der Vater wollte während der Demonstration mit seiner Frau lieber im Bus warten und dort für das gute Gelingen beten. Elias verstand: Die Sonne brannte, es wurde immer schwüler.

In der Zwischenzeit waren aber mehrere Autos vorgefahren. Über zwanzig Professoren der Hebräischen Universität stiegen aus. Chacours Herz hüpfte vor Freude: Immer mehr Wagen erreichten den Parkplatz. Inmitten der wachsenden Menschenmenge tauchten mehr und mehr jüdische Universitätsprofessoren auf. Am Ende waren es ungefähr siebzig, schätzte er verblüfft. Gleichzeitig fanden sich sogar einige Gruppen von Moslems und Drusen ein, die über Freunde von der geplanten Demonstration gehört hatten. Aufgeregt kletterte Chacour in seinen Jeep, das Megaphon in der Hand, um die Marschierer in Reih und Glied aufzustellen. Als er sich vor der versammelten Menschenschar erhob, fühlte er einen Kloß im Hals, wie schon lange nicht mehr. Christen, Juden, Moslems und Drusen: Alle waren hierher gekommen, um miteinander gemeinsam für den Frieden zu beten. Neben ihm stand Bischof Raya mit mehreren Priestern und Rabbinern. Ein junger Jude verteilte sogar Flugblätter mit dem Spruch „Gerechtigkeit für Biram". Als der Fahrer des Jeeps den Motor startete, verflog Chacours Nervosität im Nu. Hinter ihm drängten die friedlichen Demonstranten langsam vorwärts in Richtung Zentrum. Auf den Gehsteigen herrschte an diesem späten Vormittag reger Verkehr. Trotz der Polizeiabsperrungen entlang der Straßen mischten sich immer mehr neue Menschen unter die vorbeiziehenden Teilnehmer. Chacour schaute auf die lange, in Stille verharrende Menschenkolonne hinter seinem Wagen. Sicherlich rund achttausend Sympathisanten hatten sich inzwischen eingefunden! Er spürte direkt körperlich das Gefühl der Einigkeit, die wie eine magnetische Kraft die Menge ergriff.

Schließlich erreichten die Friedensdemonstranten oben am Hügel ihr Ziel: die Knesset, das israelische Parlament. Fernsehkameras waren bereits auf dessen breiten Treppenstufen postiert, um das historische Ereignis in Bildern festzuhalten: Unzählige Palästinenser – die älteren von ihnen in die traditionellen Keffiyehs gehüllt –, flankiert von Juden in ihren Jarmulkes. Nun war Bischof Raya an der Reihe. Mit Hilfe des Lautsprechers forderte er Ministerpräsidentin Meïr zu einem offiziellen Treffen auf, um die Versöhnung zwischen Israelis und Palästinensern voranzutreiben. Sollte die Zusammenkunft mit ihr nicht stattfinden, sagte er dann der aufmerksamen Menge zugewandt, so sollten diejenigen, die sich dafür Zeit nehmen können, zusammen mit ihm und Abuna Elias hier ausharren, um gemeinsam für den Frieden zu beten. Hunderte warteten tatsächlich vier Tage lang geduldig unter gleißender Augustsonne – leider vergeblich. Die Knesset blieb den Demonstranten verschlossen.

Obwohl der Polizeichef in einer Jerusalemer Zeitung von der „überwältigendsten Demonstration der Einigkeit" sprach, die er jemals in Israel erlebt hätte, blieb die Regierung unnachgiebig. Schließlich lösten sich auch die letzten Gruppen auf. Chacour schaute ihnen nach. Er war niedergeschlagen und übernächtigt. „Sind Sie nicht zufrieden, Elias?", fragte ihn ein jüdischer Professor, den er noch aus seiner Studienzeit gut kannte. „Schauen Sie doch mal dort hinüber!", und er deutete auf das Parlamentsgebäude hin. Auf den obersten Treppenstufen saßen noch junge Frauen und Männer im Gespräch miteinander vertieft. Chacour erkannte die Herkunft aller Studenten an ihrer Kleidung. Er entdeckte unter ihnen sowohl Christen als auch Juden und Moslems, sogar zwei Drusen. Einige hielten sich an der Hand, andere umarmten sich. „Sehen Sie, Elias?", sagte der Professor sichtlich gerührt. „Die Wandlung findet gerade hier statt. Das, was Sie hier sehen, ist der erste und wichtigste Schritt zur echten Versöhnung."

Während seiner Heimreise im Bus gingen ihm die Worte seines jüdischen Freundes immer wieder durch den Kopf. Hatte seine Friedensbotschaft in den Herzen der Teilnehmer doch mehr bewirkt, als er zu hoffen wagte? Er starrte hinaus in die abendliche Dunkelheit und ließ die vergangenen vier Tage in der Erinnerung Revue passieren: friedliche Stimmung, hoffnungsfrohe Gesichter, die glänzenden Augen vieler Menschen. Die Mauern der Feindseligkeit begannen offenbar doch zu wanken ...

Schwere Rückschläge

Die Solidaritäts- und Dankesbriefe, die der Abuna in den darauf folgenden Tagen von allen Seiten erhielt, stapelten sich auf seinem Schreibtisch. Eine Brücke zur Versöhnung war scheinbar geschlagen. Die Euphorie währte aber nicht lange. Kaum drei Wochen nach dem geglückten Jerusalemer Marsch wurden alle Friedensbemühungen mit einem Schlag plötzlich zunichtegemacht. Gerade in Deutschland, bei den Münchner Olympischen Spielen. Am 5. September 1972 überfielen acht junge Palästinenser einer radikalen Terrorgruppe der Fedajin das israelische Mannschaftsquartier, töteten zwei Sportler und nahmen neun Geiseln in Haft, die sie später ebenfalls umbrachten. Dieses Ereignis hielt die ganze Welt in Atem. Die bayerische Hauptstadt wurde, völlig unvorbereitet und unwillkürlich, zu einem tragischen Nebenkriegsschauplatz des israelisch-palästinensischen Konflikts. Das Palästinenserproblem rückte erneut mitten ins Bewusstsein der Weltöffentlichkeit und verlangte nach einer dringenden Lösung.

Ein Jahr später brach der Yom-Kippur-Krieg aus, der dritte Unabhängigkeitskampf für Israel innerhalb von 25 Jahren. Am größten Feiertag der Juden, einem Bußtag, an dem jede Tätigkeit ruht und Fasten das Leben bestimmt, griffen die Nachbarn, ohne Vorzeichen oder Kriegserklärung, das unvorbereitete Land mit überlegenen Kräften an. Besonders Ägyptens Vorstoß auf der Sinai-Halbinsel war für Israel lebensbedrohlich. Unter Ministerpräsidentin Golda Meïr gelang es General Moshe Dayan mit Unterstützung Ariel Sharons, nach den ersten kritischen Tagen opferreicher Kämpfe und großer militärischer Improvisationskunst eine Wende herbeizuzwingen. Die Überquerung des Suezkanals war eine einmalige Tat in der gefahrenvollen Geschichte Israels. Das Land hatte um sein Überleben und für seine weitere Existenz gekämpft. Israel hatte gesiegt. Aber Versöhnung schien weiter entfernt denn je.

Eine schwierige Versetzung

Inmitten dieser turbulenten Zeiten erfuhr Chacour einen Rückschlag, der ihn persönlich sehr traf. Sein Jerusalemer Friedensmarsch hatte durch die Medien auch internationale Aufmerksamkeit erweckt. Als er eines Tages wieder Bischof Raya in Haifa besuchte, schien dieser ungewohnt aufgeregt zu sein und erzählte von einem aufgebrachten Kardinal, der in Rom eine wichtige Position innehatte und ohne Vorwarnung zu ihm nach Israel geflogen war: „Er war ziemlich beunruhigt und verlangte von mir, ich sollte fern von der Straße bleiben und mich innerkirchlichen Angelegenheiten widmen. Das Schlimmste war, dass ihm der Spruch herausrutschte, ich sollte mich nicht so leidenschaftlich um diese Palästinenser kümmern ..."

Diese Mahnungen änderten aber nichts. Raya schob beim Gespräch den unangenehmen Zwischenfall schnell beiseite und konzentrierte sich dann ganz auf Chacour: „Sie haben doch während der Demonstration erlebt, wie viele Juden auf Ihrer Seite sind. Die Palästinenser bräuchten jetzt Hoffnung auf eine bessere Zukunft, sagten Sie mir einmal. Dann hätten sie keinen Groll mehr gegen die Juden." „Genau so ist es", erwiderte Chacour. „Sie bräuchten vor allem zwei Dinge: gute Schulen und jemanden, der sie eint." „Sie haben es selber erfasst, Elias. Ihre Leute sind wie Schafe ohne einen Hirten", beteuerte der Bischof und schaute ihm dabei direkt in die Augen. „Könnten *Sie* nicht ihr Hirte sein und könnten *Sie* nicht ihre Schulen bauen?"

Chacour rang nach Luft: Gebäude, Lehrer und Bücher ... Wie sollte er dies alles im Alleingang schaffen? „Sie werden in mir stets einen treuen Verbündeten finden", versicherte ihm Raya. Was der Bischof damals noch nicht ahnte: Der Besuch des Kardinals aus Rom hatte schwerwiegendere Folgen, als ihm lieb war. Raya wurde kurzfristig ins entfernte Kanada versetzt. Für Chacour war dies ein schwerer Verlust; schon der Gedanke allein: unerträglich – gerade jetzt, wo sich am Horizont ein echter Hoffnungsschimmer abzeichnete. Es kam noch schlimmer: Hakim, sein Patriarch, ernannte ausgerechnet jenen libanesischen Priester zu Rayas Nachfolger, von dem der Ibilliner ihm abgeraten hatte, weil er Gelder erwiesenermaßen nicht für seine Diözese verwendet, sondern zweckentfremdet eingesetzt hatte.

Ein Bischof der melkitischen Kirche übt gewöhnlich absolute Kontrolle über seine Priester und Pfarrgemeinden aus, inklusive der Gehälter seiner Untergebenen. Der neue Bischof erfuhr natürlich bald den Inhalt eines kritischen Briefs Chacours an den Patriarchen. Elias beschloss, die neu ernannte Exzellenz in Haifa aufzusuchen. „Ich bin bereit, Ihnen aufrichtig zu helfen bei der Wahrnehmung Ihrer bischöflichen Pflichten, vorausgesetzt, Sie arbeiten wirklich für das Wohl unserer Diözese!" Sein Wort in Gottes Ohr. Der neue Bischof neigte zustimmend sein Haupt und schwieg. Elias hatte zumindest gesagt, was ihm wirklich am Herzen lag.

Der Traum von der Schule

Die konkrete Hilfe und Mitarbeit der Nonnen bei der Heimpflege und im Kindergarten in Ibillin hatte sich in den anderen Dörfern von Galiläa längst herumgesprochen. Man bat Abuna Elias auch hier darum, Schwestern zu schicken. Sie sollten den Frauen helfen und die Kinder unterrichten. Der Abuna stürzte sich Hals über Kopf in diese Arbeit und suchte sich die sieben ärmsten und am meisten vernachlässigten Gemeinden aus. Dann arrangierte er sich mit Mutter Josephate, damit diese treue Verbündete aus Nazareth einundzwanzig tüchtige weibliche Zöglinge – drei in jedes Dorf – auf „apostolische Ferien" schickte. Diese Initiative wurde ein voller Erfolg. In My'ilia und in Fassutah etwa waren die Dorfbewohner von dieser positiven Neuheit so angetan, dass sie ihre letzten Ersparnisse für die Errichtung eines Gemeindezentrums sammelten. Es sollte ein Ort für Bildung und Freundschaft in der gesamten Gemeinde werden. Aus den „apostolischen Ferien" wollte keine Nonne mehr nach Nazareth zurückkehren. Auch aus den anderen Dörfern nicht, wie Abuna Elias mit Genugtuung feststellen konnte. Sie alle sahen mit gleicher Begeisterung ihr Lebensapostolat in den ihnen zugeteilten Dörfern. Es war die Erfüllung der Aufgabe, die sie sich vorgenommen hatten.

Die Arbeitslust und das Improvisationstalent der Nonnen steckten auch viele Männer an, die früher eher freudlos vor sich hingearbeitet hatten. Nun halfen sie kräftig beim Bau der diversen Bildungszentren mit: als Maurer, Elektriker oder Klempner. Es herrschte Aufbruchstimmung in den arabischen Dörfern von Galiläa. Diese Stimmung steckte immer mehr Menschen an. Es meldeten sich sogar aufgeschlossene junge Europäer und Amerikaner beim Pfarrer von Ibillin. Sie hatten vom Jerusalemer Friedensmarsch und von dessen palästinensischem Anführer gehört. Sie bekundeten ihre Solidarität und wollten ihm als Freiwillige während der Sommerferien beim Bau einer Schule zur Seite stehen.

Nun war die Zeit wirklich überreif für den Bau einer richtigen Schule in Ibillin. Diese sollte ein wahres Friedenszentrum für Palästinenser in Galiläa werden, denn in vielen arabischen Schulen wurde den Kindern unterschwellig oft Hass gegen die Juden eingeimpft. Christliche und muslimische Palästinenser in Israel haben ein Problem mit ihrem Selbstwertgefühl, weil sie an den Rand der Gesellschaft gedrängt wurden. Eine gute Erziehung könnte dies am besten beheben. Das war schon immer Chacours feste Überzeugung. Damit eine Gesellschaft gesund funktionieren kann, braucht sie das Ideal von Gleichberechtigung und Partnerschaft, gleiche Startmöglichkeiten für alle und gemeinsame Aufgaben für eine gemeinsame Zukunft. Ohne eine gute Zusammenarbeit von Israeli-Arabern und Israeli-Juden würden sich beide Seiten immer gegenseitig im Wege stehen. Chacour betonte außerdem stets die gemeinsame Abstammung von Abraham, ihrem Stammvater, auf den sich sowohl die jüdischen Israelis als auch die muslimischen und christlichen Palästinenser beriefen. „Wenn wir nicht gemeinsam überleben können, sind wir – Palästinenser und Juden – zum Sterben verurteilt. Also muss man sich genau überlegen, welche Art der Verbundenheit miteinander die größten Chancen für einen dauerhaften Frieden bietet." Für Chacour liegen sie zweifellos in der Bildung.

Wo sollte denn die Schule seiner Träume entstehen? Abuna Elias überprüfte die nähere Umgebung des Dorfes. Dann zog es ihn hinauf bis fast zur Spitze des „Jabal el Ghoul", im Volksmund „Berg des Ungeheuers" genannt wegen seines wilden, felsig-steilen Hangs. Dort ließ er sich auf einem Stein nieder. Der Panorama-Weitblick bis zum fernen Hafen von Haifa überwältigte ihn. Das ist der Ort, an dem ich eine Höhere Schule bauen möchte – dachte er. Doch würde sein Traum sich ausgerechnet an dieser verlassenen Stelle verwirklichen lassen? Das Grundstück gehörte seit rund dreihundert Jahren der melkitischen Kirche. Und es war groß genug, um darauf etwas Einmaliges zu verwirklichen. Als er über Stock und Stein wieder unten im Dorf ankam, gingen schon die ersten Lichter an. Er war in Gedanken wie besessen von seiner Idee, das große Projekt ausgerechnet hier anzupacken.

Zwei Bedingungen und Voraussetzungen gab es für eine Realisierung des Plans: eine Baugenehmigung und das Startkapital. Grundschulen werden in Israel von der Regierung errichtet und ausgestattet. Alle höheren Schulen dagegen sind in privater

Hand und gehören nicht selten zu Synagogen oder Kirchen. Finanzielle Unterstützung vom israelischen Bildungsministerium gibt es nur über ein kompliziertes Quotensystem oder sie wird von privaten Stiftungen beigesteuert. Lehrergehälter werden üblicherweise aus Regierungsmitteln bezahlt; vorausgesetzt, die Schule bekommt eine gute Quote. Schulgebäude, Möbel und Lehrbücher müssen privat finanziert werden.

In Chacours Augen spiegelte sich die gesamte politische und soziale Situation der Juden im Vergleich zu jener der Palästinenser in diesem System wider. Es musste in Betracht gezogen werden, dass jüdische Jugendliche einen leichteren Zugang zu den höheren Schulen haben, die oft durch weltweite jüdische Organisationen oder religiöse Vereinigungen finanziert werden. Arabische Israelis – vor allem die, die in Dörfern leben – erhalten aber nur begrenzt Zugang zu Gymnasien, da ihnen nur eine geringe staatliche Subvention gewährt wird. Einem jüdischen Städtchen würde der Staat sofort die Baugenehmigung für eine höhere Schule erteilen; einem arabischen Dorf von neuntausend Seelen jedoch noch lange nicht. Das sollte Chacour bald am eigenen Leib erfahren, obwohl er normgemäß ausgearbeitete Entwürfe zur Genehmigung einreichte. Die Begeisterung in Ibillin für das Schulprojekt wuchs – doch die Baugenehmigung kam und kam nicht. Chacour beschloss, sich nicht länger auf die Folter spannen zu lassen. 1977 griff er zur Selbsthilfe und berief ein Komitee für den Schulbau ein. Es sollte die Arbeiten der Dorfbewohner koordinieren.

Die Zeit schien günstig: Im gleichen Jahr trat der ägyptische Präsident Anwar el-Sadat seine historische Reise nach Jerusalem an. Vor der Knesset richtete er einen dramatischen Friedensappell an Jerusalem. Als Grundlage für eine dauerhafte Lösung betrachtete er die Gründung eines Palästinenserstaates. Die Menge auf den Straßen jubelte ihm zu. Alle waren kriegsmüde und dürsteten nach einem gesicherten Frieden.

Die im viel gepriesenen, von beiden Seiten dann im März 1979 in Washington unterzeichneten Vertrag von Camp David vorgesehenen Schritte waren nach Chacours Beurteilung zweideutig und blieben auch ohne weitere Folgen – obwohl beide Ministerpräsidenten, Sadat und Begin, für dieses Abkommen den Friedensnobelpreis erhielten. Sadats mutige Schritte wurden ihm zwei Jahre später zum Verhängnis und kosteten ihn das Leben: Bei einer Militärparade verübten Terroristen der Muslimbrüder ein Attentat auf ihn.

Hoffnung und Widerstand

In dieser Zeit war man auch in Europa und in den USA in gewissen intellektuellen Kreisen schon auf den engagierten Pfarrer aus Galiläa aufmerksam geworden. Man interessierte sich für die Friedensvisionen, die er für eine palästinensische Zukunft hatte. Man lud ihn zu Vorträgen nach Deutschland und Holland ein. Es war der richtige Moment. Er akzeptierte die Einladungen.

Dem gespannt zuhörenden Publikum erzählte er vom steinigen Weg eines Friedensstifters im Heiligen Land. Die Resonanz bei den Zuhörern übertraf Chacours kühnste Erwartungen.

Deutsche Kirchenführer überraschten ihn mit der Zusage von einer großzügigen finanziellen Unterstützung seiner Projekte. In Holland war die Reaktion noch überwältigender. Nach einem Vortrag anlässlich der internationalen Konferenz von „Pax Christi" in Den Haag arrangierte Kardinal Alfrink ein Treffen mit Prinzessin Beatrix, die bald Königin der Niederlande werden sollte. „Willkommen in Den Haag, Pater Chacour!", empfing sie ihn herzlich und erkundigte sich eingehend über die Situation im Heiligen Land. Ihr Gesprächspartner war von ihrem politischen Sachverstand, ihrem detaillierten Wissen und ihrem Engagement für den Frieden im Nahen Osten überrascht. „Sie können jederzeit zu uns nach Holland kommen", versicherte sie ihm. „Wir werden Ihnen gern helfen." Im Anschluss daran schenkte ihm der damalige Premierminister van Ijyk einen Strauß aus 33 roten Rosen – eine Rose für jedes Jahr des palästinensischen Exils. Dieses Volk, erklärte er, hätte seit 33 Jahren seine eigene „Via Dolorosa", seinen Schmerzensweg durchlitten. Die Blumen seien ein Symbol der Hoffnung auf ein baldiges Ende des Leidens. Um Chacour zu ehren, wurde dann das Gedicht „Keine Tränen mehr in meinen Augen" der palästinensischen Schriftstellerin Fadwa Toukan aus Nablus vorgetragen.

In den USA hatte Elias das Privileg, vor den Studenten der Harvard Universität einen Vortrag über seine Mission im Heiligen Land zu halten. Am meisten verblüffte ihn aber der spontane Empfang und die großherzige materielle Hilfe einiger seiner jüdischen Gastgeber, z. B. von Rabbi Eugene Lipman vom Tempel Sinai in Washington und von Rabbi Arnold Jacob Wolf von der K. A. M. Isaiah Israel Congregation in Chicago.

Als Chacour nach Ibillin zurückkehrte, schwebte er wie auf Wolken. Inzwischen hatten ihm auch die reformierte Kirche von Holland und das dortige einflussreiche Interkonfessionelle Koordinationskomitee eine generöse Geldspende zugesichert. Er empfand diese Reisen wie Lichtblicke und Hoffnungsschimmer für seine Gemeinde, ja für sein ganzes Volk. Er hatte jetzt wirksame Unterstützung im Ausland, er fühlte sich verstanden und nicht mehr isoliert oder mit seinem Vorhaben allein gelassen.

Der neue Bischof in Haifa war allerdings von Anfang an gegen sein Schulprojekt. Es war auch schwer, ihn von der Notwendigkeit einer solchen Schule für die palästinensischen Kinder zu überzeugen, zumal er schon in Gish hatte verhindern wollen, dass Muslime beim Bau der Schule mithalfen! Der Bischof stellte sich gegen Chacour, wo er nur konnte. Neid, menschliche Schwäche? Chacour hatte den Verdacht, dass seine Exzellenz schon den Bau von Kindergärten, Gemeindezentren und Sommerlagern als eine unerwünschte Herausforderung und als gegen seine eigene

Autorität gerichtet auffasste. Dass sich mit diesem Bischof noch andere gravierende Probleme ergeben würden, konnte Chacour damals nicht wissen.

Obwohl die Mittel für sein Schulprojekt noch lange nicht ausreichten, wurde Ende der 70er Jahre dennoch der Grundstein für die Schule gelegt. Die Bauarbeiten in Ibillin liefen bald auf Hochtouren. Jeder half mit, den steilen Hügel abzutragen und den Boden anschließend einzuebnen. Die Dorfbewohner leisteten Schwerstarbeit und schufteten, Seite an Seite mit ausländischen Studenten und anderen Freiwilligen, für ein gemeinsames Ziel. Die von Erniedrigung gebeugten Rücken der Einheimischen könnten allmählich wieder aufgerichtet werden, dachte sich der Abuna, als er ihren Elan bei der Arbeit beobachtete. Mit der gemeinsamen Tat bauten sie mehr als nur Mauern und Fenster.

Das Leiden Farajs

„So wie ich dich kenne, Elias, wirst du das Schulprojekt schon hinkriegen und dir alle Stolpersteine aus dem Weg räumen! Hab noch etwas Geduld", sagte Faraj voller Bewunderung, als sein Freund ihm ausführlich von seinem Herzensanliegen erzählte. Die ehemaligen Klassenkameraden hatten sich längere Zeit nicht mehr gesehen. Es war an einem lauen Nachmittag. Die beiden saßen auf einer Holzbank vor Farajs Pfarrhaus in Rama. Elias kam nun in den Sinn, wie sie auch in Paris unzählige Male vor der Kathedrale Notre Dame so zusammen gesessen und sich dabei ihre Zukunft als Priester in Galiläa ausgemalt hatten. Von der Seite betrachtete er den vertrauten Gesichtsausdruck seines Weggefährten. Er sah ziemlich abgespannt aus. Jetzt wollte Elias mehr über die Höhen und Tiefen der letzten Zeit in Farajs Leben erfahren. Doch dieser senkte nur die Augenlider und schwieg. Elias wiederholte ungeduldig seine Frage. Die lapidare Antwort traf ihn wie ein Blitz aus heiterem Himmel: „Ich habe multiple Sklerose." Als er das hörte, stiegen Elias Tränen in die Augen. Verzweifelt fasste er Farajs linke Hand und drückte sie fest. „Hast du wirklich genügend Ärzte konsultiert?" Faraj nickte. „Siehst du, Elias? In dieser Hand beginne ich auch schon, die Kraft zu verlieren. Doch ich habe diese schleichende, von Gott gesandte Krankheit angenommen. Das musst du ebenfalls tun!" Lange dauerte die schmerzliche Umarmung beim Abschied. Sie schwiegen eine Weile, dann beteten sie zusammen um Heilung. Sie baten beide um Gnade und Kraft, um seelisch siegreich zu bestehen, was auch immer vor ihnen liegen mochte. Erst als Elias heimfuhr, konnte er den Weinkrampf nicht mehr zurückhalten. Sein bester Freund – dieser unheilbaren Krankheit ausgeliefert …

Ein schwerer Abschied

Noch tiefer traf ihn der plötzliche Tod seiner geliebten Mutter. Er erfuhr die Nachricht eines Julimorgens am Telefon. „Sie war nicht krank", schluchzte sein Vater. „Sonst hätte ich euch Kinder gleich alle angerufen. Sie ist einfach eingeschlafen – friedlich, wie sonst auch immer …" Elias war Gott dankbar, dass seine Mutter ohne zu leiden von Ihm heimgerufen wurde.

Die Trauerfeier fand in Biram statt. Sie wollte in ihrem Heimatdorf begraben werden; das war ihr letzter Wunsch. Gemeinsam mit den Brüdern setzte Elias den Sarg neben dem Grab ab und stellte sich neben seinen Vater und seine Schwester Wardi. Hunderte von Verwandten und Freunden waren gekommen, um ihr die letzte Ehre zu erweisen. Sie alle trauerten um die herzensgute, von allen geschätzte Katoub. Als die Trauerzeremonie vorbei war, hielt er noch mit seinem Vater allein vor dem Grab inne. „Gott, mach mich würdig, Sohn dieser großartigen Frau zu sein …", betete er ganz in sich gekehrt. Der Vater hielt die Augen geschlossen, wobei er mit einer würdevollen Geste das Grab segnete.

Elias hatte immer noch einen Arm um die Schulter seines Vaters gelegt. Aus der Innentasche seines Priestergewands zog er die kostbare Erinnerung heraus, die ihm seine Mutter beim letzten Besuch in Gish noch in die Hand gedrückt hatte: die Halskette mit den klirrenden Tauben und Fischen, die ihm von seiner Kindheit her so vertraut gewesen waren. Warum hatte sie sie ihm damals überhaupt gegeben? Hatte sie schon eine Vorahnung gehabt? – Elias würde es nie erfahren. Genau erinnern konnte er sich nur noch an ihre letzte Aussage, als sie sich beim Abschied umarmt hatten: „Sei stark, Elias", sagte sie ihm damals mit Nachdruck. „Was du tust, hat eine große Bedeutung – besonders für die jungen Leute." Das waren ihre letzten Worte an ihn gewesen. Ihr Sohn war jetzt mehr denn je entschlossen, nach den Worten seiner Mutter zu leben.

Ein Ding der Unmöglichkeit

„Auf diesem schroffen Hügel eine Schule bauen? Das ist ein Ding der Unmöglichkeit!", rief der Generaldirektor des israelischen Bildungsministeriums aus, als er das Grundstück inspiziert hatte. „Wirklich unmöglich?", erwiderte ihm Abuna Elias ruhig. „Sehen Sie! An manchen Stellen haben wir gut zwanzig Meter Höhe abgetragen. Wenn man es will, geht es schon!" Herr Shmueli schüttelte den Kopf: „Es gibt ja nicht einmal eine geeignete Straße für Lastwagen ... Wie schaffen Sie überhaupt das Baumaterial hier hinauf?" Der Pfarrer wusste es selber noch nicht. „Mit vereinten Kräften werden wir es schon bewerkstelligen", sagte er, wie von einer inneren Stimme getrieben. Die Kraft dazu gaben ihm auch die ermutigenden letzten Worte seiner Mutter. „Innerhalb von zwei Jahren können Sie die neue Straße benutzen und die Schule auf diesem Hügel besuchen!" Herr Shmueli fuhr perplex nach Jerusalem zurück. Er hatte den Eindruck, in Ibillin eher einem Phantasten als einem Realisten begegnet zu sein. Doch Elias rechnete nach diesem hohen Besuch insgeheim mit der baldigen Erteilung einer Baugenehmigung. Voller Zuversicht ließ er eifrig weiterbauen. Einige Monate vergingen. Noch immer war keine offizielle Erlaubnis da. Einmal wurde sein Antrag gleich mit der fadenscheinigen Begründung abgelehnt, das Gebiet sei Agrarland und nicht für schulische Zwecke bestimmt. Diese Heuchelei empörte ihn: Der felsige Berg sollte „Agrarland" sein? Nicht für „unseren Zweck"? Dieses Fleckchen Erde gehörte doch seit ewigen Zeiten den palästinensischen Christen!

Inzwischen stand bereits das Rohgerüst der Schule. Rund dreißig Helfer hatten an diesem Holzgerüst gebaut für das Stahlgeflecht, in das der Beton für das erste Stockwerk hineingegossen wurde. Der Bau sollte schließlich 630 Quadratmeter groß in der Grundfläche und nicht weniger als fünf Etagen hoch werden. Hunderte von Menschen setzten sich unermüdlich für die Verwirklichung dieses Traums ein.

Gleichzeitig waren aber im Dorf einige Männer doch verunsichert. Wegen der schwarz weitergeführten Arbeit befürchteten sie Vergeltungsmaßnahmen seitens der Behörden, oder – was noch schlimmer gewesen wäre – sogar den Abriss des ganzen Gerüsts. Sie suchten ihren Pfarrer in seinem Pfarrhaus auf.

„Wieso sollte die israelische Regierung ausgerechnet *uns* die Baugenehmigung für eine Schule erteilen?", fragte ihn ein älterer Mann sichtlich besorgt. „Die Juden glauben doch, dass alle Palästinenser sie ins Meer jagen wollen, dabei sind doch wir die Vertriebenen." Elias versuchte, ihnen Mut zu machen: „Umso mehr müssen wir uns jetzt für diese Schule einsetzen! Gerade weil wir ja israelische Staatsangehörige sind, sollten wir die Gelegenheit nutzen, der Regierung klarzumachen, dass wir für unsere Kinder und Kindeskinder die gleichen Bildungsmöglichkeiten erreichen wollen, die unsere jüdischen Brüder längst schon haben. Das wäre sogar ein wichtiger Schritt in Richtung Aussöhnung..." Die Männerrunde diskutierte noch bis in die Nacht hinein über das Für und Wider eines solchen Unterfangens. Am Ende hatte der

Abuna alle überzeugt. Sie beschlossen, weiterzubauen, trotz der Risiken. In der Nacht konnte der besorgte Pfarrer dennoch kein Auge zudrücken. Die finanziellen Mittel reichten noch lange nicht aus. Er wälzte sich im Bett herum und überlegte, welche überzeugten ausländischen Wohltäter ihn wohl noch unterstützen könnten. Plötzlich kam ihm die Erleuchtung: die niederländische Königin Beatrix! Sie hatte ihm seinerzeit spontan ihre Hilfe angeboten und ein offenkundiges Interesse an seinem Anliegen gezeigt: Sie war die richtige Ansprechpartnerin. Noch in derselben Nacht schrieb er der Monarchin einen Brief.

Die Antwort ließ nicht lange auf sich warten. Es war wie ein Wunder. Die königliche Mäzenin hatte das Projekt, unterstützt von ihrem Premierminister van Ijyk, gleich weiterleiten lassen. Drei von ihr entsandte Herren des „Interchurch Coordination Committee" (ICCC) kamen sogar nach Ibillin, um aus nächster Nähe die Baustelle und die Entwürfe für den Weiterbau sowie die tatsächlich anfallenden Kosten für die Baumaterialien zu begutachten. Kurz nach der Rückkehr der Delegation nach Holland erhielt Abuna Elias die Nachricht, dass das ICCC ihm eine Spende von 1.200.000 Gulden bewilligt hatte. Er konnte dieses Geschenk des Himmels gar nicht fassen! Das bedeutete: Die Gymnasiasten könnten bereits im September 1982 an der neuen Schule Unterricht erhalten, wenn nichts dazwischenkam.

Doch an einem Märztag schlängelte sich ein Jeep die Hügelstraße bis zur Baustelle hinauf. „Kann ich Ihre Baugenehmigung sehen?", fragte der Fahrer aus dem Fenster seines Autos den herbeieilenden Abuna Elias. „Ich habe keine." Der Polizeibeamte inspizierte den Rohbau. Dann schaute er den Pfarrer prüfend an: „Wie können Sie nur ohne eine offizielle Erlaubnis bauen?" „Ich baue nicht mit einer Genehmigung, sondern mit Sand, Zement, Beton, Stahl und Holz!" Seine dreiste Schlagfertigkeit überraschte den Gesprächspartner zwar, doch der bewahrte die Contenance. „Aber das können Sie doch nicht tun: in einem zivilisierten Land ohne Erlaubnis zu bauen." Chacour ließ sich durch sein Argument nicht vom Thema abbringen. „Zivilisiert? Wenn das in der Tat so wäre, dann hätte man mir schon längst eine Erlaubnis für die Schule gewährt. Wir haben sie ja dringend nötig. Aber mein Antrag ist leider von der zuständigen Behörde abgelehnt worden."

„Das ist nicht mein Problem", erwiderte der Polizist. „Alle Männer müssen jetzt mit den Bauarbeiten aufhören und mit mir zur Polizeiwache kommen!" „Ich werde mitgehen, da *ich* der einzige Verantwortliche bin. Meine Freunde hier sind freiwillige, teils ausländische Helfer. Sie arbeiten alle ohne Bezahlung", entgegnete ihm der Pfarrer ungeniert, während er den Zementstaub von seiner Soutane wegklopfte. „Nein, nein. Sie sollen uns nicht begleiten", betonte der Beamte leicht irritiert. „Ich habe den Befehl, Sie nicht anzurühren, da Sie uns möglicherweise internationale politische Schwierigkeiten machen ..."

Über diese Aussage war der Priester überrascht und zugleich erfreut. Es hatte sich wohl herumgesprochen, dass man mit ihm vorsichtig umgehen sollte und sein Vorhaben nicht beliebig bekämpfen dürfte! Hatte nicht erst kürzlich ein Berater für arabische Angelegenheiten die Chuzpe gehabt, dem Premierminister Menachem Begin wortwörtlich zu sagen, es sei gefährlicher, Abuna Chacour die Gelegenheit zu geben, die Araber mit Büchern anstatt mit Bomben zu versorgen? Oder war vielleicht doch ein erster, zaghafter Versöhnungsschritt von jüdischer Seite in Sicht?

Eine Art Auferstehung

Die dreißig Männer vom Bau wurden zur Wache nach Shefaram gebracht. Sie betonten, als freiwillige Helfer eine Schule für ihre Kinder zu bauen. Die Polizei zeigte sich menschlich. Noch am selben Tag wurden sie entlassen. Doch zwei Wochen später kamen die Uniformierten noch einmal. Diesmal nahmen sie über vierzig

Männer fest, ließen sie dann aber wieder frei. Das ging eine ganze Weile so hin und her – zwei Monate lang. Keiner der Beschuldigten kam ins Gefängnis. Doch die ständigen Schikanen bewirkten, dass sich Angst im Dorf breitmachte. Viele der Einheimischen wollten das Handtuch werfen, um des lieben Friedens willen. „Die werden uns jetzt das Leben schwerer machen, Abuna. Haben wir überhaupt noch eine Chance?", fragten frustrierte und genervte Familienväter. „Wir werden früher oder später dafür sicher bestraft werden. Lasst uns aufhören!" Am meisten war der Pfarrer von seinen Priesterkollegen enttäuscht, die ihn schon früher vor den Schwierigkeiten gewarnt hatten: „Deinen Wunschtraum kannst du in diesem Land wohl vergessen!" Für Abuna Elias folgten wieder schlaflose Nächte. Es störte ihn, so viele gegen sich zu haben. Die Leute ließen ihrem Ärger freien Lauf, denn sie hatten Angst, ihr Herzenswunsch könnte jetzt wie eine Seifenblase platzen. Sollte er einen späteren Zeitpunkt abwarten, um den Bau weiterzuführen? Energischer auf eine Erlaubnis drängen? Um internationale Hilfe bitten? Er konnte ja das Projekt jetzt nicht mehr abblasen ... Die Decke über seinem Kopf schien einzustürzen ... Im Halbschlaf, zwischen Traum und Albtraum, bat er Gott um Erleuchtung. Er wusste: Morgen kommt ein anderer, günstigerer Tag. Er würde schon eine Lösung finden.

Die ersten Sonnenstrahlen weckten ihn, früher als sonst. Er war fest entschlossen, weiterzubauen: jetzt oder nie. Als er am Karfreitag seine Entscheidung den Dorfbewohnern mitteilte, wunderte er sich, wie schnell sich die Wogen ihrer Angst inzwischen geglättet hatten. Nun standen wieder die meisten geschlossen hinter ihm. Benjamin, der Zimmermann, brachte zur Feier des Tages sogar ein Lamm mit zur Baustelle: Es wurde auf dem frischen Beton geschlachtet – ein traditionelles Ritual für das Gebäude. „Heute ist für mich kein Karfreitag", verkündete der Kirchenmann wie verklärt. Die Männer stutzten. Er schaute in jedes einzelne Gesicht, bevor er mit ernster Miene fortfuhr: „Heute ist es eigentlich schon wie am Ostersonntag. Wir feiern eine Art Auferstehung. Wir werden diese Schule weiterbauen, allen Widerständen zum Trotz!" Jetzt klatschten die Arbeiter und nickten voller Zuversicht. Ihr Pfarrer gab ihnen die Kraft dazu.

Keine Waffenfabrik, kein Gefängnis

Kurz nach Ostern suchte ihn der Polizeichef auf. „Wann hören Sie eigentlich mit diesem Theater auf?", fragte er erregt. „Was für ein Theater meinen Sie?" „Sie wissen doch genau, welches ich meine. Sie führen uns wohl an der Nase herum?" Der Abuna erwiderte, ohne mit der Wimper zu zucken: „Dieses Theater ist zu Ende, sobald die Schule fertiggebaut ist." „Nein, so geht das nicht weiter: Der Bau muss sofort gestoppt werden!" Der Pfarrer bekam leichtes Herzklopfen, blieb aber nach außen hin ruhig: „Ich kann ihn nicht stoppen, mein Freund. Ich baue weder eine Waffenfabrik noch ein Gefängnis. Ich baue eine Schule, damit unsere Kinder endlich ordentlich ausgebildet werden und lernen können, wie man in Würde und Frieden lebt. Warum sträuben Sie sich mit Händen und Füßen dagegen?" Dem Polizeibeamten platzte nun der Kragen. „Möchten Sie wirklich, dass ich das ganze Dorf inhaftiere?" „Warum bringen Sie nicht *mich* hinter Gitter?" Darauf war sein Gesprächspartner nicht gefasst. „Jetzt reicht's mir aber!", schrie der Uniformierte. Er stürmte aus der Pfarrei und weg war er.

Einige Tage später griff Chacour zum Hörer und rief anonym bei der Polizeiwache an: „Kommen Sie nach Ibillin und schauen Sie sich diesen aufsässigen Priester an. Er folgt nicht Ihrem Befehl. Jetzt lässt er sich sogar von Freiwilligen aus Europa und Amerika beim Bau der Schule helfen – nicht nur von Arabern!"

Die Polizei reagierte. Am nächsten Tag fuhr sie wieder hinauf zur Baustelle. „Ihr da oben: Steigt herunter. Ihr müsst mit uns zur Polizeiwache!", rief der Beamte die etwa zwanzig blonden jungen Leute auf, die gerade im zweiten Stockwerk der Schule an den Bauarbeiten tätig waren. Sie kamen sofort vom Gerüst herunter und stellten sich vor ihm in einer Reihe auf. Abuna Elias nahm einen Platz dazwischen ein – als ob er ein Schutzschild wäre. „Das sind freiwillige Helfer aus dem Ausland", betonte er. „Wollen Sie Ärger mit Ihrem Vorgesetzten bekommen, wenn wir aus Ihrem Eingreifen eine internationale Krise entstehen lassen? Fragen Sie doch erst mal, woher sie kommen und wer sie sind, bevor Sie entscheiden, was Sie mit ihnen tun." Der Beamte zögerte zunächst, dann fing er an, Fragen zu stellen. Keiner der Freiwilligen gab seinen eigenen Namen preis. Sie machten nur Angaben über ihre Familien: Die Väter wurden als Rechtsanwälte und Professoren, die Mütter als Journalistinnen und Regierungsbeamtinnen ausgewiesen. So hatten sie es vorab mit dem Pfarrer abgesprochen. Es schien zu funktionieren. Nach kurzer Rücksprache über Funk mit seinem Chef verabschiedete sich der aalglatte Polizist mit einem undurchschaubaren Lächeln. Der Abuna ahnte noch nicht, dass man ihn bald vor Gericht laden würde.

Entführung nach Sabra

Wegen kirchlicher Angelegenheiten hatte sein Patriarch Maxim zwischenzeitlich Chacour nach Beirut gerufen. Seit der Bürgerkrieg im Sommer 1975 im Libanon die innenpolitische Balance zwischen Maroniten, Orthodoxen, Drusen, Schiiten und Sunniten zerstört hatte, war dieses Land nicht zur Ruhe gekommen. Die politische Lage war nach wie vor sehr gespannt. Wie bedrohlich die Situation im krisengeschüttelten Libanon werden konnte, bekam Abuna Elias unerwartet am eigenen Leib zu spüren, als er in einem Taxi von Sidon nach Beirut fuhr.

„Aussteigen! Schnell!", schrien vermummte Männer ihm bei einer roten Ampel entgegen, kurz vor einem der Außenbezirke der Hauptstadt. Zwei der Bewaffneten zerrten ihn aus dem Auto, die anderen hielten ihre Waffen gegen seinen Bauch. Abuna Elias fing an, innerlich zu zittern. Wer waren diese Männer? Sie sahen alle gleich aus mit ihren um Kopf und Hals gewickelten Keffiyehs. Was wollten sie denn von einem einfachen Priester? Er griff nach seinem Koffer. „Nein! Den brauchen Sie bestimmt nicht", fuhr ihn einer der Vermummten an. „Dann töten Sie mich doch gleich auf der Stelle", so der Pfarrer instinktiv, „aber ohne mein Gepäck gehe ich nicht von hier weg!" Ehe er sich versah, wurde er heftig auf den Rücksitz eines anderes Autos gestoßen. Sein Taxi fuhr mit quietschenden Reifen davon. Erst nachdem er das panische Gesicht des Taxifahrers gesehen hatte, wurde ihm bewusst, dass womöglich bald seine Stunde schlagen würde. „Wer sind Sie?", fragte er. „Wohin wollen Sie mich denn bringen?" Verzweifelt versuchte er, einen unerschrockenen Eindruck zu machen. Als hinge sein Überleben davon ab, herauszubekommen, wer ihn da entführte. „Halt's Maul!", brüllte der Entführer links neben ihm. Zur Unterstreichung der Drohung richtete auch der rechts von ihm Sitzende sein schussbereites Gewehr gegen die Soutane des Priesters. Der Fahrer startete den Motor und gab Vollgas. Alles ging atemberaubend schnell. Elias wurde es schwindlig. Er verlor bald die Orientierung. Die Fahrt schien ewig zu dauern. Er schloss die Augen und betete. Plötzlich bog das Auto in eine enge, staubige Straße zwischen verfallenen Gebäuden ein und hielt vor einem zweistöckigen Haus.

Das schäbige Viertel sah aus wie ein Flüchtlingslager. Die glühende Mittagssonne hatte die Bewohner von den Straßen vertrieben: Diese sahen gespensterhaft leer aus, wie in einer Geisterstadt. „Wo ist mein Koffer?", fragte Chacour, als man ihn aus dem Wagen zerrte. Er bekam keine Antwort. Stumm schubsten die Männer den Priester mit ihren Gewehren die Treppe hoch und sperrten ihn in eine fensterlose Zelle. Abuna Elias dachte, sie würden ihn jetzt umbringen und niemand würde es jemals erfahren. Nach einer halben Stunde des Wartens zwischen Leben und Tod stießen die Bewaffneten wieder die Tür auf, gefolgt von einem kleinen Mann mit Pistole an der Hüfte. Gehörte er vielleicht zu einem Exekutionskommando? „Wer und woher sind Sie? Zeigen Sie mir Ihren Pass!", sagte dieser und setzte sich dem Pfarrer gegenüber hin. „Ich bin Abuna Elias Chacour und komme aus Israel." Beim Aussprechen des Landesnamens merkte er gleich, dass er einen Fauxpas begangen hatte. Als der kleine Mann mit Chefallüren seinen Ausweis prüfte, verzog er voller Feindseligkeit sein Gesicht. „Sie sind also ein jüdischer Spion – im Priestergewand!" Elias' Herz rutschte tiefer. Wie konnte er auf einfache Art erklären, dass er ein arabischer Palästinenser mit israelischer Staatsangehörigkeit war? Wie kompliziert doch sein Schicksal war: Juden betrachteten ihn stets als Araber – trotz seines israelischen Passes; Araber sahen in ihm den Israeli – gerade wegen seines Passes. Wie sollte er aus der vertrackten Situation jetzt lebend herauskommen?

Es folgten zermürbende Fragen über militärische Angelegenheiten. Man schikanierte ihn in einer Weise, die ihn innerlich fast zur Raserei brachte. Als der scheinbare Anführer aus seinem Mund den Namen seines Geburtsorts, Biram, vernahm, wurde er hellhörig: „Wo liegt das?" Bluffte der kleine Mann, um mehr aus ihm herauszulocken? „Sagen Sie bloß, Sie kennen das Dorf nicht und wissen nicht, wie wir gegen die Juden kämpften, um nach Hause zurückkehren zu können?!" Der Fragensteller runzelte die Stirn: „Wieso kämpften Sie gegen die Juden? Sie sind doch selbst ein Jude!" „Nein, ich bin ein Christ und Palästinenser." „Dann beschreiben Sie mir genau, wen Sie in Biram gekannt haben ..." Chacour wusste, dass ihm jetzt nichts Lebensbedrohliches mehr passieren konnte. Er erzählte ausführlich von der Vertreibung aus dem Dorf, von seiner Familie und von den Dorfältesten. Am Ende seiner Schilderung legten spontan alle Männer ihre Gewehre beiseite.

Der „kleine Napoleon" wirkte wie ausgewechselt, als er sich respektvoll vorstellte: „Ich stamme aus Saffuri, einem Nachbardorf von Ibillin. Jetzt bin ich ein Befehlshaber der PLO. Unser Geheimdienst hat herausgefunden, dass etwa dreihundert von Juden gesteuerte ausländische Untergrundkämpfer in den Libanon eingeschleust wurden. Sie haben Befehle, zu spionieren und Kirchen und Moscheen in Brand zu stecken, um Christen und Moslems in Angst zu versetzen und gegeneinander aufzuhetzen. Man will Ausschreitungen im Land provozieren, und die Schuld würde man natürlich den Palästinensern in die Schuhe schieben. Die Folgen können Sie sich leicht ausmalen. Besonders um unsere Frauen und Kinder haben wir Angst. Gewisse strategische Punkte müssen wir deshalb streng überwachen."

Zunächst musste sich der Priester vom Schock seiner brutalen Festnahme erholen; war er doch für einen feindlichen Untergrundkämpfer oder Spion gehalten worden. „Hätte ich Biram nicht erwähnt, hätte dann überhaupt jemand erfahren, dass Sie mich hierher verschleppt hatten?" „Niemand", kam es brüsk zurück. Von dieser kalten Gleichgültigkeit war Abuna Elias erschüttert, auch wenn er sich sagte, dass sie wohl das Ergebnis von jahrelang angestauter Frustration war. Der kleine Mann begleitete den Pfarrer aus Ibillin die Treppe hinunter und wies seinen Fahrer an, ihn mit dem Wagen zur Hauptstraße zurückzubringen. Es war schon später Nachmittag. Während der kurzen Fahrt bemerkte der Abuna, dass am Straßenrand Kinder inmitten des herumliegenden Abfalls spielten. „Übrigens", wandte er sich dem Fahrer zu, „wie heißt denn dieser Ort?" Die lapidare Antwort: „Sabra".

Der Traum wird Wirklichkeit

Elias konnte damals nicht ahnen, welche Bedeutung das Wort „Sabra" für ihn und für alle Araber bald haben würde – ein Synonym für bestialische Grausamkeit.

Selbst Wochen später, im Gerichtssaal von Akko, nördlich von Haifa, ging ihm der „kleine Napoleon" nicht ganz aus dem

Kopf. „Wir bitten Euer Ehren anzuordnen, dass das illegal errichtete Gebäude in Ibillin sofort abgerissen wird!" Diese Worte des Anklägers holen ihn jäh in die Gegenwart zurück. „Der hier anwesende Priester hat eindeutig das Gesetz überschritten. Er hat einfach weitergebaut, trotz wiederholter Aufforderungen, damit aufzuhören", argumentierte der Rechtsvertreter der Polizei. Der israelische Richter saß hinter seinem hohen Pult und betrachtete die vielen Menschen, die zur Verhandlung gekommen waren. Vertreter der Polizei und der Regierung hatten ihren Platz an einem Tisch rechts von ihm. Der Pfarrer von Ibillin saß in seiner Soutane zu seiner Linken. „Um welche Art von Gebäude handelt es sich?", fragte der Richter den Vertreter der Polizei. „Sie sagen, es soll eine Schule werden, Euer Ehren." „Sie möchten wohl nicht eine Schule in die Luft jagen?" Diese unerhofft positive Reaktion des Richters überraschte den Angeklagten. „Es wurde keine Genehmigung erteilt", kam das Argument seitens der Polizei.

„Abuna Elias", sagte der Richter nach einer Pause. „Sie bauen ohne Erlaubnis. Das ist eine sehr ernste Angelegenheit. Haben Sie dazu etwas zu sagen?" Chacour war nun ganz auf den Richter konzentriert: „Die Ausbildung unserer Kinder ist mir auch eine sehr ernste Angelegenheit! Warum erhalte ich keine Baugenehmigung für die Schule? Gewähren Sie mir bitte etwas Zeit, um einen guten Anwalt zu finden. Wir wollen ja keine internationale Affäre heraufbeschwören, die dem Ruf der israelischen Regierung schaden könnte." „Wie viel Zeit brauchen Sie dafür – drei, vier oder fünf Monate?", fragte der Richter, während er seine Brille abnahm und ihn jetzt sehr genau ins Visier nahm. „Ich gebe Ihnen fünf Monate", sagte er gleich danach, ohne auf eine Antwort zu warten. „Dann sehen wir uns hier wieder – mit Ihrem Anwalt." Der Abuna nickte und schaute ihm fast ungläubig nach, als der Richter den Gerichtssaal verließ.

Während seiner Heimfahrt konnte Elias kaum fassen, dass der Richter Verständnis für sein Anliegen aufbrachte. In fünf Monaten sollte die Schule fertiggebaut sein. In der Zwischenzeit durfte die Polizei nicht eingreifen, und so könnte der Unterricht bereits vor dem Gerichtstermin beginnen. Er dachte auch über seine Priesterrolle nach. Er war dazu berufen, nicht nur Gott, sondern auch seiner Gemeinde zu dienen. Die Wunden und Schmerzen seiner Pfarrgemeinde, die aus politischen und sozialen Gründen entstanden waren, musste er ernst nehmen. Konnte er ihnen allen Ernstes empfehlen, keine Schule zu bauen, bloß weil man damit gegen die israelischen Vorschriften verstoßen würde? Der Abuna hatte in seinem Leben schon etliche Stolpersteine für die Unterprivilegierten aus dem Weg geräumt. Jetzt, wo sein Traumziel fast zum Greifen nahe war, würde er erst recht für ihre legitimen Ansprüche eintreten. Das Schulprojekt hatte in seinen Augen absolute Priorität: „Lassen Sie mich jetzt eine Schule bauen! Das bewahrt Sie davor, später ein Gefängnis bauen zu müssen …", hatte er immer wieder gegenüber den israelischen Behörden zu bedenken gegeben. Er wusste nur zu gut, warum er das sagte.

Abuna Elias war entschlossen, seine Schule im September 1982 offiziell einzuweihen. Bis dahin fehlten nur noch einige Wochen. Die Mannschaft der freiwilligen Helfer arbeitete fast ohne Unterbrechung am Bau weiter. Auch der Abuna scheute die schwere Arbeit nicht: Er schleppte, hob, schob, schaufelte, kletterte und packte an – wo auch immer Not am Mann war. Dabei hatte er stets die Bergpredigt Christi im Herzen. Jetzt erst, als gereifter Erwachsener, erkannte er den inhaltlichen Sinn der Seligpreisungen in ihrer vollen Tragweite. Etwa: „Selig, *die (…) dürsten nach der Gerechtigkeit; denn sie werden satt werden.*"

Das Wort „selig" hat auf Aramäisch – in der Sprache Jesu – keine passive Bedeutung, sondern heißt sinngemäß: „sich auf den rechten Weg für ein rechtes Ziel machen, umkehren, Reue empfinden, aufrecht und rechtschaffen werden". In Klartext übersetzt heißt das nach Chacour, der sich schon in seiner Pariser Studienzeit intensiv mit dieser Sprache beschäftigt hatte: „*Steht auf, tut etwas, bewegt euch,* ihr, die ihr durstig seid nach Gerechtigkeit, denn ihr werdet gesättigt werden." In seiner eigenen Interpretation schließt Chacour eine persönliche Schlussfolgerung: „Man muss sich die Hände schmutzig machen, aktiv mithelfen, Eigeninitiative entwickeln, um eine menschliche Gesellschaft für die Menschen zu schaffen. Sonst werden andere mehr und mehr die Oberhand gewinnen und die Armen, die weder Mitspracherecht noch Macht besitzen, nicht nur unterdrücken, sondern eines Tages sogar quälen oder töten."

Das Christentum ist in Chacours Augen nie passiv zu verstehen, sondern aktiv. Nur der Tatkräftige ist imstande, Verzweiflung zu überwinden. Dennoch merkte Elias, wie sehr ihn die Schwerarbeit an seiner Baustelle – neben seiner Seelsorgetätigkeit – in Mitleidenschaft zog. Er war zwar erst dreiundvierzig Jahre alt, doch durch die ständige physische Belastung fingen sein Rücken, seine Nieren und Hüften an, zu streiken. Ende August brach er schließlich körperlich zusammen. Schwester Ghislaine zwang ihn, für einige Tage kürzer zu treten. Doch bald zog es ihn wieder auf die Baustelle und er krempelte erneut die Ärmel hoch. Sich selbst zu schonen, das war für ihn wie ein Fremdwort.

Der lang gehegte Traum wurde Wirklichkeit: Schon am 1. September 1982 läutete Abuna Elias Chacour die kleine Glocke auf der Veranda zum Haupteingang seiner Schule. Es war keine Fata Morgana: Das Gebäude stand tatsächlich da: termingerecht war es schlüsselfertig geworden! Hinter ihm standen fünf Lehrer Spalier. Vor ihm hatten sich gut neunzig wissbegierige Buben und Mädchen aus Ibillin, Muslime wie auch Christen, versammelt: Chacours erste Gymnasiasten. Ihre Gesichter strahlten fröhlich und erwartungsvoll, sie schüttelten ihm der Reihe nach kräftig die Hand. Dann stellte er ihnen die Lehrer einzeln vor.

Als der Pfarrer laut und feierlich sein Dankgebet sprach, waren sich die Schüler der Bedeutung dieser historischen Stunde in ihrem Leben voll bewusst. Die meisten von ihnen hatten selbst oft die Baustelle aufgesucht und miterlebt, wie aus einem Rohbau allmählich ein fertiges Schulgebäude herauswuchs. An der Reaktion der Erwachsenen spürten sie auch, dass die Ausbildung an dieser Schule ein großes Privileg war.

Schließlich segnete der Geistliche mit einem Kreuzzeichen das „Mar-Elias-Gymnasium" und den hohen Hügel, auf dem es stand. Die Namensgebung war von tiefer Symbolik: „Mar (arabisch: „Heiliger" oder „Prophet") Elias" bezieht sich auf den biblischen Propheten Elias, der gleichermaßen von Juden, Christen und Muslimen verehrt wird und Chacours großes Vorbild ist. Den einstigen „Berg des Ungeheuers" taufte der Abuna zum „Berg des Lichtes" um: ein leuchtender Hoffnungsschimmer für sein Volk. Er fühlte sich wie im siebten Himmel, als er den Kindern in die Klassenzimmer folgte. „Selbst wenn ich jetzt auf der Stelle tot umfiele", dachte er, überwältigt von seinen Gefühlen, „hätte es sich gelohnt, gerade für diesen Augenblick gelebt zu haben ..."

Er traute seinen Augen nicht, als er, aus dem Fenster eines Klassenzimmers blickte und die eindrucksvolle Dienstlimousine von Herrn Shmueli herauffahren sah. Der Generaldirektor des israelischen Bildungsministeriums war tatsächlich seiner Einladung gefolgt und starrte nun verdattert auf das Schulgebäude. „Das kann doch nicht wahr sein, Abuna Elias! Wie haben Sie das bloß hingekriegt?", begrüßte er den herbeieilenden Pfarrer, den er bei seinem letzten Besuch noch für einen Phantasten gehalten hatte. „Wenn Sie mir sagen: Morgen findet die Auferstehung statt, dann glaube ich Ihnen sogar das!" Chacour lachte erleichtert: „Die nicht – dafür aber der erste Schulunterricht. Kommen Sie herein!" Während mit ihm der Pfarrer einen Rundgang durch die Schule machte, bat er ihn wieder um eine Baugenehmigung. Doch Herr Shmueli schüttelte nur den Kopf: „Es tut mir leid, aber das liegt nicht in meiner Hand. Ich kann mich aber in meinem Ministerium für eine Summe einsetzen, die höher ist als jene, die der Schule anteilsmäßig zusteht. Damit ist das Wichtigste gesichert: das Honorar der Lehrer! Mehr kann ich für Sie nicht tun, aber das tue ich gern." Elias' Herz schlug erregt vor Freude.

Dieser erste September ist für uns ein Glückstag, dachte er beschwingt, als sich der Beamte von ihm ausgesprochen freundschaftlich verabschiedete.

Die Massakernachricht

Rund zwei Wochen später war Elias Chacour in Deutschland. Dort hielt der Pfarrer von Ibillin Vorträge in verschiedenen schwäbischen Kirchen. Hauptthema war immer die Bergpredigt und seine eigene Erfahrung als Friedensstifter. Den Tag in einer Böblinger Kirche würde er wohl in seinem ganzen Leben nie vergessen. Als er gegen Ende seines Vortrags von seinem erfolgreichen Schulabenteuer berichtete, ging plötzlich die hintere Kirchentür auf. Eine Frau stürmte herein, Tränen liefen über ihre Wangen. „Herr Pfarrer", unterbrach sie ihn, „es ist etwas Furchtbares passiert!" Chacour rätselte, was denn so Schlimmes in dieser friedlichen Umgebung schon passieren konnte. „Im Libanon, in der Nähe von Beirut, haben sie Hunderte von palästinensischen Flüchtlingen niedergemetzelt." Ihre Stimme war wie gebrochen, als sie fortfuhr: „Nicht nur Männer, auch Frauen und Babys. In den Lagern Sabra und Shatila – kennen Sie die?" Dem Abuna wurde eiskalt. Alle Augen waren auf ihn gerichtet. Leise stammelte er ein Gebet. Dann, noch ganz unter Schock, verließ er den Kirchenraum und zog sich in sein Hotelzimmer zurück.

Auf dem Bildschirm des Fernsehers bot sich ein Anblick des Grauens: unzählige Leichen, zusammengepferchte, verrenkte Menschenleiber und in die Luft gesprengte Häuser...

Der Korrespondent berichtete über die stündlich steigende Zahl der Todesopfer. In Elias Innerem tauchten verschwommene Bilder auf: seine kurze Gefangenschaft in Sabra beim verkrampften „kleinen Napoleon", die im Dreck am Straßenrand spielenden Kinder... Waren auch die nun unter den Toten? Sein Schmerz war schier unerträglich. Als er erfuhr, dass die christliche

Miliz im Libanon dieses Massaker zu verantworten hatte, wurde seine Verzweiflung noch größer. Die Miliz war in die Lager eingedrungen, um angeblich die PLO hinauszuwerfen. Die Erlaubnis hatte sie von den mit ihr verbündeten israelischen Verteidigungskräften erhalten, welche zwei Monate davor, im Juli 1982, zwar die multinationale Friedenstruppe verdrängt, dafür aber versprochen hatten, die unbewaffneten Flüchtlinge zu schützen. Stattdessen hatten sie die Lager kurz vor dem Massaker von außen abgeriegelt.

Erschütternd waren für Elias die Fernsehbilder aus Jerusalem. Tausende von Trauernden – Juden und Palästinenser gemeinsam – versammelten sich in den Straßen, weinten vor Verzweiflung und zündeten Kerzen an, in Erinnerung an die rund dreitausend toten Männer, Frauen und Kinder.

Schon Anfang Juni desselben Jahres waren israelische Streitkräfte in den Libanon eingefallen, als Chacours Schule noch nicht ganz fertig war. Auch seine Familie blieb bei einem Luftangriff auf Beirut nicht verschont. Das Haus, in dem seine 19-jährige Kusine Amira lebte, wurde von einer Bombe getroffen. Das Gebäude explodierte. Die junge Araberin war auf der Stelle tot. Über zweihundert Palästinenser wurden unter den Trümmern begraben.

Warum schafft man es denn nicht, Konflikte ohne Kriege zu lösen? Sind Kriege denn nicht vermeidbar? – Diese Fragen quälten den Geistlichen in seinem deutschen Hotelzimmer angesichts der Bilder von der Explosion des Pulverfasses im Nahen Osten. Die Gedanken überschlugen sich: erst der grausame Holocaust in Europa, dann – nun schon seit vier Jahrzehnten – das palästinensische Inferno. Die Überlebenden leiden mehr als jene, die getötet werden. Die Zukunft, die Aus- und Weiterbildung seiner palästinensischen Schulkinder, zählte jetzt für Elias mehr denn je. Gab es denn für sie überhaupt eine Chance auf eine bessere, friedliche Zukunft nach ihrem Schulabgang?

Eine Schule vor Gericht

Der Pfarrer kam Ende September pünktlich zum vereinbarten Termin für die Gerichtsverhandlung nach Akko. „Haben Sie denn keinen Anwalt mitgebracht, Abuna Elias?" „Nein. Die, die ich aufgesucht habe, waren mir alle zu teuer. Ich verteidige mich lieber selbst." Der Richter erteilte dem Vertreter der Anklage das Wort. „Die Schule steht bereits, wird sogar benutzt, sie ist jedoch illegal. Wir fordern die Zerstörung dieses Gebäudes, um keinen Präzedenzfall für andere Dörfer zu schaffen", äußerte sich der Anwalt, der Polizei und Regierung vertrat. „Auch der hier anwesende Priester, der eigentliche Erbauer der Schule, sollte eine Strafe erhalten." Der Richter wandte sich Elias zu: „Was haben Sie zu Ihrer Verteidigung vorzubringen?" Der Pfarrer stand auf: „Wenn Sie dieses Gebäude in die Luft jagen, geschieht es zu Lasten der rund hundert israelischen Kinder, die in dieser Schule lernen", fing er an. Er bemühte sich, im Ton souverän zu bleiben: „Sollte das tatsächlich geschehen, so wäre ich gezwungen, überall im Ausland zu erzählen, wie es passierte. Ich müsste um finanzielle Unterstützung bitten, um eine neue Schule zu bauen. Das würde aber dem Image unseres Landes schaden, meinen Sie nicht auch?" Der Richter runzelte die Stirn: „Das wäre in der Tat höchst nachteilig. Haben Sie einen Gegenvorschlag, Abuna Elias?" „Ganz einfach", konterte der Pfarrer, „die Regierung bräuchte nur die Legalisierung des Gebäudes zu genehmigen und ich würde gern der ganzen Welt kundtun, wie großzügig Israels Justiz vorgegangen ist!" Ein Regierungsvertreter protestierte heftig. Der Richter schickte Chacour aus dem Raum und erörterte den Fall mit der Gegenpartei. Nach fünf Minuten wurde der Priester wieder in den Gerichtssaal zurückgerufen. „Sie werden für das Schulgebäude niemals eine Genehmigung erhalten", sagte der Richter. Chacours Herz klopfte. Er konnte kaum atmen. „Dennoch wünsche ich Ihnen alles Gute für das weitere Schicksal Ihrer Schule!" Abuna Elias war ziemlich verwirrt. Was bedeutete das? Der Richter klärte ihn auf: Er würde für seine Schule keine Leistungen der Versorgungsbetriebe erhalten, weder Wasser, Strom noch Telefon. „Kein Problem für uns, Euer Ehren", erwiderte der Pfarrer, der diese Nachteile gern in Kauf nahm. „Das Wasser bekommen wir bereits von der zuständigen Behörde im Dorf, Petroleumlampen haben wir uns auch schon für den Notfall besorgt. Und für die Kommunikation haben wir doch das arabische Telefon, sprich: die Mundpropaganda. Die funktioniert sowieso am besten!" Der Richter konnte jetzt sein Schmunzeln nicht mehr verbergen. Ihm imponierten Chacours Schlagfertigkeit und Zielstrebigkeit. Er schüttelte ihm am Ende der Verhandlung die Hand. Und Chacour wiederum freute sich, in dem Richter einen Menschen mit einem Herzen aus Fleisch, nicht aus Stein, gefunden zu haben.

Eine Selige aus Ibillin

Im Vatikan hatte man viele Jahre lang Einzelheiten des Lebens einer aus Ibillin stammenden Araberin erforscht: Mariam (Maria) Bawardy (1846–1878). Es war wohl kaum ein Zufall, dass auch sie – wie Chacour – einer tief christlichen, melkitischen Familie angehörte und ausgerechnet in Ibillin ihre Wurzeln hatte. Ungewöhnlich war der Lebensweg dieser tapferen Frau.

Ihre Eltern hatten brutale Schicksalsschläge erlitten: Der Reihe nach verloren sie all ihre zwölf Kinder. Statt mit seinem Unglück zu hadern, pilgert das Ehepaar nach Betlehem, da es sich sehnlichst noch ein Kind wünscht. Kurz darauf kommt die kleine Mariam auf die Welt und überlebt. Kaum dreijährig, verliert sie aber beide Eltern. Ein wohlhabender Onkel adoptiert sie, doch bei ihm lernt sie weder lesen noch schreiben. Mit acht Jahren zieht sie mit ihm nach Ägypten. Schon vier Jahre später will er sie dazu bringen, eine Zwangsehe einzugehen. Doch sie widersetzt sich heftig. In ihrer Verzweiflung sucht sie einen früheren muslimischen Hausdiener auf und klagt ihm ihr Leid. Dieser will sie überreden, zum Islam überzutreten. Mariam weigert sich. Im Zorn zückt der Diener sein Schwert und fügt ihr eine schwere Verletzung am Hals zu. Sie überwindet die lebensgefährliche Wunde. Vier Wochen lang wird sie von einer geheimnisvollen Frau gepflegt, die sich ihr später als Mutter Gottes offenbart. Dem Onkel kehrt sie endgültig den Rücken. Ihre Odyssee beginnt. Als Hausmädchen wird sie von Familie zu Familie gereicht – und kommt nach Beirut. Schließlich landet sie, 19-jährig, in Frankreich: erst in Marseille, dann bei den Karmeliterinnen in Pau. Als Novizin nimmt sie den Namen „Schwester Maria des gekreuzigten Jesu" an. Zweimal wöchentlich erlebt sie am eigenen Leib den Leidensweg Christi. Wie der hl. Franziskus trägt sie die Wundmale. Mit vierundzwanzig gründet sie mit anderen Schwestern im indischen Mangalore das erste Karmeliterinnenkloster. Zwei Jahre später kehrt sie nach Pau zurück. Dort kommt sie auf die Idee, auch in Betlehem, Emmaus und Nazareth Klöster zu errichten. Sie zieht ins Heilige Land, ist führend an den Bauprojekten beteiligt und leitet persönlich die Arbeiten auf den Baustellen. Als sie einem Anstreicher zu trinken gibt, fällt sie von der Leiter und bricht sich einen Arm. Sie ignoriert den Schmerz und übersieht die galoppierende Infektion bei sengender Hitze. Als sie die Qualen nicht mehr aushält, kann kein Arzt mehr helfen. Sie stirbt einige Tage später, kaum 32-jährig, in ihrem Betlehemer Karmel.

Mit ihrer Tätigkeit war diese starke und fromme Frau in mancher Hinsicht ein Vorbild für Chacour. Heute noch ist Mariam Bawardy in Ibillin sehr präsent. Wenn im November ihr zu Ehren die alljährliche Kerzenprozession in den Straßen des Ortes stattfindet, nehmen bis zu fünftausend Gläubige mit ihren Kindern aus ganz Galiläa daran teil. Abuna Elias hat seine Volksschule nach ihr benannt: „Sie soll für unsere Kleinen ein leuchtendes Beispiel für Demut, Tatkraft und Durchhaltevermögen sein."

„Der heilige Vater mit dem Papst"

Die feierliche Zeremonie der Seligsprechung von Mariam Bawardy durch Papst Johannes Paul II. sollte im November 1983 im Vatikan in Anwesenheit der melkitischen Bischöfe aus der ganzen Welt stattfinden. Als Priester ihres Heimatortes wurde auch Elias Chacour nach Rom eingeladen. Doch sollte er genau an jenem Tag in Stockholm das schwedische Parlament über die Notwendigkeit einer Zweistaaten-Lösung in Palästina aufklären. Wer könnte ihn denn in Rom gebührend vertreten? Ihm kam sein eigener Vater in den Sinn. Dieser sollte mit der übrigen Delegation aus Galiläa den Papst besuchen. Der 83-Jährige traute seinen Ohren nicht, als er bei seinem Sohn Atallah in Haifa die freudige Nachricht erfuhr. Was sollte er dem Papst mitbringen? Tagelang dachte er über eine geeignete Gabe nach. Schließlich fand er das passende, symbolische Präsent. Als der Heilige Vater einige Tage später bei der Audienz das Geschenk öffnete, bewunderte er das fein ziselierte Kästchen aus Olivenholz. Darin lag ein Foto der Ruinen einer Kirche. „Eure Heiligkeit, das ist unsere zerstörte Notre-Dame-Kirche in Biram. Könnten Sie uns helfen, sie wiederaufzubauen?", fragte Michael Moussa Chacour den Heiligen Vater. Seine Augen leuchteten. Während sich der einfache galiläische Bauer mit Gottes Stellvertreter auf Erden einige Minuten lang unterhielt, nahm er das Blitzgewitter der Fotografen gar nicht wahr. Erst als Elias ihn am Flughafen von Tel Aviv wieder empfing, überreichte der Vater ihm sein wertvollstes Mitbringsel: ein Foto, auf dem er zusammen mit dem Papst abgebildet war. Sein Sohn rahmte es gleich ein und hängte es in seinem Büro auf. Wann auch immer er von Außenstehenden nach jener unvergesslichen Begegnung gefragt wird, wer denn dieser Araber mit der rot-weiß karierten Keffiyeh sei, antwortet der Abuna mit der größten Selbstverständlichkeit: „Der heilige Vater mit dem Papst".

Nächtlicher Angriff

Eines Nachts wurde Chacour im Pfarrhaus jäh durch ein scharfes Klirren geweckt. Als er das Licht anmachte, sah er einen torkelnden Mann mit zwei Glasscherben in den blutigen Händen fuchtelnd auf ihn losgehen. Wie durch ein Wunder gelang es ihm in letzter Minute, dem lebensgefährlichen Angriff auszuweichen und den Täter nach einer kurzen Handgreiflichkeit zu beruhigen. Ermattet lag der Betrunkene schließlich auf dem Sofa; seine Familie konnte Abuna Elias telefonisch ausfindig machen. Als der fassungslose Vater den Eindringling dann abholte, brüllte dieser wiederholt wie in Trance: „Wehe, Sie stellen sich nochmals gegen unseren Bischof!"

Das ging entschieden zu weit, dachte der Pfarrer, als er die Tür wieder zumachte und sich von diesem Schreck erholte. Hatte er denn Feinde, die ihm gegenüber den Namen des Bischofs nur zur Einschüchterung benutzten? Oder führte Exzellenz in der Tat hinter den Kulissen einen geheimen Feldzug gegen ihn? Waren Missgunst und Neidgefühle die unterschwelligen Gründe des unvorhersehbaren Angriffs?

Sicher war, dass der Bischof sich seiner Diözese gegenüber von Anfang an keineswegs vorbildhaft verhalten hatte. Als bei einem Autounfall in Deir Hanna eine sechsköpfige melkitische Familie ums Leben kam, entschuldigte er sich, er könne wegen eines wichtigen Termins an der Trauerfeier nicht persönlich teilnehmen. Er war dafür beim Begräbnis eines von den Israelis unterstützten libanesischen Befehlshabers, Major Haddad, anwesend. Dieser war am gleichen Tag gestorben. Seite an Seite mit den offiziellen Vertretern der israelischen Regierung nahm der Bischof die Beileidsäußerungen der Trauergäste entgegen. Das schaffte böses Blut. Anstatt echte Teilnahme am Schmerz seiner Gläubigen zu zeigen, sei es ihm wichtiger, sich bei den jüdischen Autoritäten einzuschmeicheln – so munkelten viele aufgebrachte Melkiten. Die Priester der Gegend protestierten öffentlich gegen dieses Verhalten. Jene aber, die sich am meisten exponiert hatten – unter ihnen der Pfarrer von Ibillin –, erhielten massive Drohungen. Chacour ließ sich nicht einschüchtern. Er hatte schon früher seine Erfahrungen gesammelt. Als er dem Bischof etwa sein Schulprojekt in Ibillin vorgestellt hatte, rümpfte dieser nur indigniert die Nase: „Was soll denn eine Perle auf einem Müllhaufen?" Wie konnte ein Kirchenfürst die Bedeutung von Bildung so unterschätzen – dachte sich der engagierte Pfarrer. Offensichtlich interessierten ihn andere Dinge mehr, z. B. der Verkauf und die Vermietung von Grundstücken, die seiner Kirche gehörten, an finanzkräftige Juden.

Eine Anzeige

Als Abuna Elias eines Tages seinen Bankauszug kontrollierte, stutzte er. Die monatlichen Subventionen des Staates fehlten von seinem Konto. Es ging um die Gesamtsumme der Gehälter für die inzwischen fast siebzig Lehrer der Mar-Elias-Schule. Nach einer kurzen Recherche fand Chacour heraus, dass der eigene Bischof der Bank in seinem Namen schriftliche Anweisungen erteilt hatte, die Bezahlung der Lehrer zurückzubuchen und das Geld künftig auf sein persönliches Konto zu überweisen.

Chacour war fassungslos. Er verlangte vom Bischof eine sofortige Klärung hinsichtlich des Fehlbetrags. „Ich habe zu viele Schulden, ich brauche jetzt das Geld. Schauen Sie, dass Sie selber irgendwie zurechtkommen!" Hatte er sich verhört? „Es geht nicht um mich. Meine Lehrer müssen erhalten, was ihnen monatlich zusteht und wofür sie hart gearbeitet haben. Wovon sollen sie denn sonst leben?" „Das ist mir egal. Sie sind Priester, ich bin Ihr Bischof. Ich mache hier, was ich will!", war die Antwort. Sogar die Drohung Chacours, vor Gericht zu ziehen, ließ den Kirchenoberen kalt. „Wenn dies so ist, kündige ich im nächsten Monat", platzte es aus Chacour heraus. „Warum nicht gleich?", provozierte ihn der Bischof.

Chacours Nerven waren zum Zerreißen gespannt. Er schlug

kommentarlos die Tür hinter sich zu und fuhr noch am selben Tag nach Jerusalem, um beim israelischen Gericht Anzeige gegen den Bischof zu erstatten. Schließlich bekam Chacour das beantragte Dokument ausgehändigt. Darin stand eindeutig: sofortige Rückgabe des Gesamtbetrages oder Haft. Als er dieses Schreiben dem Bischof vorlegte, war dieser außer sich: „Wer hat denn dies unterschrieben?" „Der kleine Pfarrer von Ibillin, Sayyidna." „Sie werden aber allmählich ganz schön mächtig, mein Sohn!", versuchte der Bischof, seine Angst herunterzuspielen. „Weil Sie vor der Macht des Geldes schwach werden."

Für Chacour ging die Angelegenheit gut aus. Er erhielt sein Geld und der Bischof seine Würde zurück. Kurz darauf ging er in Pension. Über die Geschichte wuchs Gras. Jahre später konnten die beiden sich wieder in die Augen schauen. Sie wurden sogar Freunde.

Dunkle Wege

„Herr Pfarrer, Sie haben immer noch keine Genehmigung für Ihre Schule, oder?" Oh Gott. Jetzt geht es damit schon wieder los, dachte Abuna Elias, der das Thema zwar nicht ‚de jure', doch ‚de facto' für abgeschlossen gehalten hatte. Zu wem gehörte nun diese mysteriöse hebräische Stimme am Telefon? Wieder eine Drohung? „Wir haben noch keine", antwortete er zögernd. „Möchten Sie eine Genehmigung haben?", fragte der Mann, der anonym bleiben wollte. Als Chacour dies mit Nachdruck bejahte, hörte er vom anderen Ende des Telefons die unerhoffte Nachricht: „Ich kann sie Ihnen in zwei Wochen persönlich vorbeibringen." Während der Abuna noch ganz benommen war, kam der Nachsatz: „Sie geben mir dafür 1.000 Dollar, und die Sache ist erledigt, o. k.?" Vertrauen ist gut, Kontrolle ist besser. „Zuerst möchte ich die Genehmigung sehen", antwortete der Pfarrer. „Wenn sie tatsächlich den Stempel der israelischen Regierung trägt, dann gehört das Geld Ihnen!"

Als er den Hörer auflegte, hatte er merkwürdig gemischte Gefühle. Wie war das nur möglich? Das war ein klarer Fall von Erpressung. Es war eindeutig illegal. Sollte das der einzige Ausweg angesichts der blockierten legalen Wege sein? Doch Faktum war: Eine gültige Genehmigung blieb von entscheidender Bedeutung für den Erhalt und Weiterbau des Schulkomplexes. Unter den gegebenen Umständen blieb im keine Wahl. Er spielte mit. Es galt jetzt, schnell die nötige Summe aufzutreiben. Dafür mobilisierte Chacour tagelang Gott und die Welt, allen voran die Eltern und Lehrer der Schüler. Dann war es so weit.

Eines Abends fuhr ein Auto an seiner Haustür vor. Der wortkarge Fahrer und der Pfarrer tauschten die Umschläge. Beide kontrollierten den Inhalt. Die Genehmigung war echt, der Betrag stimmte. Die Begegnung dauerte kaum ein paar Minuten. Dann brauste das Auto davon. Den unbekannten Wohltäter hat Chacour nie wiedergesehen. In ihm blieb ein unangenehmes Gefühl zurück. In einer hoffnungslosen Situation fühlte er sich missbraucht. Seinen Schülern hätte er lieber etwas über ein gerechtes Rechtssystem erzählt, anstatt Geld für einen Erpresser sammeln zu müssen. Andererseits freute er sich, endlich das lang ersehnte Dokument in der Hand zu haben. Jetzt war die weitere Ausbildung der Schüler gesichert. „Gott, Deine Wege sind rätselhaft, doch ich danke Dir ...", mit diesen Worten schloss er an jenem Abend zermürbt, aber erleichtert sein Dankesgebet. Welchen Weg die Genehmigung zu ihm gefunden hatte, erfuhr Elias nie.

Die erste Intifada

Chacour war, nicht nur wegen seiner Visionen, sondern auch aufgrund der hartnäckigen Art, diese mit friedlichen Mitteln in die Praxis umzusetzen, eine seltene Ausnahme unter den Palästinensern in Israel. Seine Gegner attestierten ihm gleichermaßen Schlauheit und Weisheit. Er war bestens ausgebildet, hatte internationale Erfahrung und konnte ihnen auf gleicher Augenhöhe mühelos Paroli bieten. Andererseits waren die Juden auch von seinem Durchsetzungsvermögen und seiner Schlagfertigkeit fasziniert. Das bewirkte sogar bei seinen jüdischen Gegenspielern Respekt und Anerkennung. Unter den israelischen Arabern gab es kaum welche von seinem Schlag. Doch Chacour war absolut privilegiert unter ihnen. Dazu noch ein Christ, ein Friedenskämpfer, der sich ja auch in der hebräischen Bibel hervorragend auskannte. Was geschah aber mit seinen Mitbrüdern und Mitschwestern – vertrieben wie er, viele in Flüchtlingslagern der Nachbarländer aufgewachsen? Die meisten von ihnen waren entwurzelt, seit 1948 Fremde im eigenen Land. Auch ihre Kinder wurden, so wie sie, diskriminiert und als Bürger zweiter Klasse schikaniert. Sie waren mittellos, hatten kaum Chancen auf Aus- und Weiterbildung, geschweige denn Aufstiegschancen im Berufsleben … Der angestaute Frust war sozialer Zündstoff, den man zu lange übersehen hatte. Eine Explosion war nur eine Frage der Zeit.

Der Aufstand der Palästinenser im Gazastreifen und in der Westbank – später als „Intifada" bekannt – begann Anfang Dezember 1987. Schon der Begriff zeigt symbolische Kraft. Er bedeutet, wörtlich aus dem Arabischen übersetzt: „Abschüttelung" und stammt von einem christlichen Palästinenser, der sein Volk in dieser Zeit zu einem friedlichen Protest gegen die israelische Besatzung aufrief und sich dabei auf die Worte Jesu an seine Jünger berief: „Wenn man Euch aber an einem Ort nicht aufnimmt und Euch nicht hören will, dann geht weiter und schüttelt den Staub von Euren Füßen zum Zeugnis gegen sie." (Mk. 6, 11) Israel musste erkennen, dass eine militärische Lösung gegen diese Volksbewegung nicht erfolgreich sein konnte.

Vier Gruppen der PLO bildeten vor Ort die „Vereinigte Nationale Führung des Aufstandes". Diese rief im Januar 1988 zu einer Volksrevolte auf: nicht mit Feuerwaffen, sondern zunächst mit

Streiks, dann mit Steinen, Molotowcocktails und Eisenstangen. Ihr erklärtes Ziel war die Befreiung aus der Abhängigkeit von Israel. Die Intifada war die spontane Reaktion eines seit Jahrzehnten unterdrückten Volkes – angeblich nicht aus Damaskus oder Tunis, dem Sitz des damaligen Hauptquartiers des PLO-Führers Yassir Arafat, ferngesteuert. Sie war für Israel und seine Armee damals sowohl politisch als auch militärisch die bislang größte Herausforderung. Die Regierung hatte keine politische Antwort darauf. Sie setzte neben Tränengas auch die heimtückischen Gummigeschosse ein. In die Straßenschlachten waren zumeist palästinensische Kinder und Jugendliche verwickelt. Sie schleuderten Steine gegen die israelischen Soldaten. Diese schlugen zwar in der Regel nicht mit Waffen zurück, setzten aber oft Schlagstöcke ein. Viele der jungen Revoltierenden blieben Krüppel fürs Leben. Etliche Palästinenser identifizierten sich in ihrer Verzweiflung mit dem jungen David aus dem Alten Testament, der mit einer Steinschleuder den Riesen Goliath besiegte.

Unzählige junge Palästinenser starben bei dieser ersten Intifada (1987–1991) – und auch viele israelische Soldaten. Aus tiefer Frustration entstand geballter Hass. Dieser schrie noch mehr nach Rache und Vergeltung.

Dennoch verkündete bei der Eröffnung der sog. „Friedenskonferenz von Madrid" 1991, die unter der Schirmherrschaft der USA und der Sowjetunion stand, der palästinensische Vertreter Abd Al-Shafi stolz: „Wir sind hierher gekommen, … um uns als Menschen vorzustellen und Sie als Menschen anzuerkennen, um die Fesseln der Vergangenheit zu überwinden und den Grundstein für einen Frieden zu legen, dessen Rahmen Gegenseitigkeit, Offenheit und Anerkennung bilden." Dies hätte auch Chacour nicht besser formulieren können. Doch dieser grundlegende Gedanke reichte nicht zu einer Verständigung. Für die zehn folgenden Verhandlungsrunden in Washington konnten sich die Teilnehmer nicht einmal über Verfahrensfragen einigen.

Wiederbegegnung mit Gideon

Auch in der Umgebung von Ibillin verschärften sich die Kontrollen seitens der israelischen Armee. Es war eine Folge der blutigen Eskalation. Eines Tages stellte sich eine Militärpatrouille in der Nähe des Pfarrhofs auf. Dann klopfte jemand hastig an Abuna Elias' Tür: „Bitte machen Sie mir schnell auf, bevor die anderen Kameraden heraufkommen!" Der Pfarrer ließ den bewaffneten jungen Mann hinein. „Erinnern Sie sich noch an mich, Abuna? Ich bin der Bub, mit dem Sie in Jerusalem oft zusammen gespielt haben. Sie und mein Vater waren doch Studienkollegen an der Hebräischen Universität." Abuna Elias war tief gerührt: „Tatsächlich. Du bist ja Gideon!" Der hochgewachsene Mann mit dem warmen Ausdruck in seinen braunen Augen umarmte ihn. Gideon hatte noch die vielen Ibilliner Geschichten aus seinen Erzählungen in lebhafter Erinnerung. Als der Offizier der Patrouille verlangt hatte, den Priester zu sehen, hatte sich Gideon sofort freiwillig gemeldet, um ihn persönlich abzuholen. Zur Beruhigung des Priesters fügte er sofort hinzu, es handle sich um eine reine Routine-Untersuchung. „Ich möchte auch, dass Sie wissen, wie mein Vater und ich Sie und was Sie tun, schätzen. Wir sind uns dessen bewusst, dass viele Palästinenser auch gute Menschen sind." Plötzlich konnte er seine Tränen nicht mehr zurückhalten: „Abuna, glauben Sie mir, dass ich keinen Palästinenser hassen kann, seitdem wir uns kennen?"

„Natürlich glaube ich dir das, Gideon!", erwiderte sein väterlicher Freund. Die Schrecken der Intifada steckten dem Soldaten offensichtlich noch in den Gliedern. „Wenn ich Ihnen den Offizier vorstelle, wäre es besser, wenn wir uns nicht kennen." Der Abuna begriff. Die angespannte Situation ließ im Moment nichts anderes zu. Als er dann dem Offizier die Hand gab, stellte er erleichtert fest, dass es tatsächlich nur eine Routine-Kontrolle war. Ein Stein fiel ihm vom Herzen. Lange schaute er noch Gideons Patrouille nach, bis sie hinter einer Straßenecke verschwand.

„Erscheinung" in Washington

Anfang der 90er Jahre platzte Chacours Schule bereits aus allen Nähten. Weit über tausend Christen und Muslime drückten im „Mar-Elias-Gymnasium" die Schulbank. Nahezu täglich bekam der Pfarrer Anrufe von Freundesfreunden, die ihre Sprösslinge zum neuen Schuljahr ebenfalls bei ihm anmelden wollten. Um der ständig wachsenden Nachfrage zu entsprechen, ließ der Pfarrer im Keller weitere Klassenzimmer ausbauen. Am dringendsten brauchten seine Schulkinder einen großen Turnsaal. Nicht nur um sich auszutoben, sondern auch, um den Teamgeist und das friedliche Miteinander zu fördern. Woher sollte er aber das dafür benötigte Geld herbeizaubern? Eine Betteltour bei reichen Juden, um eine Sporthalle für palästinensische Kinder zu errichten? Das würde womöglich eine Ewigkeit dauern, bis die erforderliche, große Summe zur Verfügung stünde. Obendrein müsste das ganze Theater wegen einer Baugenehmigung wieder von vorne losgehen. Dazu war Abuna Elias nach etwa fünfunddreißig zermürbenden Gerichtsverhandlungen wirklich nicht mehr bereit, noch weniger aber, noch einmal Bestechungsgelder zu bezahlen.

In einer schlaflosen Nacht fand er endlich die Lösung seines Problems. Er war überzeugt davon, dass der kürzeste Weg von Ibillin nach Jerusalem über Washington führte. Chacour dachte daran, den damaligen US-Außenminister James Baker zu gewinnen. Dieser könnte doch bei der israelischen Regierung eine Genehmigung für den Turnhallenbau erwirken. Vielleicht würden sich jenseits des Atlantiks auch leichter Wohltäter und Spender für sein Projekt finden lassen. Kurzerhand und ohne vorherige Terminvereinbarung mit dem amerikanischen Minister kaufte er sich ein Flugticket und reiste aufs Geratewohl nach Washington. Dort mietete er sich einen Wagen und fuhr schnurstracks zur privaten Residenz der Familie Baker. Was er wusste: Der *Secretary of State* der Regierung von Präsident George Bush sen. hatte sich gerade nach dem ersten Golfkrieg 1991 geweigert, sein Haus verstärkt bewachen zu lassen. Was konnte ihm dann schon passieren, dachte er. Im schlimmsten Fall würde man ihn gleich hinauskomplimentieren.

Entschlossen klopfte er an Bakers Haustor. „Wer sind Sie?", fragte eine Frauenstimme hinter der halbgeöffneten Tür. Ein sympathisches Gesicht kam zum Vorschein. Kein Dienstmädchen, sondern Mrs Baker persönlich. Sie sah den Pfarrer prüfend an. „Ich bin ein Mann aus Galiläa, Madam. Father Elias Chacour aus Ibillin." Mrs Baker war sichtlich irritiert und dachte zunächst, sie hätte einen Spinner vor sich. Auf die Frage, ob er wohl eine Verabredung mit ihrem Gatten habe, parierte Elias Chacour mit einem Lächeln: „Wir Galiläer machen vorher keine Termine aus, wir pflegen einfach zu erscheinen." Das verwirrte die Frau noch mehr. Dennoch ließ sie ihn – sie wusste eigentlich nicht, aus welchem Grund – ins Haus. Vorsichtshalber in die Küche, dachte sie, nicht ins Wohnzimmer. Während er höflich den ihm angebotenen Eistee trank, nahm Chacour Frauenstimmen aus einem Nebenraum wahr. „Wir haben gerade eine Bibelrunde im Salon. Die möchte ich nicht versäumen. Ich bitte Sie, mich jetzt zu entschuldigen!", sagte Frau Baker zu dem Eindringling und begleitete ihn wieder zurück zum Ausgang. Der Pfarrer spitzte die Ohren – eine Bibelrunde? „Was nehmen Sie denn heute unter die Lupe, Madam?" „Wir sind gerade bei der Bergpredigt." Ausgerechnet die Seligpreisungen, mit denen er sich sein ganzes Leben lang auseinandergesetzt hatte! Zufall? Er ließ sich seine Überraschung nicht anmerken: „Dann wünsche ich Ihnen dazu viel Glück!", sagte er lapidar beim Abschied. „Wofür?", fragte sie neugierig. „Dass Sie den tiefen Sinn der Bergpredigt richtig erfassen. Der Text stammt ja von einem meiner alten Nachbarn", erklärte er in ruhigem Ton. „Jesus hat ihn auf Aramäisch gesprochen – eine mir vertraute Sprache – nicht auf Amerikanisch. Die ungenauen Übersetzungen haben oft zu Fehlinterpretationen geführt." „Könnten Sie uns vielleicht helfen, die Bergpredigt sinngerecht zu deuten?" Zu schön um wahr zu sein, dachte Chacour in seiner

Freude. Nun führte Frau Baker den Mann aus Galiläa in den Salon, wo sie ihn ihrer Damenrunde als Ehrengast vorstellte. Innerhalb von zwei Stunden konnte der Priester den wissbegierigen Amerikanerinnen die authentische Botschaft der Bergpredigt zugänglich machen. Frau Baker war sichtlich beeindruckt, besonders von der Auslegung der vierten Seligpreisung:

„*Selig, die hungern und dürsten nach der Gerechtigkeit; denn sie werden satt werden.*"

Sie wusste: Für Frieden und Gerechtigkeit muss man aktiv kämpfen und nicht die Hände in den Schoß legen. „Der Friede in Israel braucht mutige Menschen, die bereit sind, sich dafür die Hände auch schmutzig zu machen", betonte Chacour mit Nachdruck. „Wenn Sie jetzt nach Hause zu Ihren Ehemännern zurückkehren, versuchen Sie, sie zu überzeugen, etwas Konkretes für das Wohl Israels und Palästinas beizusteuern. Zur Förderung von Frieden und Gerechtigkeit reicht schon, wenn jeder von Ihnen sich auch nur zwei Finger schmutzig macht…"

Als er sich nach seinem zweistündigen Aufenthalt von der Damenriege verabschiedet hatte, blieb den Freundinnen im Hause Baker der Eindruck, ein echter Nachfolger des Meisters aus Galiläa sei zu Besuch gewesen. Chacour aber fuhr vom Haus des Außenministers direkt zum Flughafen und nahm die erste Maschine zurück nach Tel Aviv.

Abkürzung nach Jerusalem

Es war kaum eine Woche vergangen, als beim Pfarrer in Ibillin das Telefon klingelte. „Father, it's me, Susan Baker. Könnten wir kurz zusammen beten?" Der überraschte Priester stimmte zu. Im Land der unbegrenzten Möglichkeiten war auch das Beten via Telefon eine Möglichkeit, dachte er fröhlich und gerührt zugleich. Für Mrs Baker wurde das gemeinsame Beten mit ihrem galiläischen Partner bald zum wöchentlichen Ritual. Hie und da funkte auch eine männliche Stimme dazwischen: „Jetzt bin ich dran!" Es war ihr Gatte, US-Außenminister James Baker ... Und erst als die beiden Männer über das telefonische Gebet einander nähergekommen waren, verriet Chacour eines Tages den wahren Grund seines damaligen Besuchs im Hause Baker. „Könnten Sie denn nicht Premier Shamir darum bitten, uns eine Baugenehmigung für eine Turnhalle zu erteilen?"

Frau Baker nahm die Initiative in ihre Hände und verfasste einen sorgfältig formulierten Brief, den ihr Mann zwar mit unterschrieb, aber dann doch nicht abschickte. Dieser hätte, in seinen Augen, eine diplomatische Krise zwischen den USA und Israel verursachen können. Aber als Baker bei der nächsten Gelegenheit nach Israel fliegen musste, vergaß er nicht, dem israelischen Premierminister das für Chacour wichtige Schreiben – so, wie er es dem Pfarrer versprochen hatte – in die Hand zu drücken. Er verließ Shamirs Büro erst, nachdem er die schriftliche Zusage erhalten hatte, dass der Bau genehmigt würde.

Der Weg von Ibillin nach Jerusalem führte tatsächlich am schnellsten über Washington. Kaum ein Jahr verging, da kündigte Baker seinen Besuch in Ibillin mit seiner Frau an. „Mein Freund", sagte er bei seiner Ankunft in Israel, „wir wollten Sie nicht einfach nur so treffen. Das können wir ja auch in Washington, wie wir es – seit Ihrer ersten ‚Erscheinung' – bei uns ja schon öfters getan haben. Susan und ich wollten lieber mit unseren eigenen Augen sehen, was Sie in Ibillin, auch mit Gottes Hilfe, alles geschaffen haben."

Als Chacour das amerikanische Ehepaar auf dem Schulgelände herumführte, kamen ihnen in einer Pause im Hof unzählige Schulkinder in ihren hellblauen T-Shirts entgegen. Mrs Baker, selbst Mutter von acht Kindern, konnte ihre Tränen der Rührung kaum unterdrücken. Ihr Mann griff ihre Emotion auf: „Unser Besuch ist ein Akt der Solidarität gegenüber unseren palästinensischen Brüdern und Schwestern." Und zu den Teenagern gewandt:

„Euch sage ich: Jetzt habt ihr vor Ort eine Möglichkeit, euch gründlich auszubilden, in diesem Land zu bleiben und zu arbeiten. Wandert nicht aus! Das Heilige Land braucht euch – jeden einzelnen von euch!" Die Schüler hörten gebannt zu, dann applaudierten sie begeistert. Die älteren von ihnen wussten nur zu gut, was der Minister meinte.

Der hohe Besuch aus Washington hatte eine weitere Konsequenz: Er machte den eher unscheinbaren Ort Ibillin und auch Chacours beeindruckendes Lebenswerk durch die Medien im ganzen Land über Nacht bekannt.

Der Friedensnobelpreisträger kommt nach Ibillin

Einige Wochen später erhielt der damalige israelische Außenminister Shimon Peres den Friedensnobelpreis. Von seinem Sekretariat erfuhr der Pfarrer telefonisch, es sei der größte Wunsch des frisch zum Preisträger gekürten Politikers, seine erste Rede über Frieden in Ibillin zu halten. Ob Pater Chacour damit einverstanden wäre? Vor Aufregung fiel dem Abuna fast der Hörer aus der Hand. Hatte nun, 1994, die historische Stunde der Versöhnung geschlagen? Und ob er einverstanden war! Viel mehr als das: Zur Festrede lud er die gesamte palästinensische Elite Israels – Christen wie auch Muslime – ein. Rund 1800 Zuhörer füllten die neu eingeweihte Turnhalle. Als Abuna Elias auf dem Podium begann, vor seinen Gästen den Werdegang seiner Schule zu schildern, unterbrach ihn der Nobelpreisträger: „Ihre ganze Geschichte ist mir wohl bekannt – viel mehr, als Sie es sich denken! Ich bin nicht in erster Linie gekommen, um über den Frieden eine Rede zu halten. Die Neugier hat mich hierher getrieben! Persönlich wollte ich mir ein Bild vom Mar-Elias-Campus machen, den großen Wirbel begreifen, den mein Amtskollege Baker bei uns in Jerusalem wegen einer Baugenehmigung für diese Turnhalle zu verursachen bereit war ..." Dann schaute er nach links, zu seinem Gastgeber hin: „Heute Nachmittag konnte ich von Ihrem Schulkomplex einen ausgezeichneten Eindruck gewinnen. Seien Sie versichert, mein Freund: Wann auch immer Sie etwas nötig haben, brauchen Sie sich nicht mehr an den amerikanischen Außenminister zu wenden; kommen Sie doch gleich direkt zu mir!" Viele Zuhörer bekamen feuchte Augen, als Shimon Peres dann sein persönliches Resümee zog: „Fast zwanzig Jahre lang haben wir Sie, Abuna Elias, als einen Feind Israels betrachtet. Im Laufe der Zeit haben wir aber in Ihnen den Freund entdeckt. Einen Freund, der uns mit der Wahrheit konfrontiert, auch wenn es uns manchmal schwerfällt, diese zu akzeptieren. Ab jetzt möchte aber *ich* Ihr Vermittler sein!" Nach diesen Worten standen die Menschen spontan auf; es entlud sich ein stürmischer, langanhaltender Applaus. An dem Abend wurden die bewegten Zuhörer Zeugen einer Sternstunde. Ob wohl ein dünner Lichtstrahl der Zuversicht am Horizont Israels erschienen war?

Der Papst im Heiligen Land

Papst Johannes Paul II. hatte für 2000 ein „Heiliges Jahr" ausgerufen. Nach alter Tradition sollten den Menschen, die zu den sieben Basiliken in Rom pilgerten, besondere Gnaden und ein vollkommener Ablass zuteil werden. Dieses Privileg gilt nicht nur für Rom, sondern vor allem auch für die Heiligen Stätten im Geburtsland Jesu.

Auch in Betlehem, Nazareth und Jerusalem liefen also die Vorbereitungen für das Jubiläumsjahr auf Hochtouren. Voller Vorfreude erwarteten die einheimischen Christen einen weiteren Anstieg der Pilgerfahrten aus aller Welt. Vor allem in Betlehem setzten sie ihre Hoffnung auf die ausländischen Gäste. In den letzten Jahren waren sie unter einer zunehmend muslimischen Bevölkerung allmählich zu einer Minderheit geworden. Trotz der geographischen Nähe zu Jerusalem gerieten die Christen in Betlehem in eine Isolation. Sie fühlten sich abgetrennt vom Rest der Welt. Wussten die Menschen im Westen überhaupt, dass es in der Geburtsstadt Jesu noch Christen gab?

Rechtzeitig vor dem Weihnachtsfest füllten sich die Souvenirläden rund um die Geburtskirche wieder mit selbstgeschnitzten Krippenfiguren und Rosenkränzen aus wohlriechendem Olivenholz. Die arabischen Christen hatten wieder Mut geschöpft und erhofften sich durch den Ansturm der Pilger nicht nur einen wirtschaftlichen, sondern auch geistigen Aufschwung im besetzten Land. Ihre größte Hoffnung galt dem prominentesten aller Pilger, der seine Reise bereits angekündigt hatte: Papst Johannes Paul II. Seine Ankunft in der Osterzeit wurde mit großer Erwartung vorbereitet.

Auch der israelische Staat hatte bereits alle Sicherheitsvorkehrungen für den hohen Gast getroffen und alle noch bestehenden Hindernisse aus dem Weg geräumt. Der Zeitpunkt war gut gewählt, denn allmählich hatten sich im Laufe der 90er Jahre auch die Beziehungen zwischen dem Heiligen Stuhl und dem Staat Israel geglättet. Nach längeren Verhandlungen hatte der Heilige Stuhl am 30. Dezember 1993 einen Vertrag unterzeichnet, der die Aufnahme diplomatischer Beziehungen zwischen Israel und dem Heiligen Stuhl vereinbarte. Das war überhaupt die Voraussetzung für einen eventuellen Papstbesuch. Der Vertrag war eine kleine Sensation, die jedoch nicht von allen christlichen Kirchen mit Wohlwollen aufgenommen wurde. Vor allem die orthodoxen Christen in Jerusalem befürchteten, durch diese neue Vorrangstellung des Vatikans ihren Einfluss auf die heiligen Stätten in Jerusalem zu verlieren und von jüdischer Seite benachteiligt zu werden. Der griechisch-orthodoxe Patriarch Diodoros I. fühlte sich sogar veranlasst, klarzustellen, dass der Vatikan nicht die Interessen seiner Kirche vertrete.

Als im festlich erleuchteten Petersdom am Weihnachtsabend die schweren Glocken das Heilige Jahr einläuteten, erklangen gleichzeitig auch jene in der Geburtskirche von Betlehem.

Zu Beginn der Christmette öffnete Papst Johannes Paul II. mit einem Hammerschlag die Heilige Pforte der Petersbasilika. Dabei ertönte der Hornklang des jüdischen Schofar: eine Verbindung zur alttestamentarischen Tradition.

Abuna Elias, der inzwischen zum Kanzler der melkitischen Kirche von Israel aufgerückt war und dadurch eine größere Verantwortung in seiner Diözese trug, beteiligte sich im Heiligen Land an den Vorbereitungen für den Papstbesuch. „Was würde meine Gemeinde sagen, wenn der Heilige Vater zu uns nach Ibillin käme?", fragte sich der Abuna. Insgeheim wünschte er sich, der Papst möge Zeit haben, auch seine Schule zu besuchen. Er legte den Organisatoren des Papstbesuchs seinen Vorschlag vor. Am Mar-Elias-Campus wuchs die Spannung, doch dann kam aus dem Vatikan zwangsläufig eine Absage. Der Terminkalender war mit anderen Reisestationen voll besetzt.

Nicht nur die Christen, auch die Juden waren vom bescheidenen Auftritt des Papstes besonders beeindruckt. Die etwas kühle Distanz seitens der Gastgeber schien im Nu aufgehoben, als sich in der Gedenkstätte des Holocausts „Yad Vashem" jüdische Überlebende von Auschwitz vorstellten. Unter ihnen hatte der Papst auch eine Bekannte aus seiner Kindheit entdeckt und sie an sein Herz gedrückt. Noch mehr hatte die Welt jene Szene bewegt, als sich der gebrechliche alte Mann, von Schmerzen gebeugt und fern des vorgesehenen Protokolls, der Klagemauer näherte und einen Zettel mit der Bitte um göttliche Vergebung in einen Mauerschlitz steckte. Mit dieser Geste besiegelte der Papst symbolisch die Aussöhnung zwischen der katholischen Kirche und dem Judentum.

Auf dem Berg der Seligpreisungen

„Wenn der Papst nicht zu uns kommt, dann gehen wir eben zu ihm!", dachte Abuna Elias. Er hatte erfahren, dass auf dem Reiseplan des Papstes auch ein Treffen mit jungen Christen aus dem Heiligen Land in unmittelbarer Nähe Ibillins stand. Also gab er seinen Schützlingen an jenem Tag schulfrei, damit sie so zahlreich wie nur möglich beim Jugendtreffen mit dem Papst zugegen sein konnten. Dass diese Begegnung sogar in Korazim, auf seinem geliebten Berg der Seligpreisungen, stattfand, deutete Abuna Elias als ein wohlwollendes Zeichen der Vorsehung Gottes. „Selig seid ihr, die ihr zwar von der Welt als Verlierer angesehen werdet, doch ihr seid die wahren Sieger! Euch gehört das Himmelreich!", rief der Papst Zehntausenden von Jugendlichen zu, die sich auf der idyllischen Anhöhe neben dem See Genezareth versammelt hatten. Sie waren aus allen Teilen des Landes auf diesen heiligen Berg gekommen, um mit offenen Ohren den Worten des von weit her angereisten Oberhirten zu lauschen. Die Aussage des Papstes war von einer inneren Kraft beseelt. Diese Kraft übertrug sich augenblicklich auf die jungen Christen und gab ihnen ein neues Selbstwertgefühl. Sie hatten den Eindruck, trotz der Unsicherheit im Land, in der Kirche doch beheimatet zu sein.

Märtyrer aus der Mar-Elias-Schule

Inzwischen war das Mar-Elias-Gymnasium in ganz Israel so bekannt geworden, dass immer mehr Schüler – unabhängig von ihrer politischen oder religiösen Zugehörigkeit – in Ibillin ihre Ausbildung haben wollten. Aus ganz Galiläa kamen morgens Kleinbusse zum Schulgebäude und luden gutgelaunte Schüler aus siebzig verschiedenen Dörfern aus. Sie scheuten die lange Fahrt nach Ibillin nicht. Sie waren stolz auf ihre Eliteschule. Hier hatten sie, neben ihrem „Standard-Lehrplan", auch noch weitere Fächer zur Auswahl: von Informatik über Tischlerei bis hin zum Modedesign. Zusätzlich rief man ein Programm für besonders talentierte Kinder ins Leben. Das fand sofort Anklang, vor allem bei denjenigen, die eine außergewöhnliche Begabung für Mathematik und Naturwissenschaften besaßen. Sie sollten gezielt gefördert werden, um später einmal bei ihrem Hochschulstudium oder bei der Jobsuche bessere Aufstiegschancen zu haben. Diese Schüler trafen sich regelmäßig freitags, wenn es auf dem Schulgelände besonders ruhig war. Wie an den Sonntagen blieben auch an jenem Tag aus Respekt vor dem muslimischen Gebetstag alle anderen Schüler zu Hause.

Einer von ihnen war Asel Asleh. Er fiel den Lehrern besonders durch seine Intelligenz, aber auch durch seine Herzensgüte auf. Im Sommer, am Ende seiner schulischen Ausbildung, fing der Siebzehnjährige an, sich über seine Zukunft Gedanken zu machen. Er ließ sich von guten Initiativen leicht begeistern, verfügte über Teamgeist und war bei seinen Mitschülern besonders beliebt. Als junger Muslim hatte er am Mar-Elias-Gymnasium vor allem gelernt, wie man Konfliktsituationen begegnen und diese konstruktiv überwinden konnte. Es war ihm sogar selbstverständlich, sich über die normale Schulzeit hinaus für ein friedliches Miteinander in Israel einzusetzen. Gemeinsam mit anderen Freunden trat er der Jugendinitiative „Samen des Friedens" (Seeds of Peace Center for Coexistence in Jerusalem) bei. Hier engagierte er sich ehrenamtlich, wo er nur konnte. Seine Begeisterungsfähigkeit führte dazu, dass er in dieser Organisation bald eine führende Rolle übernahm. Auf dem Höhepunkt seiner Mission konnte er in Washington eine Friedenspetition bei Hillary Clinton und anderen Senatoren im amerikanischen Kongress einreichen.

Dann kam jener 28. September 2000, als Ariel Sharon demonstrativ den Tempelberg in Jerusalem betrat und dadurch die „Al-Aqsa Intifada" auslöste. Die muslimische Bevölkerung empfand diesen Schritt des israelischen Premiers als eine Provokation. Nach der ersten Intifada, die mit „friedlichen Mitteln" geführt wurde, sollte die zweite nun den Einsatz von Waffen ermöglichen. Es kam schon in den ersten Tagen zu blutigen Ausschreitungen.

Die Unzufriedenheit der Palästinenser war bald auch in ganz Galiläa zu spüren. Die Nervosität eskalierte, als in den Morgenstunden des 2. Oktobers die Unruhen in Asels Heimatort Arabeh begannen. Unzählige aufgebrachte Demonstranten bahnten sich einen Weg durch die Straßen. Als sie am Haus von Asels Eltern vorbeikamen, trat Asel im Pyjama ans Fenster. Was er sah, löste in ihm keine Begeisterung aus. Er entschloss sich, lieber im Bett zu bleiben, solange der Tumult noch dauerte. Eine Verwandte von ihm kam aufgeregt in sein Zimmer: „Du musst an dieser Demo teilnehmen, Asel!" Er stutzte und fragte sich, ob solche gewalttätigen Aktionen überhaupt einen Sinn hatten. Schließlich ließ er sich doch überreden und stellte sich zögernd unter einen Olivenbaum, fern der lauten Menge. Er beobachtete, wie die Polizisten Tränengas versprühten und mit Knüppeln auf junge Palästinenser einschlugen. Da zog er die Aufmerksamkeit eines jüdischen Polizisten auf sich, der gerade ein leicht erreichbares Opfer suchte. Im Nu lag Asel auf dem Boden; der Lauf eines Maschinengewehrs war an seine Schläfe gerichtet. Er hatte keine Gelegenheit, dem Polizisten zu erklären, dass er nichts mit den Demonstranten zu tun hatte. Auf der Stelle wurde er erschossen.

Das Entsetzen über den Mord an diesem jungen Palästinenser war groß. Seine Familie und Freunde konnten es nicht fassen, dass ausgerechnet Asel, der sich so aktiv für den Frieden zwischen Palästinensern und Juden eingesetzt hatte, mit seinem Leben bezahlen musste. Für seine Mutter war mit einem Hieb jede Hoffnung zerschlagen. „Für mich gibt es keine Zukunft. Es gibt nur eine Vergangenheit", rief sie in ihrem Schmerz einer Delegation des Bildungsministeriums zu, die einen Monat später ins Mar-Elias-Zentrum gekommen war, um ihr Beileid auszudrücken. „Ich hoffte, wie viele andere unter uns, dass mein Sohn ein hervorragender

Friedensbotschafter werden könnte, aber er wurde umgebracht. Mein einziger Wunsch ist, ihm nachzufolgen."

Da half auch nicht die symbolische Wiedergutmachungsgeste des stellvertretenden Bildungsministers. Er legte auf dem Gelände des Campus einen Strauß Blumen am Denkmal für palästinensische Märtyrer nieder. Für die jüdischen Märtyrer legte Abuna Elias im Namen des Mar-Elias-Colleges einen anderen Strauß daneben. Nach dieser Zeremonie fragten sich alle, wie sie nun weiter für den Frieden arbeiten könnten.

Seit der Gründung des Staates Israel war die Situation noch nie so beängstigend, so tragisch gewesen wie in den letzten Wochen. Die Nachricht von Asels Schicksal ging um die Welt. Sogar die „Washington Post" brachte seine Geschichte mit Foto auf ihrer Titelseite.

Zu Asels Beerdigung in Arabeh drängten sich etwa 30 000 Menschen: muslimische Familienmitglieder und Verwandte, palästinensische Christen, aber auch jüdische Freunde, die Asel während seines Engagements in der Organisation „Samen für den Frieden" schätzen gelernt hatten. Vor der großen Trauergemeinde hielt Abuna Elias eine Ansprache, die viele zum Nachdenken anregte. Er erinnerte daran, dass der Konflikt in Israel keine „win-win"-Situation, sondern eine „lose-lose"-Situation darstellte. Beide Seiten konnten in dem sinnlosen Blutvergießen nur verlieren. An das Gewissen der jüdischen Mitbürger appellierend sagte er: „Wie werden die Juden einmal die Frage Gottes – Wo ist dein Bruder? – beantworten können?" Der Abuna ahnte bereits, dass der Konflikt zwischen Juden und Palästinensern in einen „Krieg der Religionen" ausarten könnte. Je länger dieser Kampf andauerte, desto eher würde jeder allmählich als ein potentieller Terrorist betrachtet werden. Wie viel der junge Asel dazu schon beigetragen hatte, dass sich das Klima zwischen Juden und Palästinensern verbessern konnte, wurde vielen erst später bewusst: vor allem als der „Seeds of Peace Center" eine Broschüre ‚in memoriam' veröffentlichte. Viele seiner Freunde legten darin ein Zeugnis über seine Friedensbemühungen ab: „Jüdische Israelis haben Asel als Vorbild geschätzt, weil sie mit ihm gut umgehen konnten. Er kannte ihre Sprache, ihre Kultur und verstand auch ihr Dilemma. Die Freundschaft zu Asel half ihnen, die Palästinenser besser zu verstehen", schrieb u. a. Newsha Moraveji, Betreuerin eines Friedenscamps.

Noch Monate nach seinem Tod blieb Asels Sitzplatz in seiner alten Klasse unbesetzt. Nur eine brennende Kerze auf der leeren Bank erinnerte die Mitschüler an seine Präsenz. Abuna Elias machte den 2. Oktober zum Gedenktag für Asel und für vier weitere junge Palästinenser, die alle an jenem Tag getötet worden waren. Nicht nur für seine Mutter, sondern auch für die Schüler und Lehrer des Mar-Elias-Gymnasiums war Asel ein echter Märtyrer, jedoch nicht mit den fundamentalistischen Selbstmordattentätern vergleichbar. „Es geht uns nicht um eine Verherrlichung des Martyriums. Wir haben schon genug Märtyrer in diesem Land", erklärte Elias Abu Ghanima, der stellvertretende Direktor des Gymnasiums, einige Jahre später, als den Schülern am Gedenktag ein Dokumentarfilm über Asels gewaltsamen Tod vorgeführt wurde. „Wir wollen die Schüler vielmehr an Asels positiven Einsatz für den Frieden erinnern."

Sein Foto fand im Büro des Schuldirektors und in vielen Klassenräumen des Gymnasiums einen Ehrenplatz. Sein Einsatz wurde zur Inspiration für viele Schüler. Ihr Engagement für ein friedliches Zusammenleben hatte sich sogar bis in die höchsten Kreise der israelischen Regierung herumgesprochen. Mit der Zeit kamen Hunderte von Lehrern, Schuldirektoren und auch einige Inspektoren des Bildungsministeriums nach Ibillin, um sich ein Bild über das erfolgreiche Erziehungskonzept des Mar-Elias-Zentrums machen zu können. „Endlich haben wir es geschafft", schrieb Abuna Elias daraufhin erfreut in einem Rundbrief an seine Freunde in aller Welt. „Ich konnte den israelischen Autoritäten beweisen, dass ich nicht ihr Feind, sondern ihr Freund bin, der ihnen eben die Wahrheit sagt. Die Wahrheit auch dann, wenn sie unbequem ist. Wir waren nie ihre Feinde; sie aber waren sich selbst und uns gegenüber misstrauisch."

Auftrag für den Frieden

Inzwischen hatten die meisten Pilgergruppen wegen des Ausbruchs der zweiten Intifada ihre geplanten Reisen ins Heilige Land absagen müssen. Für ihre Sicherheit konnte in den besetzten Gebieten und in Jerusalem nicht mehr garantiert werden. Das Heilige Jahr, das mit einer neuen Hoffnung begonnen hatte, ging ohne Aussicht auf einen dauerhaften Frieden seinem Ende zu. Für Abuna Elias und seine Mitarbeiter im Mar-Elias-Zentrum war es eine tägliche Herausforderung, mit ansehen zu müssen, wie sich zwischen den Palästinensern und den Juden eine Art „danse macabre" entwickelte. Ihr pädagogischer Einsatz für den ständig bedrohten Frieden kam ihnen dabei wie ein Seiltanz vor, der viel Geschick und Ausdauer verlangte. „In diesem schwierigen Umfeld müssen wir unsere rund viertausend Schüler erziehen. Wir hoffen weiterhin auf Frieden. Der beste Weg dorthin ist, geduldig zu sein und auszuharren im Erziehungsprozess dieser jungen Menschen." Der Pfarrer war sich dessen bewusst: Würde er nicht junge Menschen in solch einer Oase des Friedens dazu trainieren, zu teilen und für andere das zu wollen, was sie für sich selbst beanspruchten, dann käme nirgends ein fruchtbares Zusammenleben zwischen Juden, Christen und Muslimen zustande.

Im Frühjahr 2001 fand in Ibillin schließlich ein außergewöhnliches Ereignis statt: Zum ersten Mal in der Geschichte Israels versammelten sich mehr als 1500 Lehrer aus allen christlichen Privatschulen Israels auf dem Mar-Elias-Campus, um gemeinsam über ihre Erziehungsverantwortung nachzudenken. Neu war dabei auch, dass an dieser eintägigen Konferenz alle Bischöfe und Patriarchen der verschiedenen Kirchen im Heiligen Land teilnahmen.

Sie berieten über das Thema „Der Auftrag der Privatschulen als einzigartiger Beitrag zum Frieden und zur Versöhnung". Es war ein strahlender Tag, an dem alle erfahren konnten, wie harmonisch doch ein friedliches Zusammenleben sein kann. „Es ist uns bewusst geworden, dass wir nur *gemeinsam* den Hass, die Armut und die Verfolgung überwinden können", sagte Abuna Elias nach der Tagung zu seinen Mitarbeitern.

Die Konferenz war ein großer Erfolg. Sie hatte den Leitern und Lehrern des Mar-Elias-Campus wieder neuen Aufwind gegeben. Sie fühlten sich bestätigt in ihrer Lebensphilosophie. Im Laufe der Jahre hatten sie sich immer mehr Chacours ursprüngliche Vision einer „Einheit in der Verschiedenheit" zu eigen gemacht. Im Gespräch miteinander hatten die Lehrer des Mar-Elias-Campus begriffen, wie sehr sich ihre Schule von den anderen, herkömmlichen Schulen unterscheidet. Sie waren stolz darauf. Abuna Elias war mit seinen Mitarbeitern höchst zufrieden und spürte, dass er ihnen vertrauen konnte. Es war möglich, Aufgaben an sie weiterzudelegieren, und er musste sich nicht mehr für alles verantwortlich fühlen. Das war umso notwendiger, als seine Verwandten anfingen, sich um seine Gesundheit ernsthaft Sorgen zu machen. Als „Kanzler" seiner Diözese hatte der Pfarrer eine zusätzliche Verantwortung übernommen, die von ihm die tägliche Anwesenheit in der Bischofsresidenz von Haifa verlangte.

Eine Vision gewinnt Gestalt

Allmählich sah er ein, dass er sich in Zukunft nicht mehr so intensiv seiner geliebten Schule würde widmen können. Wie erleichtert war er, als er erfuhr, sein Neffe Elias R. Shakour werde ihm bei seinen Verpflichtungen am Campus unter die Arme greifen. Elias Shakour hatte kürzlich an der Universität in Michigan seinen Ph. D. in „Business Administration" absolviert. Während seines Studiums in den Vereinigten Staaten hatte er auch seine

Frau Sana'a kennengelernt und bereits begonnen, mit ihr in Michigan ein neues Leben aufzubauen. Nach seinem erfolgreichen Studium standen ihm in Amerika alle Wege offen. Dennoch war er bereit, in seine Heimat zurückzukehren und seinem Onkel mit seiner langjährigen Auslandserfahrung zu helfen. Im ersten Jahr sollte er ihn einfach bei seiner Arbeit begleiten, um die verschiedenen Bereiche am Campus kennenzulernen. Danach würde Abuna Elias ihm die meiste Verantwortung übertragen und ihn zum Rektor und Vizepräsidenten der gesamten Verwaltung des Mar-Elias-Zentrums machen.

Außerdem hegte Chacour schon seit längerer Zeit einen weiteren, ehrgeizigen Plan, den er nun mit Hilfe seines Neffen verwirklichen wollte. In Ibillin sollte die erste christlich-arabisch-israelische Universität eröffnet werden. Das israelische Bildungsministerium hatte bereits Interesse an diesem ambitionierten Projekt gezeigt. Doch selbst eine besonders sinnvolle Initiative seitens der Palästinenser konnte – wie so oft in diesem Land – nicht ohne Unterstützung aus Amerika vorangetrieben werden.

Während seiner vielen Vortragsreisen durch die Vereinigten Staaten nutzte Abuna Elias daher jede Gelegenheit, um dort Sponsoren für seine Universität zu gewinnen, an der sowohl Christen, Muslime, Drusen als auch Juden studieren sollten. Mit der Hilfe seines Neffen Elias konnte er die Universität von Indianapolis überzeugen, sich als Partner an diesem Projekt zu beteiligen. Die Universität in Ibillin sollte als eine Zweigstelle der Universität von Indianapolis eröffnet werden, bis sie später vom israelischen Bildungsministerium volle Anerkennung und finanzielle Unterstützung erhalten würde. Bis dahin war es aber noch ein weiter Weg. Für das Traumprojekt standen bereits vierundsechzig Akademiker mit einem Doktorat zur Verfügung – Muslime, Christen und auch Juden. Fünf von ihnen hatten sogar den Titel „Universitätsprofessor" erworben. Chacour konnte es selbst kaum glauben: „Vor zwanzig Jahren wäre dies noch als Phantasie eines

Traumtänzers abgetan worden. Heute ist es eine Realität, für die wir Bewunderung ernten."

Neben der Universität hatte Abuna Elias noch ein anderes Großprojekt in Angriff genommen. Auf dem „Berg des Lichts" sollte nicht nur ein auf dem Elitegedanken basierendes Erziehungsprogramm ins Leben gerufen werden, sondern vor allem auch ein spirituelles Zentrum entstehen. Ibillin hatte in den vergangenen Jahren immer mehr freiwillige Helfer aus verschiedenen Ländern angezogen, die bereit waren, sich auf den Baustellen „ihre Hände schmutzig zu machen". Die meisten von ihnen kamen aber nach Ibillin, um dort auch ihre eigenen spirituellen Wurzeln zu entdecken oder neu zu beleben. Die Begegnung mit der christlichen Bevölkerung vor Ort konnte dabei sehr hilfreich sein. Chacour schwebte schon seit langem ein großer Begegnungsraum vor. Darüber sollte eine neue Kirche entstehen, die – wie ein großes Schiff auf hoher See – alle Menschen, die ihren Weg nach Ibillin finden sollten, fassen konnte. Dafür fand man einen Architekten: Adeeb Daoud. Er verstand es, Abuna Elias' großartige Vision zu verwirklichen. Im Frühjahr 2001 konnte mit dem Bau des Auditoriums begonnen werden, auch wenn noch lange nicht das dafür nötige Geld vorhanden war.

Der Himmel ist in Japan

Dass Gott ihn bei seinen Bauplänen nicht im Stich ließ, hatte Abuna Elias oft genug erfahren. Daher vertraute er wieder auf die göttliche Vorsehung. Im Frühjahr fing er mit dem Bau an und ließ sich dabei auch nicht von den israelischen Behörden verunsichern.

Eines Tages trudelte in seinem Büro ein Fax aus Japan ein, das den sonst wirklich nicht leicht beeindruckbaren Pater wahrlich in Verwirrung versetzte. Naganuma Nigochi, Präsident der „Niwano Peace Foundation", einer buddhistischen Friedensstiftung, schrieb:

„Pater Chacour, Sie wurden für den Niwano Friedenspreis ausgewählt. Sie sind herzlich eingeladen, diesen Preis in Tokyo entgegenzunehmen. Nehmen Sie die Einladung an?" Er hatte mit allem gerechnet, nur damit nicht. Für den Abuna war es ein Geschenk des Himmels: Zwanzig Millionen Yen, exakt die Summe, die ihm noch für die Fertigstellung des Auditoriums fehlte, waren mit der Auszeichnung verbunden – dazu gab es noch eine Goldmedaille! „Ist der Himmel wohl in Japan?", fragte er ironisch seine Sekretärin Lubna, als er das Fax zu Ende gelesen hatte. Lubna war schlicht überfordert, auf diese Frage eine passende Antwort zu geben. Er erklärte aber, sichtlich zufrieden: „Wo immer auch Liebe ist, da ist auch der Himmel. Diesmal ist er also in Japan!" Nach einer kurzen Pause fügte er hinzu: „Ich staune über diese friedensliebenden Nicht-Monotheisten und frage mich, was eigentlich bei uns in Israel schiefläuft."

Am 2. Mai 2001 konnte Abuna Elias seine große Reise nach Japan antreten, aufgeregt wie ein Kind vor einem neuen Abenteuer. Noch nie hatte er ein Land in Ostasien besucht. In Israel hatte er kaum Zeit, um sich auf die japanische Kultur vorzubereiten. Wie würde er wohl mit den buddhistischen Traditionen zurechtkommen? Würden diese friedlichen Buddhisten seine Botschaft mit ihrer politischen Komponente wirklich verstehen? Wie konnte er zu einem Volk, das von Christus kaum je etwas gehört hatte, von der „Bergpredigt" reden? Viele Fragen schwirrten in seinem Kopf herum, als er schließlich im Flugzeug saß. „Ich spreche ja kein Japanisch und kenne auch niemanden in Japan", dachte er. Er hatte ein Gefühl wie Schmetterlinge im Bauch.

Das amerikanische Ehrendoktorat

Zu Beginn seiner Reise flog er zunächst nach New Jersey. Dort war er von einem Verein arabisch-amerikanischer Ärzte als Ehrengast zu einem Benefiz-Galadiner eingeladen. Eigentlich stand er nicht gern im Mittelpunkt solcher Events. Aber es ging schließlich um seine vielen palästinensischen Kinder. In Gedanken an sie ließ er die elegante Zeremonie frohgemut über sich ergehen. Es war für ihn ein ungewöhnliches Schauspiel, so viele nach den USA ausgewanderte Palästinenser, Libanesen, Syrer, Jordanier, Ägypter, Libyer, Türken, Leute aus Tunesien und Saudi-Arabien, Muslime, Christen und Drusen friedlich vereint an einem Ort zu sehen. Amerikanische Staatsbürger waren sie schon alle! Fern von ihrer alten Heimat fühlten sich diese 450 arabischen Ärzte wie eine Großfamilie. Für Chacours Schule und sein Universitätsprojekt konnten allein an jenem Abend 21.000 Dollar gesammelt werden.

Am 5. Mai führte die Reise ihn dann weiter nach Indiana. Am Flughafen wartete bereits Jerry Israel, Rektor der Universität von Indianapolis, mit seiner Frau sowie mit Abuna Elias Neffen, dem jungen Elias Shakour. Elias jr. hatte bereits gemeinsam mit dem Rektor vor Ort ein Treffen mit der „Union amerikanischer Universitäten" arrangiert. Nun hatte der Abuna Gelegenheit, zusammen mit seinem Neffen die für den Universitätscampus in Ibillin ausgearbeiteten Pläne in allen Einzelheiten vorzustellen. Die Vertreter der amerikanischen Universitäten ließen sich von der Besonderheit des einmaligen Projekts überzeugen. Auch für die schulischen Leistungen in seinem Gymnasium wurde Chacour gewürdigt. Die Amerikaner erklärten sich bereit, das israelisch-arabische Abitur anzuerkennen. Das war eben die Vorraussetzung für die Schüler von Ibillin, künftig an einer amerikanischen Universität weiterstudieren zu können. Ein besonderer Höhepunkt des Ereignisses war dann der Moment, als der Rektor der Universität von Indianapolis Elias Chacour den Ehrendoktor *honoris causa* verlieh.

Sich auf diesen Lorbeeren ein wenig auszuruhen und sich in Amerika ein paar Ruhetage zu gönnen, konnte er sich jedoch nicht leisten. Schon am nächsten Tag flog er weiter nach Japan.

Nach dem 13-stündigen Flug empfingen ihn am Flughafen von Tokio der japanische Erziehungsminister und der Präsident der Niwano-Friedensstiftung. Gemäß japanischer Tradition verbeugten sich die beiden Herren vor Pater Elias und richteten – stets in geneigter Haltung – ihre Begrüßungsworte an den weitgereisten Ehrengast. Abuna Elias war gerührt. Mit solch einem Empfang hatte er nicht gerechnet. Als er am nächsten Tag gemeinsam mit dem Präsidenten der Stiftung vor den Eingang des wichtigsten buddhistischen Tempels „Great Sacred Hall" gefahren wurde, standen dort bereits Hunderte von Menschen. „Auf wen warten all diese Menschen? Haben Sie denn heute einen wichtigen Gast?", fragte er den Präsidenten ganz unschuldig.

Am Eingang zum Tempel standen zehn Mütter mit ihren Kindern auf dem Arm. Jedes Kind hielt ein symbolisches Geschenk für den Geistlichen bereit. „Man hatte mir erklärt, man umarme sich in Japan nicht, man verbeuge sich nur. Aber diese Kinder waren hinreißend, einfach zum Umarmen!" Der Tempel konnte zehntausend Personen fassen. An jenem Tag waren alle Plätze besetzt. Als Abuna Elias den Raum betrat, fingen zwei Mönche an, vor einer Buddha-Statue ein 15-minütiges Gebet zu rezitieren. Für seine Ohren klang es wie ein monotones Murmeln. Was er verstand, war nur sein Name. Ein Dolmetscher erklärte ihm danach, die beiden Mönche beteten dafür, dass Pater Elias seinen Einsatz für den Frieden fortsetzen könne.

Am nächsten Tag fand schließlich die eigentliche Feier der Preisverleihung statt. 250 geladene Gäste nahmen daran teil. Erst hielt der Präsident der Niwano-Friedensstiftung eine Rede, dann der Erziehungsminister. Als das Wort schließlich der israelische Botschafter in Japan ergriff, verschlug es Abuna Elias über so viel Hochschätzung fast den Atem: „Pater Chacour ist ein stolzer Palästinenser", begann der Botschafter seine Rede. „Er ist einer, der seine Mitmenschen liebt und Liebe auch verbreitet. Wir spüren einfach, dass er mit dem Herzen spricht." Abuna Elias konnte es kaum glauben, aus dem Mund des Vertreters von Israel solche anerkennende Worte zu hören – nicht nur diplomatische Floskeln: „Gern danke ich der Niwano-Friedensstiftung dafür, dass sie von der östlichen Grenze Asiens bis zum kleinen Staat Israel und dort bis zur arabischen Minderheit Ausschau gehalten hat, um einen Mann wie Pater Chacour zu finden. Ich und meine Kollegen an der israelischen Botschaft sind tief bewegt." Abuna Elias spürte, dass die Worte des Botschafters wirklich aus seinem Herzen kamen.

Noch am selben Tag machte Pater Elias mit dem Hochgeschwindigkeitszug einen Ausflug nach Kioto. Auch dort war er fasziniert von der Großzügigkeit und Einfachheit seiner Gastgeber. Eine besondere Freude machten ihm seine neuen Freunde, als sie ihn auf den Berg Hieri führten. Für den Abuna hatte jeder Berg etwas Geheimnisvolles, fast Heiliges an sich. Er musste bei dem steilen Aufstieg unweigerlich an seine vertrauten Berge in Galiläa denken: an den Karmel, den Berg der Seligpreisungen, den Tabor. Am Hieri, im fernen Japan, wurde ihm plötzlich wie eine Erleuchtung bewusst, dass der Heilige Geist auch außerhalb der Kirche wirken kann: „Ich glaube nicht, dass wir den Heiligen Geist für uns allein gepachtet haben. Wir sind auch nicht diejenigen, die am besten wissen, wo es langgeht. Oder wir wissen es vielleicht, aber andere setzen dieses Wissen besser in Taten um."

Nach dem viertägigen Besuch in Japan ging die Reise wieder zurück in die Vereinigten Staaten.

„... *euer vergessener Bruder* ..."

Am Flughafen von Atlanta warteten mehr als ein Dutzend Leute neugierig auf den weitgereisten Priester – unter ihnen der Rektor der Universität von Emory, Dr Chace. Auch Chacours Neffe Elias kam wieder dazu und wich nicht von der Seite seines Onkels. In Atlanta sollte dem Pfarrer ein weiterer Ehrendoktortitel der Theologie verliehen werden. Als der Rektor ihn am Flughafen begrüßte, erklärte er ihm gleich zu Beginn, dass sein Vortrag an der Universität höchstens fünf Minuten dauern dürfte. Es sollten bei der Ehrendoktorfeier auch andere Redner zu Wort kommen, und man dürfte die rund 14 000 geladenen Gäste nicht allzu sehr in Anspruch nehmen. „Ich habe aber eine Rede vorbereitet, die mindestens dreizehn Minuten dauert. Fünf Minuten reichen niemals aus!", betonte der Gefeierte. Den wahren Grund für die Kürzung seiner Rede fand er bald heraus.

Die örtliche jüdische Gemeinde übte Druck aus, nachdem sie erfahren hatte, wer an jenem Tag mit dem Titel eines Doktors *honoris causa* geehrt werden sollte. Seine Rede sollte sogar ganz vom Programm gestrichen werden. Doch als sie dies an der Uni nicht durchsetzen konnte, bestand sie auf einer fünfminütigen Rede. Vor ihm sollte die jüdische Professorin Deborah Liepstadt den Hauptvortrag halten. Sie war berühmt geworden, weil sie einen Prozess gegen den umstrittenen Historiker David Irving, den Leugner des Holocausts, gewonnen hatte.

Nach ihr blieb für Chacours Rede kaum noch Zeit übrig. Ohne auf die verschiedenen Punkte, die er vorbereitet hatte, einzugehen, musste er schnell und kurz improvisieren, sich auf die Inspiration des Heiligen Geistes verlassen. Seine Rede dauerte exakt viereinhalb Minuten, wurde aber dreimal von heftigem Applaus unterbrochen.

Am Ende stand das ganze Publikum auf: Es folgten weitere fünf Minuten einer „standing ovation". Die ursprünglich geplanten dreizehn Minuten waren damit erreicht. An Deborah Liepstadt wandte sich dann Abuna Elias mit den Worten: „Ich appelliere an Ihren Mut und an Ihren Sinn für moralische Integrität. Erlauben Sie nicht, dass die Nazi-Ideologie nach Palästina gelangt. Wir zahlen den Preis dafür, was andere Ihnen angetan haben. Ich will nicht ein Jude der Juden sein. Ich bin euer vergessener Bruder. Diese Worte stammen aus einem Herzen, das nichts anderes als Liebe kennt." Er hatte damit die jüdische Professorin tief im Inneren berührt. Sie dankte ihm für seine anregenden Worte und umarmte ihn.

Am nächsten Tag berichtete sogar die New York Times über das Ereignis. Doch Chacour wurde langsam unruhig. „Es wird Zeit, dass ich meine Füße wieder fest auf den Boden der Realität setze. Wenigstens will ich meine Schuhe bei den Bauarbeiten mit dem Staub schmutzig machen", sagte er sich.

Bei seiner Rückkehr erwartete ihn in Ibillin im Juni noch eine Überraschung. Sein melkitischer Patriarch verlieh ihm den Titel „Archimandrit". Das bedeutet in der kirchlichen Hierarchie der Melkiten ungefähr so viel wie in Rom „Monsignore". „Ich möchte lieber wie bisher schlicht ‚Abuna' genannt werden", verkündete er aber all seinen Freunden.

Terror auf beiden Seiten

Die brutale politische Realität in Palästina holte Abuna Elias nach den erfreulichen Höhepunkten seiner Weltreise bald wieder ein. Im Sommer 2001 war die zweite gewalttätige Intifada schon voll im Gange. Kaum ein Tag verging ohne einen Terroranschlag. Die Opfer nahmen auf beiden Seiten zu. Auf palästinensischen Terror folgten zwangsläufig Gegenmaßnahmen israelischer Soldaten. Häufig musste Abuna Elias die palästinensischen Toten zu Grabe tragen. Er hatte bald den Eindruck, das Leben in Israel reduzierte sich auf die „täglichen Prozessionen bei Begräbnissen".

In der jüdischen Bevölkerung wuchs die Angst, dass wieder ein

Selbstmordattentäter sich selbst und andere mit in den Tod reißt. Wie konnte man eine solche Tragödie in den Griff bekommen? Das Land mit noch mehr Waffen aufzurüsten, schien für Israel die einzige Lösung zu sein. Chacour kam dies irrwitzig vor: Die Israelis konnten sich, trotz ihrer Übermacht an Waffen, nicht vor den fanatischen Terroristen schützen. Der mörderische Wunsch der Palästinenser, die Juden aus ihrem Land ins Meer zu treiben, schien für ihn eher eine jüdische Obsession zu sein, denn ihm war klar: Keineswegs alle Araber hegten gegen Israel solche Gefühle.

Abschreckend für die Juden war auch die ihnen fremde Religion: der Islam. Beriefen sich doch die Selbstmordattentäter immer auf Allah und auf die Befehle des Propheten Mohammed. Für den Abuna war das Problem jedoch nicht der Islam an sich, sondern jede Form von religiösem Fanatismus. Die Selbstmordattentäter waren nach Chacours Ansicht „Sklaven der Verzweiflung", die ihre von Gott zugestandene Freiheit verloren hatten. „Ich bin weiterhin davon überzeugt, dass Gott nicht tötet. Er hat nie getötet und wird es auch nie tun. In der Bibel ist es nicht Gott, der tötet", lautete seine Antwort, wenn jemand im Namen Gottes die Religion als Vorwand für Gewalttaten missbrauchte. Diese Versuchung war auch für Christen gefährlich. Abuna Elias erinnerte oft an Kains Brudermord an Abel. Dieses Verbrechen hatte Neid und Eifersucht als Motiv. Gott appellierte nach dem Geschehen an sein Gewissen, indem Er rief: *„Kain, wo ist dein Bruder Abel?"* (Gen. 4, 9)

Chacour war der festen Überzeugung: Dringender denn je brauchte jetzt die Menschheit Christus, der am Kreuz zu Gott rief: „Vater, vergib ihnen, denn sie wissen nicht, was sie tun." Man kann die Ursachen des Terrorismus nicht nur auf palästinensischer Seite suchen, meinte er. Terror gab es seiner Ansicht nach auf beiden Seiten: Sein Volk litt bereits seit mehr als fünfzig Jahren unter israelischer Besatzung. Sein Vorschlag für die Israelis:

„Ihr habt unser Land weggenommen. Gebt uns wenigstens zwanzig Prozent davon wieder zurück. Wir sind bereit, mit euch gemeinsam zu leben. Aber hört endlich auf zu sagen: ‚Geht, wohin ihr wollt, in die arabischen Länder.'"

Dass diese Länder die Bewohner der Flüchtlingslager keineswegs zu sich aufnehmen wollten, steht auf einem anderen Blatt.

Im Schatten des 11. September

Am 11. September 2001 ereignete sich etwas, das die Weltlage erschüttern und verändern sollte: Flugangriffe arabischer Terroristen auf das World Trade Center in New York und auf das Pentagon – mit über dreitausend Todesopfern. Ein monströses Verbrechen von apokalyptischem Ausmaß. „Was in New York geschehen ist, übersteigt alle wie auch immer gearteten Gräueltaten, die wir uns vorstellen können", erklärte Chacour zwei Tage später in einem Solidaritätsschreiben an seine amerikanischen Freunde. In jenem tragischen Augenblick fühlte er sich mit ihnen noch mehr verbunden als je zuvor.

Chacour verspürte den Drang, etwas Konkretes für die amerikanischen Opfer zu tun – als könnte er damit dem Bösen Einhalt gebieten. Die Schüler, Studenten und Lehrer von Ibillin entschieden sich, Blut für die verletzten Opfer zu spenden.

Nach dem ersten Schock vom 11. September beschäftigten Chacour komplizierte Fragen. Es war ein Ringen um Wahrheit. Waren nun wieder nur Araber für die Anschläge verantwortlich? Wie würden die Amerikaner darauf reagieren? Mit einem Vergeltungsschlag?

Die Terrorangriffe in den USA riefen in seinem Gedächtnis die Attentate in Israel und den Palästinensergebieten wach. Doch die Angriffe in den USA übertrafen bei Weitem alle anderen. Seiner Ansicht nach stellte dieser Terror einen Ausdruck des angestauten Hasses gegen den westlichen Kapitalismus dar: Kein anderes Gebäude auf der Welt verkörperte in den Augen der Terroristen mehr die Macht des Kapitals als die Twin Towers in Manhattan.

Chacour bemühte sich, die Ursachen zu verstehen, die Menschen zu solch einer teuflischen Handlung verleiten konnten. Eine Handlung, bei der es nur noch um „Rache, Zerstörung und Ausrottung" ging. „Wir haben es mit einer Verrohung der Seele zu tun, eigentlich einer restlosen Verschmutzung unserer Herzen und Gedanken."

Durch den Kontakt mit seinen amerikanischen Freunden wusste Chacour wohl, dass nicht alle Amerikaner die politische Lage so einseitig beurteilten wie ihr Präsident, als er von der „Achse des Bösen" sprach und den „Krieg gegen den Terror" heraufbeschwor. Es ging ihm darum, der Welt jetzt erst recht zu vermitteln: Nicht alle Araber sind Terroristen und schon gar nicht alle Palästinenser. Er ging sogar noch einen Schritt weiter und rief in einem Beitrag in einer US-Zeitschrift die Amerikaner und sein eigenes Volk zur Versöhnung auf: „Für mich, einen Palästinenser, arabischen Christen und israelischen Staatsbürger, ist es klar, dass der Ruf nach Verzeihung ein toter Buchstabe bleibt, wenn wir nur unsere Hände in Verzweiflung erheben und resignierend ausrufen: ‚Was kann ich schon tun?' Die Botschaft der Bergpredigt wird unerhört bleiben, wenn du und ich nicht aufstehen und nichts riskieren, wenn wir den Menschen nicht die neue Vision eines lebensnotwendigen Ethos vermitteln."

Es war eine Zeit angebrochen, in der die westliche Welt meinte, an allen Fronten den Kampf gegen einen unsichtbaren Feind führen zu müssen; einen Kampf, der die Formen traditioneller Kriegsführung sprengen sollte. An welchen Richtlinien sollte man sich dabei orientieren? War es richtig, in einen Krieg gegen den Terrorismus zu ziehen?

In den Augen Chacours wäre dies ein großer Fehler. Der Krieg würde den Hass der Araber gegen den Westen nur noch mehr schüren. Ein Zusammenstoß der Kulturen könnte auf diese Weise kaum noch vermieden werden.

Abuna Elias hat es immer verabscheut, über Situationen und Menschen pauschal zu urteilen. Er war auch bemüht, seine palästinensischen Mitbürger immer wieder von den „guten Seiten der Amerikaner" zu überzeugen. In einer Situation, in der niemand mehr wusste, wer im Recht war, erkannte er, dass von den Christen nun derselbe Mut verlangt würde wie seinerzeit gegen die Nazis oder die Kommunisten.

Transport nach Betlehem

Manche Begegnungen inmitten der gewalttätigen Intifada weckten in Chacour immer noch die Hoffnung, es sei in Israel doch möglich, friedlich miteinander zu leben. Eines Tages kamen sieben reformierte Rabbiner in sein Büro, um mit ihm über eine Zusammenarbeit für den Frieden zu sprechen. „Ich habe keine Lust, jetzt über den Frieden zu diskutieren", meinte Abuna Elias etwas gereizt. „Mir macht Sorgen, dass die Menschen in Beith Jala verhungern, während ich nicht weiß, wie man ihnen Lebensmittel zukommen lassen kann." „Was hindert Sie denn daran? Es ist doch nicht verboten", entgegnete einer der Besucher. „Aber teuer!", konterte der Priester. „Wir brauchen dazu mindestens zwei Lastwagen. Ein Fahrzeug kostet 700 Dollar. Wenn ihr wirklich eine friedliche Zusammenarbeit wollt, dann solltet ihr das nötige Geld dafür auftreiben." Ehe er sich versah, zog einer der Rabbiner 1.400 Dollar aus seiner Westentasche. „Diese Gabe ist ja wunderbar! Ich fürchte aber, es reicht nicht. Ich weiß nicht, wie ich die Grenze mit den beiden Lastwagen voll mit Lebensmitteln passieren kann." „Aber es gibt doch keine Grenze!", antworteten die Rabbiner.

Tatsächlich gab es auf jener Straße, die von Jerusalem über Beith Jala nach Betlehem führte, ausnahmsweise keinen israelischen Checkpoint. Für Palästinenser war es aber verboten, diese

Strecke zu benutzen. In dieser Gegend lauerten Scharfschützen im Hinterhalt, klärte Chacour die Rabbiner auf. Doch mit jüdischer Hilfe könnten die palästinensischen Kraftfahrer problemlos in das von einer Betonmauer und von Checkpoints umgrenzte Gebiet gelangen. „Seid ihr bereit, dorthin zu fahren?" Die Rabbiner fühlten sich etwas überrumpelt. „Aber wer wird denn die Nahrungsmittelpakete annehmen, wenn sie von uns Rabbinern stammen?" „Die Terroristen natürlich, die auf euch Steine werfen!", erwiderte Abuna Elias bewusst provozierend. „Junge Palästinenser werden kommen und die Nahrungsmittel entgegennehmen." Die Rabbiner meinten, dies sei ein Scherz. Doch der Pfarrer griff zum Telefon und rief Zogbi, einen arabischen Christen, in Betlehem an. „Morgen um sieben Uhr früh werden zwei Lastwagen mit zehn Tonnen Lebensmittel vor deiner Haustür stehen. Bitte sorge dafür, dass zehn robuste, junge Männer bereitstehen, um die Pakete auszuladen und sie unter den muslimischen und christlichen Familien zu verteilen." Zogbi zeigte sich skeptisch: „Das ist doch unmöglich! Wie wollt ihr denn die Grenze passieren?" Abuna Elias erklärte ihm, sie sollten ruhig auf palästinensischem Gebiet bleiben, während die Lastwagen durch die Freizone fuhren.

Am folgenden Tag standen die sieben Rabbiner zeitig am vereinbarten Ort. Punkt sieben erschienen auch die jungen Palästinenser und halfen sofort beim Ausladen. Es war Hilfe unter Menschen, die im Allgemeinen nicht miteinander redeten.

Zwei der Rabbiner suchten dann Chacour nochmals in Ibillin auf, um ihm zu berichten. Sie waren den Tränen nahe, als sie von ihrer Begegnung mit den jungen Palästinensern erzählten: „Unser ganzes Leben lang hatten wir uns bemüht, Gutes zu tun. Was Sie jetzt von uns verlangten, war bedeutender als all das Gute, das wir früher tun konnten. Wir sind jetzt überzeugt, es ist schon möglich, eine Zusammenarbeit zwischen Juden und Palästinensern mit gutem Willen herbeizuführen."

„Es könnte hier in Israel doch schön werden, wenn alle Juden so dächten und handelten wie diese sieben aufgeschlossenen Rabbiner", dachte sich Abuna Elias, als die beiden Herren sein Büro verließen. „Wie stark ist doch das Schicksal der Juden mit jenem der Palästinenser verbunden!" Es wurde ihm wieder bewusst: Sie waren doch eigentlich „Blutsbrüder". Ob die Juden und Palästinenser es wollten oder nicht: Palästinenser und Juden konnten miteinander auskommen – so wie sie es auch schon in der Vergangenheit gekonnt hatten.

Ihm war klar: Die Unabhängigkeit Israels hing letztlich von der Unabhängigkeit eines palästinensischen Staates ab. Für Chacour schien aber ein unabhängiges Palästina nach all den nutzlosen Verhandlungen ein fernes Ideal geworden zu sein. Dennoch machte er sich gern über einen idealen Staat seines Volkes Gedanken: Es sollte doch möglich sein, aus Israel und Palästina unabhängige *Partner* zu machen. Er malte sich aus, wie diese beiden Länder auf vielen Gebieten einander gut ergänzen und nach außen hin vereint auftreten könnten.

Wenn er Gelegenheit zu Kontakten mit Vertretern der israelischen Regierung hatte, bemühte er sich, ihnen seine Vision verständlich zu machen. „Wäre es nicht eine Chance für beide Seiten, wenn Israel seine prophetische Rolle im Herzen der Weltfamilie wahrnehmen könnte? Wir haben viel von euch gelernt. Ich hoffe, dass auch ihr eines Tages von uns lernt, nicht wie von einem Feind, sondern von einem Freund." Für ihn bestand kein Zweifel: Die einen konnten ohne die anderen nicht existieren.

Auf dem Weg nach Jericho

Wie sehr Juden und Palästinenser aufeinander angewiesen waren, konnte Elias Chacour im November 2001 erleben, als er im Auto mit einem australischen Gast Richtung Jericho unterwegs war. Es regnete leicht. Der Staub der Straße hatte sich in ein rutschiges Gemisch verwandelt. Er musste sehr Acht geben, um nicht die Kontrolle über den Wagen zu verlieren. Da wurde er Zeuge, wie plötzlich ein Auto ins Schleudern geriet, sich schnell zu drehen begann und in einem Graben landete. Kurz darauf blieb ein anderes Auto an der Unfallstelle stehen. Fünf Männer stiegen aus und rannten zu dem gestrandeten Wagen. Inzwischen hatte auch der Geistliche mit seinem Australier den Unfallort erreicht. Die dreißigjährige Jüdin war nicht verletzt, doch sie saß wie vor Schreck erstarrt da. Sie hatte bemerkt, dass die fünf Männer, die um ihr Auto herumstanden, Palästinenser waren. Sie wagte es nicht, auszusteigen, nicht einmal ihr Fenster zu öffnen. Wahrscheinlich hatte sie vor den fünf Palästinensern mehr Angst als vor der Vorstellung, ihr Fahrzeug könnte in Flammen aufgehen. Da näherte sich Abuna Elias ihrem Auto. Er lächelte durchs Fenster und öffnete die Tür: „Diese Männer tun Ihnen nichts, meine Dame. Sie wollen Ihnen nur helfen. Steigen Sie doch aus und beruhigen Sie sich etwas in meinem Wagen. So können die Männer inzwischen Ihr Auto aus dem Graben holen." Er reichte ihr die Hand und begleitete die verschreckte Frau zu seinem Mazda. Inzwischen war das Militär auf diese Menschenansammlung aufmerksam geworden. Sie richteten ihre Maschinengewehrläufe reflexartig auf die fünf Palästinenser und wollten wissen, was da vor sich ging. Da sprang die Frau plötzlich aus ihrem Wagen und stellte sich zwischen die Soldaten und die Palästinenser. „Was macht Ihr denn? Seht Ihr denn nicht, dass diese Männer mir das Leben gerettet haben?"

Auf einmal war ihr Angstgefühl wie weggeblasen. „Runter mit den Waffen!" Irritiert, von einer Frau einen Befehl zu erhalten, insistierten die Soldaten, sie solle gefälligst auf ihre Seite kommen. Doch sie weigerte sich: „Geht weg! Ich werde mich nicht auf eure Seite stellen, sondern auf die Seite jener, die mich beschützt und gestärkt haben." Daraufhin ließen die Soldaten die Männer in Ruhe. Die Situation wurde wieder friedlich, die Dame bedankte sich noch einmal und verabschiedete sich von ihren Helfern, bevor sie davonfuhr.

Chancen für die Frauen

Diese Begegnung gab Elias einen neuen Anlass, über die Rolle der Frau in der israelischen Gesellschaft nachzudenken. Zurück in Ibillin, suchte er gleich Marie Loller auf, seine neue australische Mitarbeiterin. Mit ihr wollte er seine Gedanken über die Rolle der Frau in Israel teilen. Marie war eine moderne, resolute Frau mittleren Alters, die sich für einige Zeit hatte beurlauben lassen, um sich den Bemühungen um Versöhnung in Israel zu widmen. Als sie vom erfolgreichen Erziehungskonzept des Mar-Elias-Instituts erfuhr, stellte sie sich dort ganz zur Verfügung. Gerade damit beschäftigt, gemeinsam mit Chacour eine „Internationale Galiläa-Konferenz" für Oktober 2002 vorzubereiten, hörte sie es gern, wie der Pfarrer ihr aus der Seele sprach: „Finden Sie nicht auch, dass wir in Israel bessere Möglichkeiten für eine Verständigung hätten, wenn Frauen mehr in den Versöhnungsprozess eingebunden wären?" Auch sie hatte ja ihre Chance wahrgenommen, sich in diesem von Machtkämpfen erschütterten Land für den Frieden zu engagieren. „Vielleicht fällt es uns Frauen leichter, versöhnend zu wirken", erwiderte sie. „Liegt es nicht eher in der Natur der Frau? Die Männer müssen kämpfen und sie streben nach Macht." Marie ließ ihre feministische Gesinnung ein wenig durchklingen. Doch sie war keine eingefleischte Feministin. Sie wollte sich lediglich für die Rechte der Frauen einsetzen. Generell kein leichtes Unterfangen in Israel. Für Abuna Elias lag das Problem in erster Linie beim starken Zuwachs der fundamentalistisch-religiösen Parteien in diesem Land: „Obwohl Israel ein demokratischer, moderner Staat ist, üben die religiösen Parteien immer mehr Einfluss auf die Politik aus. Diese Parteien erkennen die Rechte der Frauen gar nicht an." Marie war noch nicht lange genug in Ibillin. Daher stellten die religiösen Parteien der orthodoxen Juden für sie ein neues Phänomen dar: „Sollten sich nicht gerade die religiösen Parteien mehr für die Würde der Frau einsetzen?", reagierte sie etwas erstaunt. „Schon, ja, sie würden aber lieber doch alle Frauen aus öffentlichen Ämtern entfernen."

Er bemühte sich, Marie zu erklären, wie kompliziert die Gesetzeslage in Israel war: „Das rabbinische Recht und das Zivilrecht sind in einem Konflikt voneinander getrennt. Die nichtreligiösen Juden sind dabei in offener Opposition zu den Orthodoxen, die eine strenge Theokratie vertreten. Die religiösen Parteien werden zunehmend einflussreicher." „Es gibt auch Friedensinitiativen, in denen Frauen führende Rollen spielen", entgegnete die Australierin. „Ja! Bewegungen, die den Dialog zwischen jüdischen und palästinensischen Frauen fördern. Leider ist aber die Situation im Westjordanland und in Gaza völlig anders." Ob man in der arabischen Gesellschaft überhaupt von einer Emanzipation der Frau sprechen kann? „In Israel nehmen Frauen mehr als in den arabischen Ländern am öffentlichen Leben teil, aber man ist erst am Anfang. Ich habe ja meine Schule gegründet, um auch den palästinensischen Frauen eine bessere Ausbildung zu bieten. Mehr als sechzig Prozent der Schüler an unserem Mar-Elias-Institut sind Frauen."

Verschleiert oder nicht verschleiert: Diese jungen Frauen waren stolz, hier auf die Schule gehen zu dürfen. Bald sollten sie sogar die Möglichkeit haben, in Ibillin an der neuen Universität weiterzustudieren. Am Uni-Komplex wurde bereits gebaut. Abuna Elias hoffte insgeheim, dass die meisten Studenten nicht im Ausland, sondern in ihrer Heimat weiterstudieren würden. Die Schule – später einmal auch die Universität des Mar-Elias-Instituts – sollte gerade ein besonderer Anreiz für arabische Israelis sein, das Land nicht zu verlassen. So etwa die junge Palästinenserin Samia, deren Familie nach einem neunjährigen Aufenthalt in New Jersey in ihre alte Heimat zurückkehrte. Die muslimischen Eltern suchten eine gute Schule in Israel für ihre Tochter, die mit dem amerikanischen Schulsystem vertraut und zweisprachig aufgewachsen war. Samia besuchte nun das Mar-Elias-Gymnasium und bereitete ihre Abschlussprüfungen vor. „In New Jersey war ich von christlichen Kindern in meiner

Schule umringt: weit und breit die einzige Muslimin. Aber es spielte keine weitere Rolle", erzählt die junge Palästinenserin. „In Amerika feierten meine Eltern mit uns auch die christlichen Feste – Weihnachten und Ostern." Samia trägt keinen Schleier, im Gegensatz zu ihren muslimischen Schulfreundinnen. Durch ihre guten Englischkenntnisse verfügt sie gegenüber ihren Mitschülern über einen gewissen Vorsprung. Das kommt ihr am Mar-Elias-Institut besonders zugute: Der Unterricht findet, neben Arabisch und Hebräisch, auch auf Englisch statt. Ihr Traumberuf wäre, Zahnärztin zu werden und in die Fußstapfen ihres Vaters zu treten, der seine eigene Praxis bei Tel Aviv führt.

Stärker als der Sturm

Das Auditorium und sieben angrenzende Gästezimmer waren gerade rechtzeitig vor Weihnachten auf dem Schulareal fertiggestellt. Die neue Kirche sollte später auf dem oberen Teil des Geländes errichtet werden. Den unteren Bereich konnte man bereits für Unterricht und Festakte nutzen. Am 23. Dezember versammelten sich alle 1450 Schüler mit ihren Lehrern und Eltern im frisch verputzten Auditorium. Die christlichen und muslimischen Familien waren ebenso wie die jüdischen Lehrer zur Weihnachtsfeier eingeladen. Interessiert betrachteten sie ein buntes, großflächiges Fresko an der hinteren Wand des Saals: In dessen Mitte zeigte eine Szene die Umarmung eines Palästinensers und eines Juden. In dem Fresko konnte man eine Inschrift lesen: „Gemeinsam sind wir stärker als der Sturm" – ein Gedanke, der Abuna Elias zu einem wichtigen Lebensmotto geworden war.

Am Tag zuvor hatte Nawar Musallam, eine Verwandte der Chacours, ein Weihnachtsfest für die ganz Kleinen des Kindergartens vorbereitet. Nach ihrer Pensionierung hatte sie sich bereit erklärt, die Verantwortung für Kindergarten und Grundschule auf sich zu nehmen. Als Abuna Elias sie fragte, wie viel sie als Direktorin verdienen wolle, antwortete Nawar: „Glaub nur nicht, allein ihr Priester könntet unentgeltlich für das Reich Gottes arbeiten. Ich kann das genauso!" Nawar war nicht nur eine gute Erzieherin, sondern auch wie eine echte Mutter für die Kleinkinder. Inzwischen hatte sie 245 Kinder im Kindergarten und 145 in den ersten vier Klassen der Grundschule in ihrer Obhut. In den folgenden Jahren sollten noch weitere vier Klassen dazukommen.

Die Schulfeste des Mar-Elias-Instituts gehörten zu den Höhepunkten des Jahres. Außer den christlichen feierte man auch jüdische Feste wie Hanukkah, oder auch das muslimische Fest des Fastenbrechens Id al-fitr, das den Ramadan-Monat mit vielen köstlichen Speisen ausklingen lässt. Wenn die Kinder am Ende des Schuljahrs ihre Zeugnisse erhielten, war dies ebenso ein feierlicher Akt. Für den Abuna war es eine Genugtuung, von den Fortschritten der Kinder zu erfahren, kannte er doch die meisten Schüler persönlich beim Namen. Unzählige Kinderhände schüttelte er jeden Morgen im Schulhof. „Das Lächeln eines jeden einzelnen erfüllt mich mit neuer Hoffnung über die Zukunft unseres Landes!"

Zweieinhalb Monate Sommerferien waren für die Kinder eine fast zu lange Zeit. Die meisten palästinensischen Familien konnten sich keinen Urlaub im Ausland leisten. Also musste der Abuna sich etwas einfallen lassen und Ferienlager organisieren. Rund fünfhundert Kinder sollten daran teilnehmen. Wie erstaunt war er aber, als mehr als doppelt so viele zum ersten Ferienlager erschienen. Schließlich machte er ihnen den Vorschlag, unter den Olivenbäumen zu schlafen. Die Jugendlichen waren begeistert davon, im Olivenhain unter dem Sternenhimmel von den unbegrenzten Möglichkeiten der weiten Welt zu träumen. Bald wurden die Ferienlager zur größten Attraktion des Jahres. Im darauffolgenden Jahr wollten bereits fast fünftausend Kinder aus ganz Galiläa daran teilnehmen. Aber wie sollte das mit der Verpflegung klappen? Wie Jesus damals bei den Seligpreisungen fünftausend hungrige Menschen versorgte, so musste der Abuna ebenfalls genügend Essen für seine fünftausend Kinder beschaffen, gleich dreimal am Tag, drei Wochen lang! Dreihundert Mütter stellten sich schließlich zur Verfügung und versorgten die Kinder mit belegten Brötchen und Getränken. Größtenteils waren es muslimische Frauen! Wieder ein Wunder.

Father Roberts Haus

Im Herbst die Oliven zu ernten und zuzusehen, wie man das Öl mit Hilfe einer tausend Jahre alten Presse gewinnt, war ein großes Erlebnis für die zwanzig Besucher aus den USA, die zur „Internationalen Galiläa-Konferenz" nach Ibillin gekommen waren.

Die Vorbereitung der Tagung hatte viel Zeit und noch mehr Geld gekostet. Dieses brauchte man aber auch für den Bau der Kirche. Die Außenwände waren bereits fertig. Eine Bekannte Chacours, Mary du Bose, machte den Vorschlag, einzelne Ziegelsteine zu verkaufen und so die Innenwände zu finanzieren. Jeder, der einen der 22.000 Ziegel kaufte, durfte seinen Namen auf einem Gedenkstein verewigen. In einem Klassenzimmer ließ Elias eine Gedenktafel anbringen für eine achtzigjährige Spenderin, die in einem Brief an ihn geschrieben hatte: „Ich habe alles über Sie gelesen und identifiziere mich ganz mit Ihrer Tätigkeit. Deshalb beschloss ich, alles, was ich im vergangenen Monat auf die Seite legen konnte, Ihnen zur Verfügung zu stellen." Im Umschlag lag ein 10-Dollar-Schein.

Es gab mehrere solcher Geschichten. Sie erzählen von großen und kleinen Wundern. Diese ereigneten sich meistens, wenn die Kasse leer war. Da war unter anderem die Geschichte mit dem Priester aus Kentucky, Father Robert. Er stand einmal vor der Tür und bat um ein Zimmer. Als er aber die vielen Stufen sah, die in den zweiten Stock führten, zögerte er. Mit seinen 75 Jahren konnte er keine Treppen mehr steigen. „Wenn ich ein eigenes

Haus hätte, würde ich dir das beste Zimmer geben", beteuerte der Abuna. Der amerikanische Priester wunderte sich, warum dieser keinen eigenen Pfarrhof hatte. „Ich habe andere Prioritäten. Wenn ich Geld erhalte, investiere ich das lieber in neue Schulklassen."

Seit mehreren Jahren wohnte Chacour selbst in einem kleinen Eckzimmer des Gästehauses. Dort war es im Winter extrem feucht. Als sein Gast aus Kentucky nun merkte, dass Elias Chacour mit Asthma zu kämpfen hatte, machte er sich um dessen Gesundheit Sorgen. Er füllte einen Scheck über 40.000 Dollar aus und beteuerte beim Abschied, weiterhin monatlich 10.000 Dollar zu überweisen, bis der Pfarrhof fertig sein werde. „Dann komme ich wieder und werde das beste Zimmer beziehen!"

Zwei Jahre später stand Father Robert erneut vor der Tür. Tief gerührt trat er ins neue Pfarrhaus ein. Es war von einem gepflegten Garten umgeben. Abuna Elias zeigte ihm sein komfortables Schlafzimmer mit Dusche. „Vielleicht ist es das letzte Mal, dass ich nach Israel kommen konnte", sagte der Gast aus Kentucky. „In diesem Haus werden von nun an deine Freunde ihren Platz finden. Versprichst du mir das, Elias?"

Father Robert starb an Weihnachten, drei Monate später. Kurz danach kam eine ältere Dame zu Besuch. Sie war die Schwester von Father Robert. Als sie das Gästezimmer sah, sagte sie bewegt: „Ich bin glücklich, dass Sie das Geld meines Bruders angenommen haben. Es war für ihn der größte Trost in den letzten Jahren seines Lebens." Die Dame drückte Abuna Elias beim Abschied diskret einen Briefumschlag in die Hand. Er öffnete ihn erst nach ihrer Abreise. „Danke für alles, was Sie für Ihre vielen Kinder getan haben und noch vorhaben", war in zierlicher Handschrift im Brief zu lesen. Beigefügt war ein gefalteter Scheck über 10.000 Dollar.

Trennmauern

Dank einer Initiative Chacours gab es in Ibillin seit einigen Jahren ein regionales Fortbildungszentrum für Lehrer aus ganz Galiläa. Mit seinen elfhundert Kursteilnehmern galt es als das größte Lehrer-Fortbildungszentrum in Israel. Es war auch das einzige, an dem Israels arabische Staatsbürger ihre pädagogische Ausbildung vertiefen konnten. Ernste Sorgen stellten den Fortbestand des Zentrums in Frage: Die andauernde Intifada, der Ausbau von Siedlungen in den besetzten Gebieten und die hohe Arbeitslosigkeit hatten Israel in eine wirtschaftliche Krise gestürzt. Außerdem verschlang der Bau einer über 700 Kilometer langen und 10 Meter hohen Trennmauer Unsummen von Staatsgeldern.

Ursprünglich umgab keine Mauer, sondern ein sogenannter „Sicherheitszaun" das Westjordanland. Dieser sollte das Eindringen von Terroristen nach Israel verhindern. Als während der zweiten Intifada die Terroranschläge dramatisch zunahmen, musste man zu stärkeren Maßnahmen greifen und errichtete dafür diesen gigantischen Schutzwall aus Beton. Für die Palästinenser in der Westbank und im Gazastreifen stellt die Mauer nicht nur ein Verkehrshindernis, sondern eine aggressive Provokation dar. Der Staat plante, in dieser Situation finanzielle Kürzungen auf anderen Gebieten – vor allem auf dem der Erziehung – einzuführen, und drohte mit der Auflösung der Lehrer-Fortbildungszentren in ganz Israel. Abuna Elias unternahm alles, was er nur konnte, um das Zentrum in Ibillin vor einer Schließung zu retten. Stundenlang führte er nervenaufreibende Verhandlungen im Bildungsministerium. Er bot sogar an, die Arbeit auch mit einer nur „symbolischen" finanziellen Unterstützung seitens des israelischen Staates fortzusetzen. Nach mehreren Monaten ließ man sich schließlich auf einen Kompromiss mit dem zähen Priester ein und gestattete ihm, in Ibillin weiterhin für 450 Lehrer pädagogische Fortbildungskurse durchzuführen. Die Hoffnung ließ sich nicht unterkriegen.

Den Messias erkennen

Es passiert nicht oft, dass das christliche Osterfest mit dem jüdischen Pessach zusammenfällt. Im Jahr 2002 war das der Fall. Für das Mar-Elias-Institut war dies ein ganz besonderer Anlass, um eine gemeinsame Feier zu begehen. In seiner Osteransprache erinnerte Chacour an das jüdische Pessach, ein Fest der Erinnerung an den Auszug Israels aus Ägypten. „Das erste Pessachfest war vom Blut der Schafe gekennzeichnet. Das Blut war ein besonderes Zeichen für die Rettung. Es wurde an den Türpfosten der Häuser der jüdischen Sklaven angebracht." Er unterbrach seine Rede und wurde ganz ernst: „Leider ist auch heute das Pessachfest von Blut gekennzeichnet, einem Fluss von Blut in Palästina und in Israel." Er betonte, dass für die Juden der Messias noch nicht erschienen sei und dass sich „alles, was in der jüdischen Bibel bezüglich der Ankunft des Messias geschrieben stehe, für die Christen auf vollkommene Weise in der Person Jesu Christi erfüllt habe. Er ist unser Friedensfürst, er bringt weder Angst noch Bedrohung für uns."

Seit seiner Studienzeit an der Hebräischen Universität in Jerusalem setzte Chacour einen „theologischen" Dialog mit den Juden fort. Öfters kam es dabei vor, dass er mit Rabbinern über die Frage der „Ankunft des Messias" diskutierte. Wenn sie bei dieser schwierigen Frage nicht vorwärtskamen, pflegte er zu sagen: „Nun gut, ihr behauptet, dass der Messias noch kommen wird, während ich behaupte, dass er bereits erschienen ist. Lasst uns daher heute zusammenarbeiten, bis er sich uns offenbart. Dann wird er sicherlich sagen, ob er wieder zurückgekommen ist oder nun zum ersten Mal erscheint. Die Hauptsache ist, dass wir ihn erkennen, wenn er da ist." Im Heiligen Land ist diese religiöse Sprache auch etwas, worin unerschütterliche Hoffnung sich ausdrückt – auch die Hoffnung auf eine Zukunft, die allen gemeinsam ist und keinen ausschließt.

Ein Traum wird wahr

„Erlauben Sie mir, Ihnen zu gratulieren, Pater Chacour", klang auf Hebräisch eine freundliche Stimme im Hörer. Ob der unbekannte Herr vielleicht meinen Geburtstag meint?, überlegte Abuna Elias kurz. „Ich bin Mitglied des ‚Israelischen Rates für Höhere Bildung'. Sie haben hart gearbeitet, und ich freue mich, Ihnen mitteilen zu können, dass Sie Ihre Universität eröffnen dürfen. Wir haben sie als Zweigstelle der amerikanischen Universität von Indianapolis anerkannt." Chacour wagte es kaum zu glauben: Die erste arabische Universität in Israel!

Seit drei Jahren hatte er nur mit Widerständen gekämpft: Endlose Verhandlungen mit dem Bildungsministerium ließen ihn zwischendurch zweifeln, ob sein Projekt je zustande kommen würde. Aber Dr. Zvi Sever, Bürochef des einstigen Generaldirektors im Ministerium, hatte ihm die Türen geöffnet und als loyaler Vermittler – inzwischen gar als wirklicher Freund – zur Verfügung gestanden.

Nun, im Juli 2003, war es endlich so weit. Abunas Gedanken schweiften zurück in seine Kindheit: „Wer hätte geglaubt, dass ich eine so weite Reise zurücklege? Auf dem Rücken eines Esels oder auf dem Ast eines Feigenbaums fing es an mit meinem Traum, eine Universität zu gründen! Wer bin ich denn, dass der Herr so gnädig zu mir ist?"

„Die Geburt war nicht leicht, aber jetzt haben wir ein frisch geborenes Baby vor uns: die erste christlich-israelisch-arabische Universität", verkündete Chacour einige Tage später in Ibillin den versammelten Journalisten. Er strahlte vor Freude. Bescheiden hatte hier alles begonnen: ein Senfkorn. Daraus ist ein großer, weitverzweigter Baum geworden. Die Vögel fühlten sich im Schatten seiner Äste geborgen: Angefangen vom Kindergarten bis hin zu den obersten Klassen des Gymnasiums und der Technischen Fachhochschule hatten so viele junge Menschen hier einen Ort der Hoffnung gefunden. Nun sollten die ersten hundert

Studenten an drei verschiedenen Fakultäten studieren. Das Angebot reichte von Informatik über Ökologie – mit den Schwerpunkten Biologie und Chemie – bis zu den Kommunikationswissenschaften.

Inzwischen gab es rund 4500 Schüler und Studenten, Muslime die meisten, aber auch viele Christen – und einen einzigen Juden! Dieser war sozusagen der „letzte Mohikaner" einer größeren Gruppe von jüdischen Schülern aus Kiryat Shmona und Rosh Pina, die bis zum Sommer 2000 an der Technischen Fachhochschule Mode und Design studiert hatten. Als dann im Herbst die zweite Intifada losgebrochen war, hatten die Eltern ihre Kinder aus der Schule genommen, aus Angst. „Wir werden erst dann Ruhe haben, wenn an unserer Uni Juden und Araber Seite an Seite studieren können", beteuerte Chacour in seiner Eröffnungsrede. „Wir werden uns dafür einsetzen, dass Studenten aus Palästina, aus Jordanien, Ägypten und anderen arabischen Ländern, auch aus Europa und Amerika, bei uns lernen." Er fühlte sich an diesem „historischen" Tag wie beflügelt. Seine Vision kannte keine Grenzen: „Wo die Politiker auf den beiden Seiten versagt haben, will ich einen Erfolg erzielen und die jüngere Generation zu einer anderen Lebensweise, zur Liebe zu ihren Mitmenschen erziehen."

Ein skeptischer Journalist fragte ihn, ob er nicht in Wunschträumen lebe. „Ich schwebe nicht auf Wolken. Dass die Menschen in Israel und Palästina ständig Angst haben, weil sie täglich der Gewalt ausgeliefert sind, weiß ich sehr wohl." Am nächsten Tag schrieb dann die einflussreiche israelische Tageszeitung „*Haaretz*": „Dr. Chacour und seinem Team ist gelungen, was Parteien und ihre Politiker, die sich nur mit Slogans und Flugblättern vor den Wahlen begnügen, jahrelang versäumt hatten." Er konnte nicht nur das Bildungsministerium und den „Rat für Höhere Bildung" für die Unterstützung seiner riskanten Pläne bewegen. Es gelang ihm auch, jüdische Lehrer und Dozenten zu gewinnen. An sie, und besonders an die Vertreter des Ministeriums, richtete er sich bei der Eröffnungsfeier: „Habt keine Angst vor uns! Fürchtet euch eher vor unserer Nicht-Existenz! Wir gehören zu diesem Staat. Wir wollen gemeinsam etwas aufbauen, das die Menschen einander näher bringt." Der Abuna ließ seine Freunde wissen, er hätte einen besonderen Auftrag zu erfüllen: „Unsere jüdischen Brüder und Schwestern brauchen einen kreativen neuen Pioniergeist, den sie mit uns zusammen erstreben sollten."

„Lassen Sie mich Ihr Vermittler sein, wann immer Sie mich nur brauchen", sagte der Generaldirektor des Bildungsministeriums, der mit seinem Bürochef Zvi Sever einen Monat später zu Besuch nach Ibillin kam. „Ich werde mich dafür einsetzen, dass mein Minister auch persönlich bald hierher kommt." Chacour wusste: Es war leichter, den amerikanischen Außenminister zu überzeugen, nach Ibillin zu kommen, als einen aktiven israelischen Minister. „Wir leben in einem Land der Verheißungen", antwortete er und lächelte. Er ließ den hochrangigen Vertreter seine Skepsis spüren. Während der langen Verhandlungen mit israelischen Regierungsvertretern hatte der impulsive Pfarrer aber auch gelernt, sich in Geduld zu üben. Immerhin konnten sie an diesem Tag mit einem Glas Wein auf den Beginn einer arabisch-jüdischen Partnerschaft anstoßen. Dabei wurden auch gleich konkrete Austauschprogramme beschlossen: In den folgenden sechs Monaten sollten jüdische Kinder aus einem benachbarten Dorf in regelmäßigen Abständen den Unterricht am Mar-Elias-Gymnasium besuchen. Im gleichen Zeitraum sollten dafür arabische Schüler aus Ibillin in eine jüdische Schule gehen. Dieses Pionierprojekt fand bei vielen Schülern großen Anklang. Die Eltern unterstützten ebenfalls diese Initiative. Als selbst Vertreter des Bildungsministeriums die positiven Ergebnisse erkennen konnten, entschlossen sie sich, künftig weitere Austauschprogramme zu fördern.

Die junge Lehrerin Rania Ihsan unterrichtete schon seit einigen Jahren am Mar-Elias-Gymnasium. Sie stammte aus einer muslimischen Familie, trug aber keinen Schleier. Aufgrund ihrer guten

Hebräischkenntnisse wurde ihr nun das außerschulische Programm der „jüdisch-arabischen Beziehungen" anvertraut. Sie bemühte sich, die Vorurteile der arabischen Schüler gegenüber jüdischen Schulkameraden abzubauen: Neue Schritte auf dem Weg zu einem besseren Miteinander.

Vom Geist der Schule

Eines Tages meldete sich ein jüdischer Schuldirektor bei Ramzi Musallam, dem pädagogischen Leiter des Mar-Elias-Gymnasiums: Eine italienische Schule aus Udine sei auf der Suche nach einer Gruppe von jüdischen und palästinensischen Teenagern, die ihnen von ihren Erfahrungen im israelischen Alltag berichten sollten. Die Tatsache, dass man bei der Ermittlung von arabischen Schülern an das Mar-Elias-Gymnasium herantrat, war der Beweis, dass diese Institution inzwischen schon den Ruf eines „Vorzeigemodells" genoss. Der Erfolg auch solcher Initiativen war nachhaltig: Ihren italienischen Kameraden erzählten die von weit her angereisten Kinder von der schwierigen politischen Lage in Israel, über die Bemühungen, die Beziehung zwischen Juden und Palästinensern zu verbessern, auch über die verschiedenen religiösen und kulturellen Traditionen im Land. Als die Gruppe wieder nach Israel zurückgekehrt war, traf sie sich regelmäßig in Ibillin, um die freundschaftliche Beziehung zu vertiefen.

„Jüdische Schüler hegen oft Vorurteile gegenüber arabischen Jugendlichen", erzählt die schon erwähnte Rania Ihsan. „Wenn dann bei Austauschprojekten unsere Schüler jüdischen Jugendlichen begegnen, sind diese oft überrascht, wie gebildet und wohlerzogen die arabischen Kameraden sind. Gemeinsam stellen sie dann nebenbei erstaunt fest, dass junge Araber meist die gleiche Musik hören und denselben Modetrends folgen."

„Wir geben unseren Schülern nicht nur eine gute Allgemeinbildung, sondern fördern auch ihre soziale und psychische Entwicklung", erklärt ergänzend der pädagogische Leiter. „Wir wollen unsere Kinder zu echten Persönlichkeiten heranreifen lassen, die fähig sind, sich ein kritisches Urteil zu bilden, einen starken Willen zu besitzen, aber auch flexibel zu sein im Umgang mit Andersdenkenden." Ramzi Musallam geht jeden Vormittag in den Pausen über den Schulhof und beobachtet, wie die Schüler sich miteinander vertragen. „Manchmal muss ich mich selbst bücken, um Abfall in den Papierkorb zu werfen, um ein gutes Beispiel zu geben. Wenn ich aber bemerke, dass jemand raucht oder zwei Jungen miteinander raufen, dann fliegen diese gleich von der Schule."

„Wir klären natürlich die Schüler auch über die Gefahren von Alkohol, Drogen und Aids auf", schaltet sich Camilla Chacour, eine Nichte des Pfarrers, ins Gespräch ein. Als ausgebildete Krankenschwester steht sie den Schülern und Studenten für alle Fragen und Probleme im Gesundheitsbereich zur Verfügung. „Für Muslime ist das alles sowieso tabu. Mehr als die Hälfte unserer Studenten und Schüler sind ohnehin Muslime, die von Haus aus eine strenge Erziehung gewohnt sind. Selbstverständlich müssen sich auch unsere christlichen Teenager an die moralischen Richtlinien halten." Früher, als Abuna Elias noch mehr Zeit für seine Schützlinge blieb, hatte er sich oft persönlich um ein gutes Arbeitsklima und ein diszipliniertes Verhalten in der Schule gekümmert. Inzwischen konnte er mit Genugtuung feststellen, dass die meisten, die jetzt in einer verantwortlichen Position an der Universität oder in der Schule waren, zu seinen ersten Schülern gehörten und seine Vorstellungen sozusagen mit der Muttermilch aufgesogen hatten. Er konnte sich auf sie verlassen. Elias Abu Ghanima, stellvertretender Direktor des Gymnasiums, war sogar von Chacour getauft worden. Wie kaum ein anderer fühlte er sich ihm geistig verbunden: „Mein Vater wollte ursprünglich auch Priester werden. Abuna Elias und er verbrachten eine Zeit gemeinsam im Priesterseminar in Nazareth." Er wirkt nachdenklich, während er sich eine Zigarette anzündet und seine Geschichte erzählt. „Aber dann entschied sich mein Vater für einen anderen Weg, und so feierte Abuna Elias dann die Hochzeit meiner Eltern." „In unserer Schule wollen wir niemanden missionieren. Wir sind keine konfessionelle Institution. Wir respektieren auch Menschen mit unterschiedlichem politischen Hintergrund", stellte auch Chacour vor seinen Dozenten klar. „Als melkitischer Priester liebe ich meine Religion, wenn ich mir aber etwas für euch wünsche, dann ist es, die Schönheit in eurer eigenen Religion zu entdecken. Es geht darum, sich mit dem eigenen Glauben auseinanderzusetzen und ihn zu vertiefen."

„Die Schöpfung" in Ibillin

Erst als die amerikanische Universität von Indianapolis sich Chacours gewagten Projekts annahm, fing man im Jerusalemer Bildungsministerium an, sich ernsthaft – wenn auch zögernd – dafür zu interessieren. Bei einem seiner Besuche verwies man Chacour an eine sympathische Dame mittleren Alters, Frau Asia Levita. „Hätten Sie denn keine Lust, nach Ihrer Pensionierung einige Jahre an unserer Schule zu unterrichten?", fragte er sie. Asia war zwar seit über dreißig Jahren im Bildungsministerium tätig. Ihr eigentlicher Wunsch war es aber, einmal palästinensische Kinder auszubilden. Seit langem wollte sich diese Jüdin ein genaueres Bild über die sozialen Umstände der arabischen Bevölkerung in Israel machen. Sie überlegte nicht lange und nahm das Angebot an. Sie wollte sich Chacours Lebenswerk in Ibillin genauer anschauen.

„Du bist wohl verrückt!", musste sie von ihren Freunden hören, als sie ihnen von ihrer Absicht erzählte. „Was kannst du dort schon ändern? Hast du denn keine Angst vor Anschlägen?" „Ihr dürft nicht vergessen: Hier in Israel leben viele Araber", entgegnete sie ihren Kritikern. „Ihr müsst nun mal zur Kenntnis nehmen, sie gehören zu unserer Gesellschaft. Warum sollte ich mich nicht mit ihnen auseinandersetzen?" Was sie in Ibillin zu sehen bekam, war dann etwas, was sie selbst überraschte. „Ich war lange Zeit der Meinung, alle Palästinenser wären Muslime. Ich konnte keine Unterschiede erkennen und machte mir wenig Gedanken über ihre Religion." Durch Chacour lernte sie eine andere Seite der Palästinenser kennen. Sie war überzeugt, in ihm den Menschen gefunden zu haben, mit dem sie etwas verändern konnte. Sie war sich gewiss: mit der Hilfe von Kunst und Musik könnte der Graben zwischen Juden und Arabern am leichtesten überwunden werden. Asia knüpfte also vor allem in ihrer Heimatstadt Haifa Kontakte zu arabischen Christen, die zur gebildeten Oberschicht gehörten. „Das Problem ist nur, dass wir in Haifa alle wie in einem Ghetto leben: Juden auf der einen Seite und Araber auf der anderen Seite der Stadt. Mein bester Freund ist der Bürgermeister von Haifa. Auch er wundert sich, dass die Juden kein Interesse haben, die arabischen Nachbarn besser kennenzulernen. Er ist einer der wenigen, die mich richtig verstehen."

Schon seit einiger Zeit schwebte Asia die Idee vor, in der neuen Bergpredigt-Kirche ein Versöhnungskonzert zu veranstalten. „Wie viele Leute, schätzt du, werden denn kommen?", fragte Chacour sie skeptisch. „Einige Lehrer meinen, die muslimischen Araber würden nicht kommen. Sie seien es nicht gewohnt, klassische Musik anzuhören und dabei ruhig in einer Kirche auszuharren", gab Asia dem Abuna zu bedenken. Doch sah sie keinen Grund, warum das Konzert vor Weihnachten 2004 nicht stattfinden sollte.

Das Telefon lief heiß. Bald war allen klar, es würden viel mehr Leute, als erwartet, kommen. Bischöfe, Botschafter, Politiker und andere Honoratioren hatten sich angekündigt. Doch nun stand das Organisationsteam vor einem Dilemma. Präsident Arafat war im Herbst in ein Pariser Krankenhaus eingeliefert worden und schwebte in Lebensgefahr. Sollte er noch vor dem Konzerttermin sterben, wäre es *politically incorrect* gewesen, die Veranstaltung nicht abzusagen. Das Leben Arafats hing nunmehr an einem dünnen Faden. Chacour betete für seine Seele und hoffte insgeheim, er möge das Konzertdatum überleben. So geschah es. Dem Musikereignis stand also nichts im Wege.

Der für Galiläa zuständige Vertreter des Bildungsministeriums und andere politisch verantwortliche Mitarbeiter der israelischen Regierung bestätigten am Aufführungstag erneut ihr Kommen – ebenso die Botschafter von Frankreich, Großbritannien, Deutschland, Österreich und Italien. Der Bürgermeister von Haifa nahm seinen Amtskollegen aus Berlin mit. Der Andrang an jenem Samstagnachmittag war unerwartet groß: Juden, Christen und Muslime aus ganz Galiläa, Tel Aviv und Jerusalem drängten sich aus Platzmangel sogar rund um die Kirche. Die Zuhörerzahl schätzte man auf circa 1200 Personen. Die Spannung stieg, als das palästinensische Ra'anana Symphony Orchestra und der jüdische Galil-Elyon-Chor vor der Ikonostase ihren Platz einnahmen, um Joseph Haydns hinreißendes Oratorium „Die Schöpfung" aufzuführen. „Wir freuen uns, dass heute so viele Palästinenser und Juden bei uns versammelt sind", begrüßte Abuna Elias seine Festgäste. „Sicherlich ist niemand von euch hierher gekommen, um zu streiten. Das ist gut so. Seht euch mal um: Schaut euren linken und rechten Nachbarn an und fragt nicht, ob er ein Jude, Christ oder Muslim sei. Erinnert euch einfach daran: Wir alle sind als nackte Babys auf die Welt gekommen. Alle gleich! Das erzählt uns auch ‚Die Schöpfung': die Schaffung des Menschen, unabhängig von Rasse oder Religion – *‚Gott sah alles an, was er gemacht hatte: Es war sehr gut.'*" (Gen. 1, 31)

Das Konzert war ein großer Erfolg. Die israelischen Zeitungen berichteten ausführlich über das Ereignis. Chacour schwebte auf Wolken. Zusammen mit Asia fing er gleich an, das nächste Konzert zu planen. Der *„Messias"* von Georg Friedrich Händel. Doch nach einer harmonischen Verschnaufpause holte ihn die dissonante Wirklichkeit bald wieder ein.

Anschlag in Mughar

An einem kühlen Morgen im Februar 2005 läutete das Telefon im Pfarrbüro von Ibillin. „Eine Horde junger Drusen hat bei uns Häuser und Autos angezündet. Sogar die Fenster der Kirche sind durch die Hitze zersprungen", erklärte Mahar, der Pfarrer aus Mughar, einem Nachbarort von Ibillin. Abuna Elias hielt den Atem an, als dieser aufgeregt und ohne Pause auf ihn einredete: „Wir brauchen dringend Ihre Hilfe. Bitte kommen Sie so schnell wie möglich!"

Als er den steilen Weg zur Kirche des Nachbarorts hinauffuhr, kamen ihm dunkle Qualmwolken entgegen. Das Feuer war zum Teil schon gelöscht. Ein ätzender Geruch verbreitete sich. Wütende Männer standen um die verrußten Autowracks herum und diskutierten heftig. Chacour war entsetzt. Er hielt den Zipfel seiner Jacke vor sein Gesicht, als er zum Pfarrhof eilte. Verschreckte Frauen standen herum und redeten durcheinander. „Unsere Häuser, unsere Geschäfte und Autos, alles ist ruiniert!", jammerte eine der älteren unter Tränen. „Es ist uns ein Rätsel, wie es zu diesem Hassausbruch kommen konnte", warf der Pfarrer ein und versuchte, die Umstehenden zu beruhigen. „Bis vor kurzem hatten wir kaum Probleme mit den Drusen in unserem Dorf. Plötzlich hat sich aber alles verschlimmert. Die Christen fürchten sich sogar, auf die Straße zu gehen."

Erst einige Tage später stellte sich das volle Ausmaß und die wahre Ursache des Geschehens heraus: Ein junger Christ war von einem Drusen beschuldigt worden, die Fotomontage eines drusischen Mädchenkopfes auf einem nackten Frauenkörper per E-Mail an seine Freunde verschickt zu haben. Die Beschuldigung hatte ausgereicht, um das Pulverfass zum Explodieren zu bringen. Einige Tage nach den Anschlägen machte die Polizei eine eingehende Hausdurchsuchung bei dem jungen Mann. Sie fanden keine Fotocollage auf seinem Computer. Die Wahrheit war eine andere: Zwei junge Drusen hatten einen Streit. Der eine drohte dem anderen damit, seine Schwester zu fotografieren und auf das Bild eines nackten Körpers zu montieren! Er tat es dann zwar nicht, verbreitete aber das Gerücht, Christen aus Mughar würden auf diese Weise junge drusische Frauen entehren. Die systematische Brandlegung an 75 Häuser und Geschäfte von Christen und 150 in Brand gesteckte Autos war die verheerende Folge. Es kamen zwar keine Menschen dabei ums Leben, doch der Schock saß so tief, dass zwei Drittel der Christen sofort die Flucht ergriffen. Rund fünftausend Menschen suchten bei ihren Freunden und Verwandten in anderen Dörfern Unterschlupf.

Ein israelischer Minister meldete sich daraufhin telefonisch bei Chacour und sagte, der Anschlag in Mughar habe in ihm die Bilder der deutschen Kristallnacht wachgerufen. Der ehemalige Bürgermeister von Haifa sprach sogar von einem wahrhaften „Pogrom" gegen Christen.

Eine baldige Lösung musste gefunden werden, um die Kinder der Flüchtlinge vor einem Leben auf der Straße zu bewahren. 40 Privatschulen in Nazareth und anderen Dörfern Galiläas nahmen 250 Schüler auf. Chacour stellte seine Schule für weitere 370 Kinder zur Verfügung. Direktor und Lehrer der Mar-Elias-Schule waren sich einig: „Wir können diese Kinder nicht auf der Straße lassen, solange sich die Umstände in ihrem Dorf nicht wieder normalisiert haben, so dass sie in ihre Schulen zurückkehren können."

In Mughar berieten indessen die Christen mit ihrem Pfarrer, wie sie sich nach so viel Unrecht, Hass und Gewalt erneut mit den drusischen Nachbarn versöhnen konnten. Das könne nur gelingen, wenn man die Drusen von ihrem Schuldgefühl entlastete, darüber waren sie sich einig. Die öffentlichen Vertreter der Drusen von Mughar mussten ihre Ohnmacht vor ihren gewalttätigen Jugendlichen eingestehen. Viele von ihnen hatten drei Jahre lang in den Elitetruppen der israelischen Armee gedient, trotz ihrer muslimischen Herkunft! Man hatte sie in die Westbank und nach Gaza geschickt. Dort konnten sie frei agieren und, wen auch immer sie wollten, schikanieren. Das wurde von vielen muslimischen und christlichen Palästinensern als Verrat gedeutet. Wenn sie ins Dorf zurückkehrten, brachten sie zudem ihre Waffen mit. Dies machte sie unberechenbar.

Für Abuna Elias war es klar: Die einzige Lösung war, mit einer noch jüngeren Generation von Drusen neu zu beginnen und in Mughar nach dem Ibilliner Modell eine christliche Schule zu errichten, damit Muslime, Christen und Drusen gemeinsam ihre Probleme zu überwinden lernten und miteinander Freundschaft schlössen. Also machte er sich gleich wieder auf die Suche nach einer finanziellen Unterstützung. In einem Schreiben an die Knesset wies Chacour die israelischen Politiker deutlich auf ihre Verantwortung hin: „Heute erfährt Israel eine wahre Probe, die zeigen wird, ob das Land fähig und willens ist, seine Minderheiten zu schützen." Er hoffte, die Behörden würden für die Kosten des Wiederaufbaus aufkommen. Doch es kam keine Antwort von Premierminister Sharon.

Ein Jahr später besuchten immer noch über 400 Jugendliche aus Mughar Schulen in Nachbardörfern. Darüber hinaus weigerten sich 150 Schüler, überhaupt noch in die Schule zu gehen. Sie hatten es satt, von den Drusen gedemütigt zu werden.

Elias Aieman, einer der Schüler, dessen Elternhaus in Mughar am stärksten beschädigt worden war, beging am 20. Dezember 2005 nach längerer Depression Selbstmord. Nach dem Unglück war er im Mar-Elias-Gymnasium eingeschult worden, konnte aber – obwohl ihn alle, Lehrer wie Mitschüler, in Ibillin herzlich aufgenommen hatten – das Erlittene nicht verkraften. Seine Kameraden waren tief betroffen. Selbstmord war unter den christlichen Palästinensern bisher nicht vorgekommen. Das Requiem für den Jungen las Abuna Elias. Aus Jerusalem reiste sogar ein Inspektor des Bildungsministeriums zur Trauerfeier an. Er wird sich an Chacours Worte später erinnert haben: „Wir müssen uns davor hüten, die Regierung deshalb zu kritisieren, weil es ihr nicht gelingt, die Minderheiten in diesem Land zu schützen. Wir sind keine Juden. Müssten wir es sein, um ein Anrecht auf Schutz und Frieden zu haben?"

Einweihung der „Bergpredigt"-Kirche

Die Glocken in Ibillin läuteten am 2. April 2005 schon am frühen Morgen. Neun Musikgruppen von Kindern aus den verschiedenen Pfadfindergruppen schlugen die Trommel. Von den Dächern flatterten Fahnen. Während in Rom an jenem Vormittag Pilger aus aller Welt auf den Petersplatz strömten, um sich in stiller Andacht von ihrem polnischen Papst zu verabschieden, feierte in Ibillin eine Gruppe von Gläubigen die Geburtsstunde eines neuen Gotteshauses. Chacours beeindruckende „Bergpredigt"-Kirche war termingerecht zu Ostern fertig. Hunderte von Christen kamen aus ganz Galiläa, aus Jerusalem und Jericho. Einige Freunde und Förderer des Mar-Elias-Campus waren sogar nur für diesen Anlass aus Europa und Amerika angereist: Sie wollten nicht die offizielle Einweihung versäumen, die dem Pfarrer so viel bedeutete. Abuna Elias hatte diesen Tag in der Tat lange herbeigesehnt.

Acht Bischöfe und ein Dutzend Priester feierten mit ihm zusammen im orientalischen Prunkornat die heilige Messe. Kurz vor der Segnung des Kirchengebäudes hatte es noch in Strömen geregnet. „Gerade zur rechten Zeit schickte Gott aus dem Himmel das Wasser, um sein Haus für den Festtag reinzuwaschen!", sagte der überglückliche Hausherr in seiner Predigt. Er las auch die Grußbotschaft des todkranken Papstes vor. Das Porträt Johannes Pauls II. hatte an der Ikonostase Platz gefunden, neben dem Bildnis der von ihm seliggesprochenen Mariam Bawardy, der Schutzpatronin von Ibillin. Der Prediger betonte dann, wie großzügig die ausländischen Spender waren, ohne die der Kirchenbau nicht zu verwirklichen gewesen wäre. Amerikanische, japanische, aber auch deutsche Wohltäter hatten sich als besonders generös erwiesen. So übernahmen zum Beispiel die Diözese von Rottenburg Stuttgart die Kosten für die Dachziegel, die Bistümer von Aachen und von Münster den großen Teil der Kosten für den Fußboden. Dorothy Fowler, eine Künstlerin aus den USA, schuf das bronzene Hauptportal: In passender Symbolik stellt es „Christus mit den Kindern aus aller Welt" dar.

Besonders gerührt war Chacour, als er einen seiner muslimischen Freunde aus dem Westjordanland erwähnte. Dieser hatte ihn mit der Widmung eines fünfsäuligen Steinaltars überrascht. „Wenn Sie sich in der Kirche genauer umsehen", sagte er, und sein Blick schweifte hinauf zur Riesenkuppel, „werden Sie feststellen, dass nichts hier scharfe Kanten hat. Diese wurden bereits vorweg abgerundet …", schmunzelte er. „Dahinter steckt eine klare Botschaft, liebe Freunde: Wir sollten stets versuchen, unsere Standpunkte ‚abzurunden', um niemanden durch scharfe Extreme in unseren Überzeugungen zu verletzen."

Nach dem anschließenden Festessen, zu dem er auch seine jüdischen und muslimischen Freunde eingeladen hatte, fand Chacour noch die nötige Energie, ein Brautpaar zu trauen und danach eine dreißigköpfige Pilgergruppe aus Deutschland und Österreich mit fast tragikomischen Geschichten über die Entstehung seines Lebenswerks zu erheitern. Chacours Charisma hatte die Besucher in seinen Bann gezogen. Als diese wieder in ihren Bus stiegen, hatten sie den lebhaften Eindruck, im Heiligen Land einem Propheten begegnet zu sein – einem Mann, der imstande war, Berge zu versetzen.

Als Chacour sich in sein Pfarrhaus zurückzog, erreichte ihn die Nachricht, dass der Heilige Vater zu jener Abendstunde verstorben war. Er zündete seine Osterkerze an. „Der 2. April 2005 ist ein Tag der zweifachen Gnade", sagte er tief berührt: „Es ist nicht nur der Geburtstag eines Gotteshauses, sondern auch der Tag, an dem Gott unseren Papst Johannes Paul II. für das ewige Leben zu sich rief."

Weihnachtswünsche von Sharon

Die israelischen Truppen hatten sich schon im Jahr 2000 aus einem großen Teil des südlichen Libanons zurückgezogen. Nur die an Israel grenzenden Sheeba-Farmen blieben weiterhin besetzt – ein ungelöster Konfliktherd. Eine Anzahl von Libanesen lebte, in Galiläa verstreut, ein Asylantendasein. Sie hatten sich während der Besatzungszeit als Sicherheitstruppen auf die Seite Israels geschlagen. Weil man sie in ihrem Land deswegen als Verräter ansah, fürchteten sie sich, in den Libanon zurückzukehren. Als im Jahr 2005 das Weihnachtsfest näher rückte, wussten über tausend christlich-libanesische Familien nicht, wo sie den Heiligen Abend verbringen sollten. Sie waren Maroniten, gehörten also der seit 1181 mit Rom unierten Kirche an, die auf den Mönch Maron aus dem 7. Jahrhundert zurückgeht und rund 1,3 Millionen Gläubige zählt. Die meisten von ihnen leben im Libanon, wo in Beirut auch der Sitz ihres Patriarchen ist. Abuna Elias stellte ihnen seine neue Kirche zur Verfügung. Aus ihrer Heimat kamen maronitische Priester – sogar ein Bischof reiste an. Sie alle freuten sich, wieder gemeinsam in einer großen Kirche Weihnachten feiern zu können. Chacour war gerade dabei, den Gästen die Kirche zu zeigen, als sein Gärtner Amar aufgeregt hereinkam: Jemand wolle ihn in einer dringenden Angelegenheit am Telefon sprechen. „Dr. Chacour, ich wollte Ihnen nur ein frohes Weihnachtsfest wünschen!", sagte eine freundliche Stimme. Abuna Elias erkannte sie sofort: Es war die Stimme von Ariel Sharon, Israels Premierminister. Der Pfarrer bemühte sich, seine Freude nicht zu sehr zu zeigen; er dankte dem Politiker mit schlichten Worten für seine guten Wünsche. Und dann nahm er die Gelegenheit wahr, um seinem Gesprächspartner etwas in Erinnerung zu rufen: „Dr. Sharon, wenn Sie als großer Held in die Geschichte unseres Landes eingehen wollen, rate ich Ihnen einen Weg dazu: Fangen Sie damit an, sich ernsthaft für Frieden und Gerechtigkeit einzusetzen. Krieg zu führen ist vielleicht einfacher, aber die wahre Kunst liegt darin, den Frieden aufzubauen!" Sharon war auf diese Antwort nicht gefasst. „Ich verspreche Ihnen, Dr. Chacour, den Rest meines Lebens dem Frieden zu widmen, für den Sie seit vierzig Jahren hart gekämpft haben, und ich verspreche Ihnen, diesen Traum in die Tat umzusetzen", beteuerte der Premierminister. In Chacours Ohren hatte seine Stimme einen fast reumütigen Klang.

Wenige Tage später erlitt Sharon einen Hirnschlag und fiel ins Koma. Weder er selbst noch Abuna Elias konnten das an jenem Weihnachtstag ahnen. Mit einem guten Gefühl kehrte der Pfarrer nach dem Telefonat in seine vollbesetzte Kirche zurück. „Betrachtet diese Kirche immer als euer Zuhause", forderte Abuna Elias die Gläubigen aus dem Libanon zu Beginn der Messe auf. „Ihr könnt sie – wann immer ihr wollt – für eure liturgischen Feiern in Anspruch nehmen." Er fügte noch einen Wunsch hinzu: Dies möge für seine Gastgemeinde das letzte Weihnachtsfest im Exil sein. Ihm war nämlich durchaus bewusst, dass die Maroniten sich in Israel nie wirklich integrieren wollten. Als kleine Minderheit im christlich-galiläischen Milieu könnten sie nie über den Status von Asylanten hinauskommen.

An jenem Heiligen Abend führte eine besondere Attraktion nicht nur Maroniten, sondern auch viele Christen anderer Konfessionen aus ganz Galiläa nach Ibillin. Der libanesische Sänger Fadi Tabet gab ein Weihnachtskonzert im Auditorium. Als singender Pater trat er oft im einheimischen Satellitensender „Télé-Lumière" auf und war so auch außerhalb der Grenzen des Libanons bekannt und beliebt. Den ganzen Abend hingen die Leute an seinen Lippen und wollten ihn gar nicht mehr heimgehen lassen. „Was für eine himmlische Stimme! Seine melancholischen Lieder dringen bis ins Herz!", schwärmte ein Landsmann nach dem Konzert, erfreut, auch viele israelische Araber bei dem Ereignis angetroffen zu haben. „Nun kommt unsere arabisch-christliche Musik endlich zur Geltung!" – meinte auch Abuna Elias nach diesem unbeschwerten Weihnachtsabend. Ein Abend, an dem Hoffnung wieder möglich schien.

Der neue Erzbischof

Es war ein kalter Tag im Januar 2006. Abuna Elias fror, als er vor seinem Pfarrhof auf den hohen Gast aus Jerusalem wartete. In der dunklen Astrachanmütze, unter der sein Bart noch weißer wirkte als sonst, ähnelte er einem russischen Popen. Erzbischof Pietro Sambi, der Apostolische Nuntius in Israel, hatte sich während seiner langen Tätigkeit im Heiligen Land immer wieder über die vielen Initiativen des baufreudigen Pfarrers von Ibillin informiert. Nun kam er persönlich zu Besuch. Nicht nur, um sich ein Bild über die positiven Entwicklungen am Mar-Elias-Schulkomplex zu machen, sondern auch, um sich von einem echten Freund zu verabschieden. Inzwischen wartete nämlich in Washington eine noch heiklere Mission auf den erfahrenen Diplomaten des Vatikans. Freudig umarmte Abuna Elias den italienischen Erzbischof. Dann geleitete er ihn in seine neue Kirche und zeigte ihm anschließend sein ganzes Schulgelände. Der Erzbischof konnte kaum fassen, was er da vor sich sah: „Nachdem ich nun selbst gesehen habe, was Sie hier geleistet haben, kommt mir spontan der Gedanke: So etwas kann nur ein Verrückter oder ein Genie auf die Beine stellen! Sie sind wohl beides."

Während des feierlichen Abschiedsessens, zu dem auch andere Priester der melkitischen Kirche eingeladen waren, lobte der scheidende Nuntius Chacours Mut und zeigte sich tief beeindruckt von dem, was er erreicht hatte. Er hob die Bedeutung der galiläischen Diözese, der größten katholischen Diözese im Heiligen Land, hervor und rief die Vertreter der melkitischen Kirche auf, in Zukunft noch enger mit der römischen Kirche zusammenzuarbeiten. An jenem Tag konnte Abuna Elias noch nicht wissen, dass der einflussreiche Nuntius im Vatikan für ihn bereits ein gutes Wort eingelegt hatte, das für sein weiteres Wirken entscheidend werden sollte.

Kaum einen Monat später ernannte Papst Benedikt XVI. Abuna Elias zum „Erzbischof der Diözese von Akko, Haifa, Nazareth und ganz Galiläa", so die offizielle Bezeichnung. Die Nachricht sprach sich im Nu herum. Nicht nur Christen, sondern auch Hunderte von Juden, Moslems, Drusen sowie wichtige Vertreter des öffentlichen Lebens suchten die erzbischöfliche Residenz von Haifa auf, um Chacour zu seiner verantwortungsvollen Aufgabe zu beglückwünschen. Gratulationsschreiben von Politikern und Kirchenmännern, Professoren und Studenten, auch von einfachen Weggefährten aus dem In- und Ausland stapelten sich auf seinem Schreibtisch. Mit einem so überwältigenden Freundschaftsbeweis aus aller Welt hatte Abuna Elias kaum gerechnet.

Drei Bischöfe weihten Elias Chacour zum neuen Erzbischof am 25. Februar in der melkitischen Kathedrale von Haifa: der Erzbischof von Jordanien, Georges Murr aus Amman; der Generalvikar Isidore Batikha aus Damaskus (in Vertretung seines melkitischen Patriarchen Mar Gregorios III.) und der lateinische Patriarch Michel Sabbah aus Jerusalem. Der feierlichen Zeremonie nach melkitischem – d. h. griechisch-katholischem – Ritus wohnten noch zwölf weitere Bischöfe bei.

„Wir alle haben unseren Lebensplan. Aber Gott hat seinen eigenen Plan für uns. Es geschieht nicht immer das, was wir uns wünschen. Unser Leben verläuft eher, wie *Er* es vorsieht", erklärte der neue Erzbischof. Tausende von Gläubigen hatten sich in und um die Kirche gedrängt, um ihn persönlich kennen zu lernen. Er wandte sich an die Gläubigen: „Ich hatte gebetet, nicht Erzbischof von Galiläa werden zu müssen. Aber Gottes Wille war ein anderer als mein eigener. Ich wollte daher nicht, wie der Prophet Jonas, mit einem Schiff in die falsche Richtung segeln. Von meiner Mutter habe ich einst gelernt, auf Gottes Ruf zu antworten: „Herr, hier bin ich: Sprich! Dein Diener hört Dir zu. Dein Wille geschehe!"

Chacour hatte eine Vision: Aus seiner verunsicherten Kirche, die jahrelang ein unauffälliges Leben in der Defensive geführt hatte, wollte er eine aktivere Gemeinschaft machen: eine Kirche, die auf den Menschen zugeht, doch in ihrem Auftreten bescheiden bleibt. „Ich bin kein *Sayyidna*, kein herrschaftlicher Erzbischof. Ich bleibe Euer *Abuna*, und möchte Euch dienen – auch als Erzbischof. Deshalb habe ich in der Kirche hinter meinem Thron anstelle der Christ-König-Ikone eine Ikone mit Christi Fußwaschung angebracht."

Voller Elan entwarf er einen ambitionierten Fünfjahresplan: Er wollte seine Diözese auf spiritueller, pädagogischer, kultureller, aber auch auf wirtschaftlicher und auf gesellschaftlicher Ebene erneuern. Systematisch besuchte er eine Pfarrei nach der anderen, weihte neue Priester, hörte sich ihre Sorgen an oder versetzte sie in eine andere Pfarrei, wenn es Probleme gab, die sie vor Ort nicht lösen konnten. In anderen Dörfern Galiläas sollten nun neue Schulen nach dem Ibilliner Modell entstehen. Die schwierige Finanzsituation der Diözese bereitete ihm die größte Sorge: „Wir sind Hirten unserer Herde und nicht Geschäftsmänner, die ihr Geld in Immobilien stecken!", gab er seinen Mitbrüdern im priesterlichen Dienst zu bedenken. So machte er den Abbau der Schulden seines Vorgängers zur dringenden Priorität. Anfangs weigerte er sich sogar, in die bischöfliche Residenz nach Haifa zu ziehen. Sie schien ihm zu feudal. Bald musste er jedoch einsehen, dass er vielen Anforderungen nur aus einem größeren Büro in der reorganisierten Residenz gerecht werden konnte.

Er begriff auch, dass das „Mar-Elias-Zentrum" inzwischen auch ohne seine tägliche Anwesenheit vorankam. Dr. Raed Mualem, inzwischen Direktor des Universitätscampus, war stolz darauf, schon vor vierzig Jahren auf ganz praktische Weise mit Abuna Elias' Ideen in Berührung gekommen zu sein, und zwar im Kindergarten, den dieser ins Leben gerufen hatte. Nun hegte er ehrgeizige Pläne für die Zukunft und suchte nach neuen Sponsoren, nachdem die zugesagten Regierungssubventionen öfter ausgeblieben waren. Es gelang ihm, den Bürgermeister von My'ilia, einer der letzten christlichen Bastionen im Norden Galiläas, für ein Projekt zu gewinnen. Dieser stellte Erzbischof Elias mehrere Hektar Land zur Verfügung. Dorthin sollte im Jahr 2009 die Universität übersiedeln und dann eine Fakultät mit Schwerpunkt im High-Tech-Bereich erhalten. In Nazareth wiederum sollte in den kommenden Jahren endlich eine medizinische Fakultät entstehen. Auch dort gelang es dem jungen Direktor, das französische wie auch das italienische Krankenhaus davon zu überzeugen, mit der neuen Fakultät der Mar-Elias-Universität zusammenzuarbeiten.

Erzbischof Chacour stellte mit Genugtuung fest, mit welchem Schwung sein Zögling das „Mar-Elias"-Projekt weiterführte, und er überließ ihm gern die volle Verantwortung. Mit etwas Wehmut stellte er fest, dass es sich dabei lediglich um eines der wichtigen Projekte unter vielen anderen in der Diözese handelte. Dennoch blieb es sein Herzensanliegen. Er wusste: Auf die Lehrer und die Universitätsprofessoren konnte er sich verlassen. Er hatte alle von seiner Vision der Versöhnung überzeugt, und sie gaben seine Ideale nun an die nächste Generation weiter.

Ein verhinderter Anschlag

Ein Ereignis, das die Gemeinden der Christen im Heiligen Land, aufs Neue aufwühlte, fand am 1. März 2006 statt, kurz vor Beginn der Karwoche. Eine jüdische Familie, ein Vater mit Frau und Tochter, war in die Krypta der Verkündigungsbasilika von Nazareth hinuntergestiegen, wo nach christlicher Überlieferung das Haus der Gottesmutter Maria gestanden hatte. Mit Knallkörpern randalierten sie im Inneren des Heiligtums. Als der Mann gerade dabei war, Gas zur Explosion bringen, gelang es einigen christlichen Gläubigen aus Nazareth in letzter Minute, ihn daran zu hindern. Einer von ihnen wurde dabei sogar verletzt. „Ein reines Wunder, dass nicht mehr passiert ist!", reagierte Giacinto-Boulos Marcuzzo, der Bischof von Nazareth, erleichtert, als er von dem Zwischenfall erfuhr. Den einheimischen Christen war es zu verdanken, dass die Grotte der Verkündigung nicht zerstört wurde. Wäre ein solcher Anschlag in einer Moschee oder in einer Synagoge passiert, so mutmaßten viele Christen hinter vorgehaltener Hand, hätte man den Attentäter womöglich sofort gelyncht. Die jungen Gläubigen hatten besonnen reagiert und die Täter, nachdem sie sie überwältigt hatten, gleich in einen Nebenraum der Basilika gebracht. Als die Polizei dann kam, ließ sie die zwanzig mutigen Retter einsperren, anstatt sich bei ihnen für ihre Wachsamkeit zu bedanken. „Manche blieben eine Woche oder sogar einen Monat in Untersuchungshaft; einige von ihnen sind noch immer dort", klagte der Bischof ein paar Wochen später. Er stellte aber auch klar, dass inzwischen ein Gerichtsverfahren gegen die jüdische Familie angestrengt wurde.

Bischof Marcuzzo tat sich mit seinem Kollegen, Erzbischof Chacour, zusammen, um beim Innenminister wegen der unrechtmäßigen Inhaftierungen vorzusprechen. Dieser unternahm jedoch nichts, obwohl andere Regierungsvertreter sich bereits offiziell bei den beiden Bischöfen für den Anschlag entschuldigt hatten. „Setzt sich die israelische Regierung ausreichend für den Schutz der heiligen Stätten ihres Landes ein? Ist man sich überhaupt darüber bewusst, was für ein Schatz sie für die ganze Menschheit sind?", fragte der aus Italien stammende Bischof von Nazareth, enttäuscht über die schlechte Behandlung im israelischen Innenministerium. „Man kann doch nicht zulassen, dass die Menschen an heiligen Stätten auf solch unverantwortliche Weise vorgehen!" Beide Kirchenmänner bedauerten die spärliche Berichterstattung durch die Medien und warfen ihnen vor, sie hätten die Bedeutung des Vorfalls nicht ausreichend hervorgehoben. Enttäuscht waren sie auch, dass man bei einer friedlichen Demonstration Tränengas eingesetzt hatte. Chacour, der daran teilgenommen hatte, bekam davon sogar ernste Atemnot. Trotzdem brachte der Vorfall auch etwas Erfreuliches: Die große Mehrheit der muslimischen Gläubigen in Nazareth hatte sich bei der Kundgebung mit den Christen solidarisiert. Das war keineswegs selbstverständlich. Denn ein langes Tauziehen wegen eines Moschee-Bauplans hatte die muslimischen und christlichen Bewohner des Orts jahrelang miteinander in Konflikt gebracht. „Die Moschee hätte in unmittelbarer Nähe der Basilika errichtet werden sollen: Eine Provokation nicht nur für die Christen, sondern auch für den Großteil der einheimischen Muslime, die die Mutter Gottes genauso an diesem heiligen Ort verehren", erläuterte Marcuzzo. Die gemeinsame Demonstration war jetzt ein vielversprechendes Zeichen der Gemeinsamkeit.

Karfreitag 2006

Zu Beginn der Karwoche ertönte frühmorgens eine wehmütige Melodie aus den Lautsprechern des Mar-Elias-Gymnasiums. Der Gesang klang wie eine Sirene, als wolle sie vor einer nahenden Gefahr warnen. Maronitische Klagelieder erinnern in ständiger Wiederholung an den grenzenlosen Schmerz der Gottesmutter beim Anblick ihres gekreuzigten Sohnes. Die Stimme, die an diesem Morgen aus dem Lautsprecher kam, gehörte der prominenten libanesischen Sängerin Fairouz, ihr Klang enthüllte die ganze Tragik des Nahen Ostens.

Die Sporthalle füllte sich mit Schülern und Lehrern des Gymnasiums von Ibillin. Am letzten Schultag vor den Osterferien gab es statt des Unterrichts eine festliche Abschlussfeier. Verschleierte Mädchen in bunten Kostümen forderten auf der Bühne der Schule junge Derwische zum orientalischen Tanz auf. In den Grundschulklassen feierte man das nahende Osterfest mit Süßigkeiten und mit dem Singen traditioneller Lieder.

In der melkitischen Kathedrale von Haifa drängten sich am

Karfreitag die Menschen in den Kirchenbänken, und das Gotteshaus drohte, aus allen Nähten zu platzen. Kurz vor Beginn der Liturgiefeier hielt eine kleine Runde von Männern gespannt Ausschau nach ihrem neuen Erzbischof. Als Elias Chacour schließlich in feierlichem Gesang die Liturgie anstimmte, hoben die Männer das Grab Christi auf ihre Schultern und trugen es unter Gesang aus der Kirche und dann durch die gegenüberliegende Kirchtür wieder herein – dreimal hintereinander. Frauen und Kinder warfen Tausende von Blütenblättern in das vorbeigetragene Grab und die ganze Kirche verwandelte sich bald in ein weißes Blumenmeer. „Hier in Galiläa begann Christi öffentliches Leben, all das, was Jesus tat ... Hier fanden auch die Begegnungen mit dem Auferstandenen statt. Wir spüren seine Anwesenheit auch heute unter uns."

Die Aussage des Erzbischofs riss die Gemeinde aus der Lethargie der letzten Jahre, denn er sprach mitten in ihre Gegenwart hinein. „Aber noch heute bluten die Wunden der Christen schmerzhaft. Immer mehr Melkiten verlassen unser Land."

Die massenhafte Emigration seiner Glaubensbrüder war Chacours größte Sorge. Er wollte den Gläubigen ihre einzigartige Berufung erneut ins Bewusstsein bringen. Als Nachkommen ihres „Landsmanns" Jesus hatte ihr Leben im Heiligen Land doch eine göttliche Bestimmung: Sie sollten nicht vor der Verfolgung fliehen, sondern ihr Kreuz vielmehr als besonderen Auftrag annehmen. „Selig seid ihr, wenn ihr durchhaltet und eure Hände nicht mit Blut beschmutzt!", sagte Chacour im Geist der Bergpredigt. Er wusste, wie sehr seine Zuhörer diesen Zuspruch brauchten.

Eine große Menge schob sich am späten Nachmittag dieses Karfreitags durch die engen Gassen von Shefaram. Sie hielt vor den neu errichteten Stationen des Kreuzwegs inne. Ein Vorbeter schrie Gebete in ein Mobiltelefon, das er zum Mikrophon umfunktioniert hatte. Von einem Lautsprecher, der am Kirchturm montiert war, kamen die Texte der Andacht – ähnlich wie die Strophen eines Muezzins. Drei Bischöfe: der neu ernannte Erzbischof von Galiläa, Elias Chacour, sein Vorgänger Boulos Muallem und der Bischof von Nazareth, Marcuzzo, führten im Gebet vereint an diesem lauen Frühlingsabend die Prozession bis zur letzten Kreuzwegstation. Auf einem mit Blumen geschmückten kleinen Podium richteten die Bischöfe ihre Worte von Kreuzigung und Auferstehung an die Gläubigen. Erzbischof Chacour erinnerte an das Massaker des jüdischen Amokläufers, der im Jahr zuvor in Shefaram das Blutbad in einem Bus angerichtet hatte. Was damals geschehen war, konnten die Einheimischen nicht so schnell vergessen. Die tiefen Wunden waren noch nicht verheilt. Doch an diesem Karfreitag spürten die Anwesenden, dass das Kreuz über Hass und Verzweiflung gesiegt hatte.

Raketenangriffe auf Haifa

Im Nachbarland agierte inzwischen immer offensiver die „Hisbollah: Die Partei Gottes". Diese im Libanon anerkannte Partei unter der Leitung von Hassan Nasrallah vertritt dort seit 1982 die Schiiten, die nahezu 40 Prozent der Gesamtbevölkerung ausmachen. Ihre bewaffnete Organisation wurde mit Hilfe des Irans aufgebaut, und auch Syrien unterstützt sie. Mitte Juli 2006 explodierte eine von dieser islamistischen Hisbollah aus dem Südlibanon abgefeuerte Rakete mit großer Gewalt an einem Eisenbahndepot in Haifa. Acht Unschuldige wurden von der Sprengkraft in den Tod gerissen, weitere siebzehn Passanten zum Teil schwer verwundet.

Der unmittelbare Auslöser für den Krieg zwischen Israel und dem Libanon war die Entführung zweier israelischer Soldaten durch die Hisbollah. Das israelische Militär reagierte darauf mit Luftangriffen auf das Schiitenviertel in Beirut. Die Hisbollah-Miliz ihrerseits feuerte im Gegenzug mehrere Katjuscha-Raketen auf nordisraelische, also galiläische Ortschaften ab. Haifa, Israels drittgrößte Stadt, war seit dem Angriff auf den Bahnhof in höchster Alarmbereitschaft. Einheimische, die die Möglichkeit dazu hatten, verschanzten sich in ihren betonierten Schutzkellern, denn ihre Hafenstadt lag innerhalb der Reichweite der Katjuscha-Geschosse. Diese wurden in zivilen Wohngebieten versteckt und von dort aus, ohne sichtbare Abschussrampen, abgefeuert.

Chacour packte das blanke Entsetzen auch beim Gedanken daran, dass sich seit dem Ende der israelischen Besetzung in Gaza muslimische Araber aus politisch-religiösen Gründen gegenseitig umbrachten. Die Hisbollah im Südlibanon hatte zwar die Juden im Visier, doch es konnten auch Araber in Nordisrael tödlich getroffen werden. Sogar in Haifa, der Stadt seines Bischofssitzes, starben arabische Christen, getötet von den eigenen muslimischen Brüdern.

An dem Tag, als im Fernsehen die Bilder von Haifas verwüstetem Bahnhof übertragen wurden, saß der vierfache Familienvater Habib Awwad gerade in Ibillin mit seiner Frau Khaifa vor dem Apparat. Beim Anblick der Toten und Verletzten überfiel ihn Angst. Auch Khaifa war tief beunruhigt und bat ihren Mann inständig, in den nächsten Tagen nicht zur Arbeit nach Haifa zu fahren. Er folgte ihrem Rat und blieb für ein paar Tage zu Hause. Bei dieser Gelegenheit konnte er sich zumindest intensiv seiner Familie widmen und so spielte er bis zum späten Abend mit seinen Kindern im Garten. Er schubste seine Kleinste, die fünfjährige Caroline, auf der Schaukel an, die am dicken Ast eines uralten Olivenbaums hing. Das Kinderlachen drang dabei bis ins Haus zu Khaifa, die gerade das Abendessen vorbereitete. Anschließend brachte Habib seine Sprösslinge ins Bett und saß dann mit seiner Frau eine längere Zeit auf der Bank vor dem Haus. Es war ein lauer Sommerabend. Die Grillen zirpten. Romantisch war die Stimmung dennoch nicht, denn beide dachten nur an den Krieg. Habib war nervös. Eine ganze Woche lang ging er nicht zurück nach Haifa in seine Tischlerei. Auch seine Freunde waren der Meinung, es sei zu gefährlich.

Dann kam der 23. Juli – ein Sonntag. Als praktizierender orthodoxer Christ hatte Habib immer die Sonntagsruhe gehalten.

Doch als er jetzt in den Frühnachrichten gehört hatte, die Lage habe sich beruhigt, erklärte er seiner Frau, dass er seine Arbeit wieder aufnehmen wolle. Im Falle eines Angriffs würde er sofort in einem Schutzkeller Schutz finden. Zuversichtlich verabschiedete er sich von ihr und fuhr, wie gewohnt, zu seiner Werkstatt.

Einige Stunden später läutete Khaifas Telefon: „Wo ist Habib?", fragte ein Nachbar. Khaifa wurde unruhig. Sie versuchte, ihren Mann auf dem Mobiltelefon zu erreichen – vergeblich. Also kontaktierte sie ihren Bruder, einen Polizisten, und bat ihn, Habib zu suchen. Als dieser endlich in Mefraz, am Stadtrand von Haifa, ankam, war Habibs Werkstatt schon abgeriegelt. Es gelang ihm dennoch, auf den abgesperrten Platz vorzudringen. Sein Atem stockte: Tote lagen herum. Seine Polizistenkollegen waren gerade dabei, sie zu identifizieren. Habib war unter den Opfern. Eine Katjuscha-Rakete hatte kurz davor eingeschlagen und ihn in den Tod gerissen.

Die Nerven der ahnungslosen Khaifa waren unterdessen zum Zerreißen gespannt. Erneut rief sie ihren Bruder an: „Komm sofort nach Hause und bring bitte Habib mit!" Er sagte leise „okay", aber am seltsamen Tonfall seiner Stimme erkannte sie, dass etwas Schlimmes geschehen sein musste.

„Das ganze Dorf wusste bereits vom Raketenangriff auf Mefraz, nur mir hat niemand etwas gesagt. Warum habe ich Habib ausgerechnet an einem Sonntag fahren lassen?", klagte sie noch nach Wochen unter Weinkrämpfen und von Schuldgefühlen geplagt. Sie saß, in Schwarz gehüllt und wie versteinert, unter dem Bildnis ihres Mannes im Wohnzimmer. Ihre Älteste, die vierzehnjährige Kristeen, versuchte vergeblich, sie zu trösten, und streichelte dabei ihr dunkles Haar. Die drei kleineren Kinder schauten ab und zu neugierig ins Wohnzimmer hinein und verschwanden dann wieder. Als enger Freund der Familie stand Abuna Elias Khaifa in den schwersten Tagen ihres Lebens bei: „Habib war ein so hilfsbereiter Mann. Wenn man ihn um etwas bat, war er immer sofort zur Stelle", bemerkte er, als Khaifas

Stimme wieder einmal versagte. Noch lebhaft vor Augen hatte er Habibs Gesichtsausdruck, als dieser ihm im vorigen Jahr freudestrahlend von der Frankreichtournee seines „Karawan" Chors erzählte. In siebzehn Städten hatten sie damals gesungen. „Diese Momente gehörten zu den Höhepunkten seines Lebens!", sagte Abuna Elias, selber gerührt, während er die Erinnerungsfotos ansah. „Dich und deine Kinder, Khaifa, wird unsere kleine Gemeinschaft nie im Stich lassen, darauf kannst du dich verlassen..." Diese Worte waren ermutigend. Aber Khaifa wusste: Sie konnten Habib, den Ehemann und den Familienvater, dennoch niemals ersetzen.

Gedenkfeier für einen Ibilliner

Ende November 2006, vier Monate nach Habibs Tod, war das große Auditorium unterhalb der „Bergpredigt"-Kirche bis zum letzten Platz besetzt. Christen saßen neben Muslimen, Juden neben Drusen, Politiker neben Diplomaten. Sie alle waren der Einladung des Erzbischofs Chacour zur Gedenkfeier für Habib Awwad gefolgt. Ganz vorne saß blass seine Witwe, Khaifa, rechts und links ihre vier Kinder. Der „Karawan" Chor aus Christen und Muslimen begann, Trauerlieder zu singen. Fotos des Verstorbenen wurden überlebensgroß an eine Leinwand projiziert: Habib als Baby, als Schüler, bei seiner Hochzeit mit der anmutigen Braut, Habib mit seinen Kindern im Arm, als Vorsänger im Chor, Habib in der Werkstatt, und schließlich Habib im Rettungswagen nach dem Raketenangriff... Stationen der Existenz eines unschuldigen Bürgers, der mit 48 Jahren jäh aus dem Leben gerissen wurde.

Am Ende der Dia-Vorführung hörte auch die Musik auf und es folgten einige kurze Ansprachen, auch von Juden und Muslimen. Zuerst hielt Ibillins orthodoxer Bischof eine knappe Rede. Dann ergriff Erzbischof Chacour das Wort und sprach, wie sein Vorredner auch, über die Sinnlosigkeit des Krieges: „Der tragische Tod

Habibs bringt uns alle wieder zusammen: Christen, Muslime, Juden und Drusen. Setzt euch im Alltag für den Frieden ein", sagte er. Sein Ton war leise, aber bestimmt. „Versucht, euch zu vertragen, auch wenn es hie und da schwer fällt. Habt keinen falschen Stolz und sucht nicht die Schuld bei den anderen. Jeder Einzelne von Euch kann viel bewirken, wenn er tatsächlich die Dinge zum Positiven verändern will. Langfristigen Frieden kann man nur mit vereinten Kräften herbeiführen." Dann wandte er sich direkt an Khaifa: „Hegt keine Hassgefühle, ruft nicht nach Vergeltung. Verzeiht euren Feinden und bittet sie ebenfalls um Verzeihung! Tut dies im Gebet, aus eurem ganzen Herzen!" Im Saal herrschte Todesstille, während Chacour zu seinem Platz zurückkehrte.

Khaifa hielt ihren Blick noch gesenkt. Bevor aber die Musik wieder einsetzte, geschah etwas völlig Unerwartetes. Ihre älteste Tochter, Kristeen, stand auf. Die Mutter versuchte, sie zurückzuhalten. Vergeblich. Ruhigen Schrittes ging sie zum Podium. „Papi, wo bist du denn jetzt? Bitte lass' uns nicht alleine!", rief sie laut ins Mikrofon. „Mami und wir alle brauchen dich!" Ein leises Zittern in ihrer Stimme war vernehmbar. Khaifa sackte nun völlig in sich zusammen. Sie fühlte sich am Rande der Ohnmacht. Krampfhaft klammerte sie sich an ihre Kleinen. „Wir vermissen dich so, Papi! Uns fehlt dein strahlendes, ansteckendes Lachen", fuhr die tapfere Tochter fort. „Bald kommt Weihnachten, und du bist nicht bei uns ... Werden wir nie wieder zusammen feiern? Warum nur, lieber Gott? Warum ausgerechnet wir?"

Die Zuhörer waren überwältigt. Die meisten hatten Tränen in den Augen. Selbst die Dolmetscher der Diplomaten konnten Kristeens Anruf zum Himmel vor Ergriffenheit kaum bis zum Ende übersetzen. Die herzzerreißenden Worte bewegten alle Anwesenden tief. Ihnen allen war klar: Dies war nur eines von den tragischen Schicksalen, wie es zahlreiche Familien in Israel immer wieder traf. Ob Palästinenser oder Juden Opfer dieser schon allzu langen, sinnlosen Zwietracht unter Blutsbrüdern wurden, es machte keinen Unterschied.

Viele Menschen umarmten sich an jenem Abend bewusster und behutsamer als sonst. Erzbischof Chacour begleitete die Witwe und ihre Kinder ein Stück auf ihrem Weg nach Hause. Beim Abschied zeichnete er ihnen mit dem Daumen ein Kreuz auf die Stirn. In Khaifas Gesicht kehrte ein Lächeln zurück.

Als Abuna Elias zu seiner Kirche zurückkehrte, waren alle Teilnehmer der Trauerfeier längst fort. Er schaute zum Eingangstor. Im Inneren des Kirchenraums flackerten noch einige Kerzen. Während er langsam die Treppe hinaufging, erhellte das Mondlicht die in die Stufen eingravierten Sprüche der Seligpreisungen. In diesem Moment verspürte er tiefer als je zuvor einen Wunsch: Eines Tages sollten auch seine geistigen Kinder, christliche ebenso wie muslimische Palästinenser, Arm in Arm mit den jüdischen Freunden diese Treppe hinaufschreiten. Und sein Gebet war intensiver als je: „Mögest Du mir, mein Gott, zu Lebzeiten ein deutliches Zeichen geben, dass auf die Kreuzigung unseres Volkes die Auferstehung folgt – am Ende des Tunnels das Licht ..."

Nachwort

Der 2. April 2005, der Tag, an dem Papst Johannes Paul II. starb, wird mir immer in Erinnerung bleiben. An jenem Morgen verließ unsere österreichisch-deutsche Pilgergruppe Jerusalem in Richtung Norden, nach dem Städtchen Ibillin in Galiläa. Dort sollten wir der feierlichen Einweihung einer neuen melkitischen Kirche beiwohnen. P. Wolfgang Czernin (†), von der steirischen Benediktinerabtei Seckau, hatte es mit Nachdruck kurz vor unserem Abflug ins Heilige Land noch empfohlen: „Nicht nur wegen der Kirche, sondern um den palästinensischen Pfarrer Elias Chacour kennenzulernen! Er ist ein echter Don Bosco unserer Tage, ein Hoffnungsstern für die Zukunft der jungen Palästinenser und für einen Frieden in Israel!" Doch am Morgen dieses 2. April dachten wir noch nicht an unser galiläisches Ziel. Unsere Gedanken und Gebete kreisten um den Papst in Rom, dessen Leben nur noch an einem Faden hing.

Den Wiener Kardinal Christoph Schönborn – Initiator dieser „Pro Oriente"-Pilgerreise – mussten wir auf halbem Weg, am Flughafen von Tel Aviv verabschieden. Als wir, über Irrwege, dann Stunden später die große Kirche am Hügel von Ibillin erreichten, war die Einweihungszeremonie längst vorbei. Der Pfarrer, mit seinem eckig geschnittenen weißen Bart, begrüßte uns mit gewinnendem Lächeln und entgegengestreckten Armen. Er war es: Elias Chacour. Im Auditorium, unterhalb des Kirchenschiffs, nahm er sich für uns dann Zeit. Viel Zeit. Mit subtiler Ironie erzählte er von den Höhen und Tiefen seines Lebens, von unzähligen Hürden, die er in seinem zerrissenen Land bewältigen musste. Ich erlebte ein Energiebündel, das nichts im Leben erschüttern konnte – einen tief im Glauben verankerten Menschen, der unbeirrbar seinen Weg geht, mutig, zuversichtlich, schlagfertig – einen wahren Propheten. Kern seiner realisierbaren Friedensvision: die Aussöhnung und friedliche Zusammenarbeit der beiden entzweiten Brudervölker, der Söhne Abrahams in Palästina und Israel.

Als wir dann zu unserem Reisebus zurückkehrten, wurde mir schlagartig klar: Dieser palästinensische Pfarrer hatte im buchstäblichen Sinn Berge versetzt mit der Verwirklichung seiner großangelegten Schulprojekte auf israelischem Boden. Sein Lebensweg bezeugte: Hass kann in Frieden umgewandelt werden. Er war der richtige Mann am richtigen Platz zum richtigen Zeitpunkt!

Der Gedanke ließ mich nicht mehr los: Man sollte die Vision dieses Mannes einer breiteren Öffentlichkeit auch im Ausland bekannt machen. Ich teilte ihn gleich auf der Busfahrt dem Verlegerehepaar aus Freiburg mit, das ebenfalls merkbar von dieser Persönlichkeit beeindruckt war: Hermann und Mechtild Herder. „Sie sind Journalistin und wirken täglich bei der Stiftung „Pro Oriente" mit. Dabei geht es um Ökumene, um die Annäherung der Kirchen von Ost und West. Warum wollen denn *Sie* nicht über sein Leben schreiben?" Auf diese Frage war ich nicht gefasst. Monate später kam ich auf die Anregung zurück.

Die politischen Ereignisse in Israel machten deutlich, wie dringlich solche Perspektiven eines realistischen Friedens sind. Das Buchprojekt sollte daher rasch verwirklicht werden. Wie konnte ich das so kurzfristig realisieren? Ich brauchte dazu eine einfühlsame Helferin, auf die ich mich bei unseren Recherchen vor Ort und bei der redaktionellen Arbeit verlassen konnte. Der Name Czernin hatte mir schon in der Person von P. Wolfgang Glück gebracht. Der Zufall – oder die Fügung – wollte, dass ich seine Cousine Marie, eine junge Journalistin, bereits kannte. Sie war mir von ihrer Gesinnung her vertraut und sie teilte auch mein Interesse am Heiligen Land. Sie sprang mit ins Boot, stand mir – auch bei unruhigem Wellengang – zur Seite, ruderte mit mir zusammen in Richtung Endziel.

Meinem langjährigen vertrauten Mitarbeiter István N. Vértes bin ich auch diesmal zum Dank verpflichtet. Er hat das ganze Manuskript mit seinen Kenntnissen kritisch überwacht, feinfühlig und unermüdlich in geschichtlicher und sprachlicher Hinsicht dabei mitgewirkt.

Nicht zuletzt möchte ich mich bei Harald für die wichtige Unterstützung bedanken. Er hat sich hingebungsvoll um unseren achtjährigen Sohn Sacha mitgekümmert und mir den Rücken freigehalten.

Allen Juden und Arabern, Christen und Muslimen, die ich hier nicht namentlich aufführen kann, gebührt mein Dank für ihre selbstlose Hilfe beim Entstehen dieses Buches.

Hermann und Mechtild Herder bin ich äußerst dankbar für die freundschaftliche Begleitung und stetige Ermutigung bei der Verwirklichung dieses gemeinsamen Buchprojektes.

Möge Elias Chacour – nunmehr als Galiläas Erzbischof – mehr denn je die noch immer verfeindeten Völker im Heiligen Land näher zu einem gegenseitigen Verständnis bringen und ihnen möglichst zu einem dauerhaften Frieden verhelfen.

Wien, Februar 2007   Pia de Simony

Zeittafel

1881/82   In Russland folgen Pogrome auf die Ermordung Zar Alexanders II. Auswanderung russischer Juden nach Palästina ist Beginn der ersten Einwanderungswelle.

1897   Erster Zionistischer Kongress in Basel. Journalist Theodor Herzl zum Vorsitzenden der Organisation gewählt.

1914   Beim Ausbruch des 1. Weltkrieges zählte die jüdische Gemeinschaft in Palästina etwa 85 000 Seelen.

1917   *2. November:* Brief des britischen Außenministers Balfour an Baron Rothschild stellt den Juden Unterstützung für „die Gründung einer jüdischen Heimstätte in Palästina" in Aussicht.
9. Dezember: Britische Truppen erobern Jerusalem.

1918   *31. Oktober:* Waffenstillstand zwischen Osmanischem Reich und Großbritannien wird unterzeichnet. Ende des Osmanischen Reichs; Engländer besetzen Palästina.

1920   *19. - 26. April:* Konferenz von San Remo: Großbritannien erhält das Mandat über Palästina.
1. Juli: Sir Herbert Samuel wird britischer Hochkommissar in Palästina.

1921   *1. Mai:* Antizionistische Unruhen in Jaffa.

1932–1938   Nach Hitlers Machtergreifung wandern aus Europa 200 000 Juden nach Palästina aus.

1938   *9. November:* Pogrom-Nacht gegen Juden in Deutschland. Beginn einer systematischen Judenverfolgung, die zum Holocaust führt.

1939   *29. November:* Elias Chacour wird in einer christlich-arabischen Bauernfamilie in Biram (Galiläa) geboren.

1947   *29. November:* UNO beschließt Teilung Palästinas in einen jüdischen und einen arabischen Staat. Die arabischen Länder akzeptieren dies nicht. Es folgen Kämpfe zwischen Arabern und Juden.

Israelische Soldaten besetzen Biram. Auch die Chacour-Familie wird aus ihrem Heim vertrieben. Elias Chacour wird zum Flüchtling im eigenen Land.

1948   *9. April:* Massaker im arabischen Dorf Deir Jassin durch die jüdische Untergrundorganisation Irgun unter Führung Menachem Begins. Rund 300 000 Araber fliehen aus Palästina.

14. Mai: Einen Tag vor Ende des Britischen Mandats ruft David Ben Gurion den Staat Israel aus. Fünf arabische Staaten greifen Israel am Tag darauf an.
28. Mai: Eroberung und Zerstörung des jüdischen Viertels in der Altstadt von Jerusalem durch arabische Truppen. Im Herbst fliehen wieder rund 400 000 Araber in die Nachbarländer.
Mai 1948 – Juli 1949: Unabhängigkeitskrieg.

1949 *15. Januar:* Waffenstillstand zwischen Israel und Ägypten, Libanon, Jordanien, Syrien. Israel dehnt sein Gebiet darüber hinaus, was die UNO für den jüdischen Staat vorgesehen hatte. Jordanien besetzt das Westjordanland und Ost-Jerusalem; Israel behält West-Jerusalem.
25. Januar: Erste Wahlen zum israelischen Parlament Knesset.
16. Februar: Chaim Weizmann wird erster Staatspräsident Israels.
11. Mai: Israels Aufnahme in die UNO.
13. Dezember: Jerusalem wird Hauptstadt Israels.

1950 *5. Juli:* Die Knesset beschließt das Rückkehr-Gesetz; danach hat jeder Jude das Recht, in Israel zu leben.
September: Mit der Operation „Zauberteppich" werden Tausende Juden aus dem Jemen nach Israel gebracht.

1951 *20. Juli:* Der jordanische König Abdullah stirbt durch das Attentat eines palästinensischen Nationalisten.
Mit einer Luftbrücke werden rund 100 000 Juden aus dem Irak nach Israel gebracht.

1952 *23. Juli:* König Faruk dankt nach einer Militärrevolte in Ägypten ab. Gamal Abdel Nassers Machtergreifung beginnt damit.

1953 *7. Dezember:* Rücktritt Premierministers Ben Gurion; Nachfolger: Mosche Scharett.

1954–1958 Elias Chacour besucht in Nazareth das Unterseminar für Priesterkandidaten.

1955 *2. November:* Rückkehr Ben Gurions als Premierminister.

1956 *26. Juli:* Nasser verstaatlicht den Suez-Kanal.
24. Oktober: Großbritannien, Frankreich und Israel vereinbaren im Geheimabkommen von Sèvres, wegen des Suez-Kanals Ägypten anzugreifen.
Ende Oktober – Anfang November: Besetzung des Gaza-Streifens und der Sinai-Halbinsel durch Israel. Fehlschlag des englisch-französischen Angriffs.

1957	Israel zieht sich von der Sinai-Halbinsel im Januar, aus dem Gaza-Streifen im März zurück.
1958	Die palästinensische Fatah-Bewegung wird in Kuwait von Jassir Arafat und Abu Jihad mit dem Ziel gegründet, Palästina von der israelischen Kontrolle zu befreien.
1959–1965	Chacour studiert Theologie in Paris am Seminar St. Sulpice.
1964	29. Mai: Gründung der Palästinensischen Befreiungsorganisation PLO unter Schirmherrschaft der Arabischen Liga.
1965	12. Mai: Aufnahme diplomatischer Beziehungen zwischen Israel und der Bundesrepublik Deutschland.
	Juli: Chacour kehrt nach Israel zurück und wird in Nazareth zum Priester geweiht.
	15. August: Er nimmt seine Arbeit als Pfarrer im Dorf Ibillin (Galiläa) auf.
1967	*Mai:* Nasser weist die UN-Truppen von der Sinai-Halbinsel aus, sperrt für Israel den lebenswichtigen Zugang zum Roten Meer bei Eilat, zieht Truppen an der israelischen Grenze zusammen.
	5.–11. Juni („Sechs-Tage-Krieg"): Israel erringt den Sieg, erobert Ostjerusalem und das Westjordanland von Jordanien, den Gaza-Streifen von Ägypten, die Golan-Höhen von Syrien.
	22. November: Resolution 242 des UNO-Sicherheitsrats fordert Israel auf, sich auf die international anerkannten Grenzen zurückzuziehen.
1968–1970	Zermürbungskrieg Ägyptens gegen Israel.
	Chacours Studium an der Hebräischen Universität, Jerusalem (Thora, Talmud, Aramäisch, Syrisch).
1969	*26. Februar:* Golda Meïr wird Ministerpräsidentin Israels.
1970	Waffenstillstand zwischen Israel und Ägypten zur Beendigung des Krieges am Suez-Kanal.
	28. September: Nasser stirbt.
	15. Oktober: Anwar el Sadat wird Präsident von Ägypten.
	– „Schwarzer September": Blutiger Konflikt zwischen PLO und Armee in Jordanien. PLO wird verjagt und verlegt ihren Hauptsitz nach Beirut.
1972	*5. September:* Palästinensische Terroristen greifen die israelische Mannschaft bei den Olympischen Spielen in München an. 11 israelische Athleten und fünf Terroristen kommen ums Leben.

1973	6. Oktober: Ägypten greift am Bußtag Israel überraschend an. Der Yom-Kippur-Krieg gefährdet die Existenz des jüdischen Staates, doch siegen am Ende dessen Kräfte unter General Dayan, überqueren sogar den Suez-Kanal. 11. November: Äyptisch-israelisches Waffenstillstandsabkommen wird unterzeichnet.
1974	10. April: Golda Meïr tritt als Ministerpräsidentin zurück. Ihr Nachfolger: Yitzhak Rabin. 26.–29. Oktober: Konferenz der Arabischen Liga in Rabat kennt die PLO als einzige Repräsentantin der Palästinenser an. 13. November: PLO-Führer Arafat spricht vor der UN-Vollversammlung.
1975	Israel wird assoziierter Beteiligter am europäischen „Gemeinsamen Markt". 13. April: Jahrelanger Bürgerkrieg bricht im Libanon aus. 5. Juni: Suez-Kanal wird wieder eröffnet.
1977	17. Mai: Sieg Menachem Begins mit dem rechtskonservativen Likud-Block bei der israelischen Parlamentswahl. 19.–21. November: Besuch des ägyptischen Präsidenten Sadat in Jerusalem.
1979	26. März: Unterzeichnung des Friedensvertrags zwischen Israel und Ägypten in Washington. Begin und Sadat erhalten für diesen Camp-David-Vertrag den Friedensnobelpreis.
1980	30. Juli: Mit dem Jerusalem-Gesetz erklärt Israel ganz Jerusalem zur „ewigen und ungeteilten Hauptstadt".
1981	6. Oktober: Präsident Sadat wird bei einer Truppenparade ermordet. Sein Stellvertreter Hosni Mubarak wird sein Nachfolger. 14. Dezember: Israel annektiert die Golan-Höhen.
1982	6. Juni: Israel marschiert in den Libanon ein, um dort Stellungen der PLO zu zerstören. Im Bürgerkrieg verüben christliche Falangisten Massaker in den palästinensischen Flüchtlingslagern Sabra und Shatila. 1. September: Chacour eröffnet das Bildungszentrum für Palästinenser, das Mar-Elias-Gymnasium in Ibillin.
1983	Februar: Der israelische Verteidigungsminister Ariel Sharon muss zurücktreten, weil er die Massaker in Sabra und Shatila nicht verhindert hatte. 28. August: Premierminister Begin tritt zurück, sein Nachfolger: Yitzhak Shamir.

	November: Schwester Mariam Bawardy aus Ibillin wird von Papst Johannes Paul II. seliggesprochen.
1984	14. *September:* Shimon Peres wird Israels Minister an der Spitze einer „Regierung der nationalen Einheit".
1984–1985	Über 12 000 „Falasha" (dunkelhäutige Juden aus Äthiopien) werden über eine Luftbrücke nach Israel gebracht. 1989/90 folgen weitere 3500 und Mitte 1991 werden die restlichen 15 000 ebenfalls in Israel aufgenommen.
1986	20. *Oktober:* Shamir löst Peres als Ministerpräsident ab.
1987	8. *Dezember:* Beginn der ersten Intifada in den besetzten palästinensischen Gebieten: Steinwürfe und Streiks gegen die israelische Militärherrschaft.
1988	31. *Juli:* Jordanien verzichtet, mit einer Erklärung König Husseins, auf die von Israel besetzte „Westbank".
1991	30. *Oktober:* Beginn der erfolglosen Nahost-Friedenskonferenz in Madrid.
1992	23. *Juni:* Yitzhak Rabin löst mit der Arbeitspartei die Likud-Regierung ab.
1993	25. *Februar:* Baruch Goldstein aus der jüdischen Siedlung Kiryat Arba erschießt in Hebron 20 Palästinenser in der Ibrahimi-Moschee. Nach Vereinbarungen zwischen Israel und der PLO über die Palästinenser Selbstverwaltung unterzeichnen am: *13. September* Rabin und Arafat, nach langen Verhandlungen in Oslo, das Gaza-Jericho-Abkommen in Washington. *30. Dezember:* Aufnahme voller diplomatischer Beziehungen zwischen Israel und dem Heiligen Stuhl.
1994	Einführung der palästinensischen Selbstverwaltung im Gaza-Streifen und im Gebiet von Jericho. *26. Oktober:* Unterzeichnung des israelisch-jordanischen Friedensvertrags. *8. August:* Rabin, Perez und Arafat erhalten Friedensnobelpreis.
1995	28. *September:* Unterzeichnung des zweiten Osloer Abkommens zum Rückzug Israels aus weiten Teilen des Westjordanlandes. Erweiterung der palästinensischen Selbstverwaltung im Westjordanland und im Gaza-Streifen; Wahl des Palästinenserrates. *4. November:* Ermordung von Ministerpräsident Rabin durch einen jüdischen Rechtsterroristen bei einer Friedenskundgebung. Shimon Perez wird neuer Premier.

1996	*21. Januar:* Bei den ersten palästinensischen Wahlen wird PLO-Chef Arafat zum Präsidenten gewählt. *29. Mai:* Benjamin Netanjahu (Likud) gewinnt die israelischen Parlamentswahlen.
1997	*15. Januar:* Israel und die Palästinensische Autonomiebehörde vereinbaren den Rückzug der israelischen Armee aus Hebron.
1999	*17. Mai:* Ehud Barak (Arbeitspartei) gewinnt die Parlamentswahlen gegen Benjamin Netanjahu.
2000	*März:* Besuch des Papstes Johannes Paul II. in Israel. *24. Mai:* Rückzug Israels aus dem Süd-Libanon. *Juli:* Gipfeltreffen von Barak und Arafat in Camp David scheitert vor allem am Ost-Jerusalem-Problem. *28. September:* Im israelischen Wahlkampf besucht Likud-Kandidat Ariel Sharon den Tempelberg in Jerusalem und löst damit die zweite Intifada („Al Aksa-Intifada") aus. Bis Jahresende 300 Tote bei Unruhen.
2001	*Januar:* Israelisch-palästinensische Gespräche in Taba am Roten Meer werden unterbrochen, nachdem man einer Einigung nahe gekommen war. *6. Februar:* Sharon schlägt Barak bei den Wahlen. *11. September:* Über 3000 Tote bei arabischen Flugzeugattentaten (gegen „Twin Towers" und „Pentagon") in den USA. *17. Oktober:* Palästinensische Terroristen erschießen in Jerusalem den israelischen Tourismusminister Rechawam Ze'evi, Hardliner in der Sharon-Regierung. Israel macht für das Attentat Arafat persönlich verantwortlich und stellt ihn faktisch unter Hausarrest in der Mukata'a in Ramallah.
2002	*März:* 127 Palästinenser sterben bei israelischen Luftangriffen. *28. März:* Israel besetzt erneut große Teile des Westjordanlandes. *24. Juni:* US-Präsident George Bush spricht sich für einen „provisorischen Palästinenserstaat" aus. Im Sommer beginnt Israel den Bau einer Sperranlage, die das Westjordanland von Israel trennen und das Eindringen von Selbstmordattentätern verhindern soll, aber an vielen Stellen palästinensisches Land durchschneidet.
2003	*28. Januar:* Sharons Likud-Block erringt klaren Wahlsieg über Arbeitspartei. *29. April:* Machmud Abbas wird erster palästinensischer Ministerpräsident.

30. April: Die UNO, USA, EU und Russland legen einen Fahrplan (sog. „Roadmap") für Friedensverhandlungen vor.

Juli: Mit Chacours Mar-Elias-Universität in Ibillin entsteht in Israel die erste arabische Hochschule mit christlicher Trägerschaft.

6. September: Nach Machtkampf mit Arafat tritt Abbas vom Posten des Ministerpräsidenten zurück. Nachfolger: Achmed Kurei, genannt Abu Ala.

2004   *15. April:* Sharon kehrt von einem Besuch bei US-Präsident George Bush gestärkt zurück. In einem Brief versichert Bush, die großen Siedlungsblöcke im Westjordanland sollen auf Dauer Bestandteile des Staates Israel werden. Bush ist auch gegen eine Rückkehr der palästinensischen Flüchtlinge in das heutige Israel.

26. Oktober: Die Knesset beschließt die Räumung aller jüdischen Siedlungen im Gaza-Streifen und von vier Siedlungen im nördlichen Teil des Westjordanlandes.

Oktober/ November: Arafat erkrankt schwer und stirbt in einem französischen Militärkrankenhaus bei Paris.

2005   *2. April:* Chacour weiht in Ibillin seine „Bergpredigt"-Kirche ein.

August: Die israelische Armee beginnt mit der gewaltsamen Räumung aller 21 jüdischen Siedlungen im Gaza-Streifen sowie von vier weiteren im Westjordanland. Rund 8000 Menschen werden umgesiedelt.

2006   *Januar:* Nach einer Gehirnblutung fällt Sharon ins Koma. Die Widerstandsgruppe Hamas gewinnt gegen Fatah die palästinensischen Wahlen mit absoluter Mehrheit.

25. Februar: Elias Chacour wird zum neuen melkitischen Erzbischof von Galiläa geweiht.

28. März: „Kadima" wird mit 28 von 120 Sitzen stärkste Partei in der Knesset. Der ehemalige Jerusalemer Bürgermeister Ehud Olmert wird neuer Ministerpräsident.

Juni: Radikale Palästinenser feuern vom Gaza-Streifen aus Kurzstreckenraketen gegen israelische Gebiete ab. Abbas fordert die militanten palästinensischen Gruppen auf, den Waffenstillstand mit Israel einzuhalten.

Juni-Juli: Israelische Bomben werden irrtümlich gegen Zivilisten an einem Strand abgefeuert.

12. Juli: Hamas entführt israelischen Unteroffizier im Hinblick auf einen evtl. Gefangenenaustausch. Israel kontert mit Bomben. Bis 3. November werden im Gaza-Streifen über 280 Palästinenser getötet.

12. Juli – 14. August: Die Hisbollah solidarisiert sich im Libanon mit den Palästinensern und entführt von israelischem Staatsgebiet zwei Soldaten. Israel greift massiv Stützpunkte der Hisbollah im Libanon an. Durch den Beschluss des UN-Sicherheitsrates kommt es zu einem Waffenstillstand, der am 14. August in Kraft tritt.

Ende Dezember: Veröffentlichung eines Grundsatzdokuments rund 40 arabischer Intellektuellen in Israel, die de facto eine völlige Gleichberechtigung der arabisch-palästinensischen Minderheit im Land fordern.

2007

28. Januar: Zum ersten Mal wird in Israel ein Araber unabhängig von seiner islamischen Religion zum Minister ernannt. Raleb Majadele von der Arbeitspartei hat vorerst keinen Geschäftsbereich, soll voraussichtlich aber Wissenschaftsminister werden.

Hoffnungsstern

Barbara Gladysch
mit Cornelia Filter
Die kleinen Sterne von Grosny
Kinder im
schmutzigen Krieg
von Tschetschenien

224 Seiten, gebunden
mit Schutzumschlag
ISBN 978-3-451-29004-6

Als sich Mitte der Neunzigerjahre die Lage in Tschetschenien zuspitzt, schmuggeln Freunde Barbara Gladysch, die Gründerin von „Mütter für den Frieden", über die Grenze. Bei sich hat sie einen Zettel, in russisch und tschetschenisch, der klar macht: Falls sie entführt wird, gibt es kein Lösegeld. Am Körper trägt Barbara Gladysch Geld. Spenden für den „Kleinen Stern", das Zentrum für vom Krieg traumatisierte Kinder, wo sie spielen, lernen und ihre Erfahrungen verarbeiten können. Inzwischen leuchten im verwüsteten Grosny 23 „Kleine Sterne". Die bewegende Geschichte einer mutigen Frau.

HERDER